F. X. Weninger

**Die Unfehlbarkeit des Papstes**

F. X. Weninger

**Die Unfehlbarkeit des Papstes**

ISBN/EAN: 9783741157318

Hergestellt in Europa, USA, Kanada, Australien, Japan

Cover: Foto ©Lupo / pixelio.de

Manufactured and distributed by brebook publishing software (www.brebook.com)

F. X. Weninger

**Die Unfehlbarkeit des Papstes**

# Die Unfehlbarkeit
des
# Papstes
als
# Lehrer der Kirche
und
dessen Beziehung zu einem
## Allgemeinen Concilium.

Von

F. X. Weninger, S. J.

Missionär in den Vereinigten Staaten von Nord-Amerika.

---

Cincinnati & New-York:
Verlag von Benziger Brothers,
Typographen des hl. Apostolischen Stuhles.
1869.

## Urtheil der Presse
über die englische Ausgabe dieses Buches.

"BALTIMORE MIRROR," (Organ des Hochwürdigsten Erzbischofes von Baltimore und der Bischöfe von Richmond, Wheeling und Wilmington, N. C.,) 3. Oct. 1868.

„F. X. Weninger hat uns durch dieses Buch eine klare, logische und überzeugende Abhandlung über die apostolische und unfehlbare Autorität des Papstes in die Hand gelegt. Es ist ein Buch voll Quellenstudium, welches in einem mäßigen Umfange das Mark alles Dessen in sich begreift, was diesen Gegenstand betrifft."

"NEW YORK TABLET," (Organ des Hochwürdigsten Erzbischofes von New York,) 17. Oct. 1868.

„Dieses Werk ist ganz vorzüglich den Zeitbedürfnissen entsprechend, wo das Papstthum von allen Seiten angefochten wird. Es ist eine ruhig gehaltene, klare und überzeugende Darlegung des Grundes, auf welchem die päpstliche Glaubensprärogative sich fußt. Wir haben wohl schon Bücher in ähnlicher Absicht geschrieben; aber keines, welches so vollkommen die Aufgabe gelöst, und das fragliche Recht so gründlich beweiset und so siegreich vertheidiget."

"CATHOLIC TELEGRAPH," (Organ des Hochwürdigsten Erzbischofes von Cincinnati,) 14. Oct. 1868.

„Wir hoffen dieses Buch, welches ein sehr werthvoller Inbegriff alles Dessen ist, was wir in vielen Büchern alter und neuer Sprachen zerstreut in unseren Bibliotheken finden, werde nicht nur in weiten Kreisen gelesen, sondern ernstlich von allen durchstudirt werden, die nach der Wahrheit des Helles verlangen."

"PHILADELPHIA STANDARD," (Organ des Bischofs von Philadelphia,) im Nov. 1868.

„Dieses Buch kommt wahrlich zur gelegensten Zeit, wo der Katholicismus gegen den Materialismus — kirchliche Weisheit gegen politische Schlauheit, und göttliche Wahrheit gegen menschlichen Irrthum einen so gewaltigen Kampf führt. Möge Jeder das Buch aufmerksam lesen, und sich in jener Begeisterung für die Rechte des apostolischen Stuhles stärken, die uns den endlichen Sieg verbürgt."

"ST. LOUIS GUARDIAN," im Oct. 1868.

„Wie man erwarten konnte, so erweist sich das Buch: „Ueber die Unfehlbarkeit des Papstes" der Feder des welt berühmten Missionärs F. X. Weninger entflossen, nicht nur als ein höchst zeitgemäßes, sondern zugleich als ein klares, logisches, tiefgelehrtes und völlig überzeugendes Werk."

In demselben Sinne äußern sich der "BOSTON PILOT," das "FREEMAN JOURNAL," und "CATHOLIC WORLD." Eben so günstig lautet das Urtheil des berühmten und auch über den Ocean weit hin bekannten und geachteten Dr. BROWNSON, im „New Yorker Tablet" vom 21. Nov. 1868. Er nennt das Buch in seiner Kritik: „Ein Buch, das mit eben so seltener Gelehrsamkeit, als richtigem Takt geschrieben sei, und seines Gleichen in der englischen Literatur bezüglich des Gegenstandes, den es behandelt, nicht habe."

Wir fügen noch das Urtheil von zwei leitenden Organen der New Yorker politischen Presse bei.

Der "NEW YORK HERALD" schreibt im Oct. 1868.

„Dieses Buch, einen großen Aufwand von Gelehrsamkeit umfassend, kommt wahrhaft zur rechten Zeit. Der Autor erweist sich durch dasselbe nicht nur als vollendeten Schriftsteller, sondern auch als einen Mann, der von der Wahrheit dessen, worüber er schreibt, völlig durchdrungen ist, wie dies bei den Vätern der Gesellschaft Jesu gewöhnlich der Fall zu sein pflegt. Das Buch wird auch von allen Mitgliedern anderer Religionsbekenntnisse mit Interesse gelesen werden."

Die "NEW YORK TIMES," am 11. Oct. 1868.

Gerade jetzt, wo Garibaldi, Mazzini und der Rest der Carbonari so gefährliche Anstrengungen machen, um den hl. Stuhl zu bekämpfen, erscheint dieses gelehrte Buch mit seinen Zeugnissen zum Schutze desselben. Es kommt fürwahr zu gelegener Zeit, und es sollte uns nicht Wunder nehmen, wenn es sogleich übersetzt und über ganz Italien verbreitet würde.

# Einleitung.

Das erste was jeder Autor, der ein Buch der Oeffentlichkeit übergibt darzuthun wünscht, ist die Nachweisung, daß der Gegenstand, den er behandelt, ein **wichtiger** und ein solcher sei, dessen Behandlung **zeitgemäß** erscheint. Daß beide dieser Bedingnisse die Herausgabe der gegenwärtigen Schrift rechtfertigen, beweist, wie uns dünkt, ein flüchtiger Blick auf den Titel des Buches selbst, wenn man nebstbei erwägt, in welchen Zeitverhältnissen wir leben. — Rom — der Papst — seine Stellung in der Kirche — seine Beziehungen zu ihr und der Welt — seine Rechte und ihre Vertheidigung, bilden ja den Brennpunkt der Tagesgeschichte. — Die Wogen der Verfolgung gegen die Kirche und ihr Oberhaupt schlagen mit aller Gewalt, deren die Hölle immer zur fähig ist, gegen den Felsen Petri, um wo möglich den Primat, seinen Nachfolger, aus dem Grunde zu heben. — Andererseits aber entfaltet gerade Pius IX. eine geistige Machtfülle, wie wenige Päpste vor Ihm gethan; welche kirchliche Machtvollkommenheit aber gerade in der Prärogative culminirt, deren Vertheidigung wir zum Gegenstand dieser Abhandlung gewählt; nämlich: seine **Unfehlbarkeit im kirchlichen Lehramte, wenn Er als Haupt der Kirche die Gläubigen belehrt.**

Wir betonen mit besonderem Nachdruck diese letzten Worte, weil dieselben die Sphäre genau bezeichnen, in der wir die Aussprüche des Oberhauptes der Kirche als unfehlbar behaupten.

Es handelt sich nämlich nicht darum, was der Bischof von Rom, als Privatperson genommen, wisse und lehre, wäre er auch ein Benedikt XIV., oder ein Cölestin V., von der Einsiedelei auf den päpstlichen Thron erhoben; sondern wir vertheidigen die wirkliche Primatial-Unfehlbarkeit des Papstes, nur dann als solche, wenn Er als Oberhaupt und L e h r e r der Kirche das Wort der Entscheidung an die Gläubigen richtet, in der Absicht, dieselben in Dingen des Heils zu belehren, und dieselben im Gewissen verpflichtet, so zu glauben, wie er lehret. Mit anderen Worten — nur dann, wenn Er, wie man zu sagen pflegt, "Ex Cathedra," vom „L e h r s t u h l e Petri" aus die Christenheit belehrt.

Der Gegenstand, auf den sich diese Unfehlbarkeit bezieht ist damit von selbst angegeben. Es ist das "depositum fidei" „die Hinterlage des Glaubens" — Dogma und Moral — und was sich auf die ungeschmälerte Bewahrung und Sicherstellung des Glaubens- und der Sittenlehre mittelbar oder unmittelbar bezieht. Daß die Behauptung und Vertheidigung dieser Prärogative des Primates von der weitesten Tragweite sei, erhellt aus dem Umstande, daß die Läugnung derselben in consequenter Folge den Primat selbst, und mit ihm die Garantie der Einheit der Kirche im Glauben aufhebt, wie bereits Thomas von Aquin bemerkte, und wie die gegenwärtige Abhandlung selbst es umständlich nachweisen soll.

Was aber die Zeitgemäßheit der Behandlung dieses Gegenstandes betrifft, so wird Niemand dieselbe bezweifeln, der die Ereignisse der Zeit, in der wir leben, zu würdigen versteht. Pius, das gegenwärtige Haupt der Kirche, hat eben in unseren Tagen von dieser päpstlichen unfehlbaren Lehrautorität den großartigsten Gebrauch gemacht, und die gelehrte, wie die sociale und politische Welt in Aufruhr und Staunen versetzt; während sie den Gläubigen, zu deren größten Seelennutzen den Compaß übergab, um durch die wogenden Zeitirrthümer sicher und gefahrlos zu schiffen. Nebstbei naht das allgemeine Concilium. Was könnte da wohl zeitgemäßer sein, als daß man von der Beziehung des Papstes zur kirchlichen Lehrautorität und zu einem allgemeinen Concilium eine wohlbegründete klare Ansicht habe. Allerdings mag es Theologen geben, die, wenn sie auch mit uns die Unfehlbarkeit des Papstes bekennen, es dennoch ungern sehen, daß man durch ein Buch die Frage über dieselbe vor den Richterstuhl der öffentlichen Meinung bringe. Sie halten dafür, es wäre wohl gerathener, von dieser Prärogative des Primates, vorerst Umgang zu nehmen, um nicht das Kind mit dem Bade auszuschütten, und Akatholiken von der Anerkennung der Wahrheit der katholischen Kirche noch weiter zu entfernen.

Wir achten die gute Absicht von dergleichen Gelehrten, allein wir schauen die Lage der Dinge der Gegenwart in einem ganz anderen Lichte.

Es ist nämlich nach unserm Dafürhalten derzeit geradezu unmöglich, unsere Glaubensüberzeugung zu bemänteln. Die ganze Welt weiß es, welchen Gebrauch Pius IX. von dieser seiner unfehlbaren Lehrautorität gemacht und vielleicht noch machen wird, und mit welch einer absoluten Unterwerfung jeder Menschengeist, gelehrt oder ungelehrt — geistlich oder weltlich — Bischof oder König und Kaiser, sich vor den Lehraussprüchen des apostolischen Stuhles zu beugen hat, wenn er darauf Anspruch machen will, sich katholisch zu nennen.

Nichtkatholiken sehen dieses Benehmen. Dasselbe bemänteln zu wollen, nützte so wenig, als wenn der Strauß

seinen Kopf in den Sand steckt, meinend, daß er sich
dadurch den Blicken seiner Verfolger entziehe. Die Feinde der Kirche, und überhaupt alle gebildeten Nichtkatholiken müßten ein solches Benehmen geradezu verachten.
Hingegen muß es ihnen zeitgemäß und edel erscheinen,
wenn wir den Grund dieser unserer unbedingten Unterwerfung, hinsichtlich des Ausspruches des apostolischen
Stuhles, aller Welt klar vor Augen legen. Sie mögen
die unüberwindliche Festigkeit derselben prüfen.

Besonders aber muß es der Episcopat wünschen, daß
dieses Recht des apostolischen Stuhles mit aller Unbefangenheit und möglichster Gründlichkeit öffentlich bespro-
sprochen werde. Die Gegner der Kirche sollen erkennen,
daß die Bischöfe weder aus moralischem Zwang, noch
aus bloß menschlicher Rücksicht und Heuchelei der Stimme der Nachfolger Petri in solcher Demuth folgen; sondern weil sie sein Recht in Dingen des Glaubens mit
unfehlbarer Lehrautorität in der Kirche zu lehren anerkennen und sich dessen wohl bewußt sind, daß dieses Recht
ein göttlich gegebenes sei, und auf dem Felsengrund unerschütterlicher Beweisgründe sich fuße. Andersdenkende
mögen diese Beweisgründe beherzigen.

Wer könnte übrigens richtiger beurtheilen, was in
dieser Beziehung zeitgemäß sei, als Rom selbst?

Nun aber geht gerade von Rom aus, und ohne Zweifel nicht ohne Zustimmung des hl. Vaters zu wiederhol-

ten Malen die Aufforderung und Einladung, daß eifrige Seelen sich durch ein eigenes Gelübde verpflichten mögen, dieses Vorrecht der Unfehlbarkeit des Oberhauptes der Kirche auf alle Weise, selbst mit Vergießung ihres Blutes, zu vertheidigen. Wenn so, dann ist es wohl Zeit, daß man von der Begründung dieser päpstlichen Lehrautorität rede, und daß in einer auch für das Volk verständlichen Sprache.

Unsere Gegner sollen es wissen, daß wir Kinder der hl. Kirche auf den Kampf gefaßt sind, den die Kirche und überhaupt das Christenthum gegen das neue Heidenthum, Pantheismus genannt, zu bestehen hat. Die zwei sich gegenüberstehenden Heerlager der Stadt Gottes und des Reiches der Finsterniß sind scharf markt; und es kann nur zum Vortheil dienen, dem Feinde die unüberwindliche Stärke unserer Stellung als Kinder der Kirche fühlen zu lassen.—Was die Behandlung dieses zugleich historischen Gegenstandes selbst betrifft, so war es unvermeidlich eine große Menge von Citaten einfließen zu lassen. Allein es wird dabei dem Leser, der der lateinischen Sprache nicht mächtig ist, zur Befriedigung dienen, wenn wir versichern, daß der Sinn dieser Citate durchweg, und zumeist wörtlich im Deutschen beigesetzt ist, endlich daß man das Buch, mit Hinweglassung dieser lateinischen Texte, dennoch im vollkommenen Verbande lesen kann. — Möge dasselbe erfolgreich dazu beitragen, daß a l l e Mitarbeiter und Theilnehmer im heiligen Amte sich um so entschiedener in vollen Reihen um den Lehrstuhl Petri schaaren. Möge es alle Kinder der Kirche mit größerer Anhänglichkeit, Ehrfurcht, Liebe und Treue für den apostolischen Stuhl erfüllen. Möge es endlich den Andersgläubigen selbst als Beweis dienen, daß der Katholik wisse warum er glaube, und daß selbst jene katholischen Lehrsätze, die der Welt besonders überspannt und phantastisch scheinen, gehörig beleuchtet, selbst die schärfste Kritik von Seite der Vernunft siegreich bestehen, und aus einem solchen Kampf und solcher Prüfung nur noch evidenter und glorreicher hervortreten, und in unbezweifelbarer Wahrheit sich als göttliche Thatsache und geoffenbarte Lehren bewähren.

# Inhalts-Verzeichniß.

Einleitung .................................................... III—IX

### I.
Anforderung der Vernunft,
    hinsichtlich des kirchlichen Lehramtes............ 15—29

### II.
Zeugniß der hl. Schrift,
    für die unfehlbare Glaubensprärogative Petri
    und seiner Nachfolger............................. 30—42

### III.
Fortsetzung der Ratio Theologica,.................. 43—73

### IV.
Zeugniß der hl. Väter,
    für die Vollmacht des apostolischen Stuhles in
    Glaubens-Entscheidungen....................... 74—146

## V.

**Zeugniß aller allgemeinen Concilien,**
die Lehrautorität des Papstes als Glaubensregel anerkennend .................. 141—197

## VI.

**Zeugnisse der Päpste selbst,**
im Angesichte der ganzen Kirche, für diese ihre
unfehlbare apostolische Vollmacht in Glaubens-Entscheidungen.
Feierliche Aussprüche derselben....... 198—228
Definitive Ausübung dieses Rechtes.... 228—252

## VII.

**Anerkennung**
der unfehlbaren Lehrautorität des Papstes von
Seite der heil. Schule.................. 253—279

## VIII.

**Anerkennung**
der Autorität des Papstes als höchstes Glaubens-
Tribunal von Seite der Fürsten und Völker 210—318

## IX.

**Widerlegung der Einwürfe**.................. 319—401

# Die Unfehlbarkeit des Papstes als Lehrer der Kirche.

# I.

# Anforderung

## der Vernunft

### hinsichtlich des kirchlichen Lehramtes.

---

Wenn wir die Beweisführung für die Wahrheit unserer Thesis mit der Durchführung der sogenannten "ratio theologica" beginnen, so wollen wir damit keineswegs andeuten, daß dieser Beweisgang derjenige sei, den man bei theologischen Erörterungen nothwendig und jedesmal zu nehmen habe. Im Gegentheil, der aus der Natur einer Beweisführung hinsichtlich einer geoffenbarten Wahrheit zu nehmende Ideengang, sollte sich vorerst an die Autoritäten der positiven Quellen anschließen, durch die dem Menschen das Wort der Offenbarung zufließt, insofern als darüber noch keine endliche kirchliche Entscheidung vorliegt. Diese zwei Quellen heißen Schrift und Tradition. Es fragt sich ja nicht zuerst darum, was die Vernunft, so weit es in ihrer Sphäre liegt, von Wahrheiten und Thatsachen denke, oder ahne, die in das Bereich der Offenbarung und einer positiv göttlichen Anordnung gehören, sondern es heißt da zuerst sich darum erkundigen, was das Wort der Offenbarung uns dießfalls lehre. Die im Glauben erleuchtete Vernunft möge dann sich damit beschäftigen, den Sinn und praktischen Einfluß, und die wundervolle Harmonie der geoffenbarten Wahrheiten und die Convenienz und Zweckmäßigkeit, einer Thatsache der göttlichen Heilordnung, zu erörtern.

Was uns diesmal bestimmt, bei der Beweisführung der gegenwärtigen Abhandlung von dieser Ordnung abzugeben, ist folgende eigenthümliche Sachlage. Wir wählten zwar bei der Veröffentlichung unserer Schrift in englischer Sprache den ersteren gewöhnlichen Weg, und schickten den Autoritäts-Beweis voraus. Der Charakter des amerikanischen und englischen Volkes hat uns dazu bestimmt. Der Anglo-Sachse sowie der Irländer pflegt mehr das Element der Autorität und des positiven Rechtes zu würdigen. "By Law," „So will es das Gesetz," das ist etwas Zermalmendes für den Amerikaner und Engländer. "That's our rule" „das ist unsere Regel," dies gilt sehr oft als genügende ratio ultima für irgend eine Handlungsweise. — Der Deutsche scheint hingegen mehr Interesse zu fühlen für das Tribunal der Vernunft, als für das der imperativen Autorität. Dieser Charakterzug in der Volksstimmung macht sich auch im Bereich der gelehrten Welt geltend; sei es daß man sich dessen bewußt ist oder nicht. Wir erfuhren dies, als wir vor bereits siebenundzwanzig Jahren eine

Abhandlung „über die Apostolische Vollmacht des Papstes in Glaubensentscheidungen" zur Zeit der Gefangennahme des Erzbischofs von Köln, Clemens August, der Presse übergaben. Dazu kommt aber noch ein anderer, wohl zu beachtender Umstand. Da Christus das Lehramt der Kirche im Allgemeinen unfehlbar gemacht, und doch zu dessen Sicherstellung das Haupt derselben, auch für sich allein, zum unfehlbaren Ausleger der Lehre dieser unfehlbaren Kirche und zum unfehlbaren Richter in Glaubensstörungen und Zwistigkeiten bestellte, so scheint hier ein Ineinandergreifen der unfehlbaren Lehrautorität stattzufinden.

Die Folge dessen ist, daß wir billiger Weise zu befürchten hatten, der mit Vorurtheil gegen unsere Thesis befangene Leser, würde die Zeugnisse positiver Autorität von Schrift und Tradition nicht gehörig würdigen, wenn wir ihn nicht zum Voraus dazu stimmen, daß er das Gewicht dieses Zeugniß für das zu vertheidigende Recht auch gehörig prüfe, und nicht durch die gefärbte Brille von einmal gefaßten Ansichten und Vormeinungen ansehe.

Ferner, weil es von unermeßlicher Tragweite ist, daß der christliche Denker vorerst darauf aufmerksam gemacht werde, daß es sich hier nicht nur um was immer für einen Glaubenssatz handle, den die Kirche lehrt, sondern um die K i r c h e  selbst.

Dies zur Rechtfertigung unseres Beweisganges bei der vorliegenden deutschen Bearbeitung des Buches bemerkend, lenken wir in die Beweisführung selbst ein, und stellen die Frage:

„**Was erwartet die gläubige Vernunft von Christus hinsichtlich des Lehramtes?**"

Wir antworten erstlich: Sie erwartet, daß Christus in seiner Kirche ein Lehramt eingesetzt. Die Ursache liegt darin, weil das Wesen der Sendung Christi auf Erden nicht nur darin bestand, die gefallene Menschheit mit Gott wieder zu versöhnen, sondern dieselbe auch zu belehren, auf daß der Mensch den hl. Willen Gottes erkenne, denselben erfülle, und selig werde. Da nun aber Christus nicht persönlich auf Erden verweilen wollte, und anderseits nicht jedem Einzelnen eine Offenbarung dessen was er lehrte, zusicherte: so war es nothwendig, daß er ein dazu befugtes Lehramt in seiner Kirche eingesetzt.

Die Vernunft erwartet zweitens, daß Christus, dieses Lehramt mit der Gabe der **Unfehlbarkeit** ausgerüstet habe. Die Vernunft nämlich verlangt für die Beglaubigung einer Wahrheit eine vollkommen genügende Autorität. Wir sagen Autorität; denn die Wahrheit ist nicht etwas von der Vernunft „**Erfundenes**," sondern „**Vernommenes**," etwas objectiv „**Gegebenes**." Die Ableitung des Wortes Vernunft von Vernehmen in unserer oft so tief philosophischen deutschen Sprache, weist selbst auf diesen Charakter der Wahrheit.

In natürlicher Sphäre genügt der Vernunft das Zeugniß der Evidenz ihrer eigenen Denkkraft, wurzelnd in den archologischen Categorien des menschlichen Wissens, und vereinigt mit dem Zeugniß der Erfahrung, sei es durch eigene oder fremde Wahrnehmung. Auch diese principiellen Denkgrundsätze und die äußere Autorität auf

Erfahrung gegründet, machen auf unfehlbare Gewißheit Anspruch. Wer wirklich nach den Grundprinzipien des Denkens der menschlichen Vernunft folgerecht denkt, der denkt unfehlbar vernünftig recht. Allerdings folgt daraus nicht, daß jeder Mensch, weil er Vernunft hat, deßhalb auch durchweg unfehlbar in allem seinem Denken sei, da ein beschränktes Wesen durch Umstände beeinflußt, eben nicht immer schlußgerecht denkt, und auch in seinen sonstigen Wahrnehmungen bedingt und beschränkt, und somit Täuschungen ausgesetzt ist. Allein die Unfehlbarkeit der Vernunft in ihren Grundprinzipien und in der Geltung der Kriterien der Wahrheit aus Erfahrung geschöpft aufheben wollen, dadurch, daß man nicht zugibt, der Mensch könne etwas in der Sphäre der Vernunft unfehlbar erkennen, hieße die Vernunft selbst läugnen, und das ganze Menschengeschlecht in ein Narrenhaus verweisen.

Um so mehr verlangt die Vernunft für die Garantie, der Erkenntniß und des Bekenntnisses der Wahrheit in Ordnung einer übernatürlichen Offenbarung, eine competente Lehrautorität, und zwar eine, in Hinsicht auf das, was nur durch das Wort der Offenbarung uns mitgetheilt wird, von u n f e h l b a r e m L e h r a n s e h e n. Die Ursache dessen liegt in einem zweifachen Grund. Erstlich, weil die Vernunft es weiß, daß ihr überhaupt kein endliches Urtheil zukomme, hinsichtlich der Wahrheiten und Thatsachen, welche die Sphäre der Vernunft selbst übersteigen. Wenn es somit zur Beglaubigung derselben keine unfehlbare Autorität gäbe, so hätte die Vernunft nicht nur in irgend einem Punkte keine volle

Sicherheit um vernünftig zu urtheilen und zu handeln, sondern es schwände der Boden für alle Sicherheit. Denn wie die Autorität, die ihr die Gewißheit von Wahrheiten und Thatsachen übernatürlicher Ordnung verbürgen sollte, fehlbar ist, und der Vernunft allein kein Urtheil darüber zusteht, ob diese Autorität in dem einen oder anderen Punkte geirrt, so tritt die Möglichkeit ein, daß das, was in einem Punkte geschah, auch in anderen geschehen könnte; und somit schwindet alle Sicherheit und Gewißheit, und der Mensch wäre hinsichtlich der Ordnung übernatürlicher Offenbarung und für sein Leben als Bürger einer übernatürlichen Heilsordnung weit schlechter daran, als hinsichtlich seiner irdischen und bloß natürlichen Bestimmung und Erkenntniß.

Zweitens. Die Anerkennung der geoffenbarten Glaubenswahrheiten fordert von uns einen Akt des göttlichen Glaubens, der alle Möglichkeit des Zweifels ausschließt. Das könnte aber nie der Fall sein, wenn die Autorität, welche uns die Wahrheit der geoffenbarten Lehren verbürgt, keine u n f e h l b a r e wäre. Die Fehlbarkeit schließt ihrem Begriffe nach die Möglichkeit der Verirrung ein; und die Besorgniß, daß dem so sei, schließt den Akt des Glaubens aus, den das Wort der Offenbarung von uns fordert.

Die Vernunft erwartet schließlich, daß wenn Christus eine solche Lehrgewalt eingesetzt, er auch auf die zweckmäßigste Weise gesorgt haben werde, daß diese Lehrgewalt auf die einfachste und der Lage der Kirche angemessenste Weise sich geltend machen könne, und ein solches Tribunal besitze, welches im Stande ist, zu jeder Zeit für die ganze Kirche bei eintretenden Zweifeln und Glaubensstreitigkeiten das Endurtheil zu fällen. Allerdings steht es nicht der Vernunft zu, a priori auszusprechen, was Christus in dieser Beziehung zu thun hatte und thun konnte. Das wäre eben so anmaßend, als zu behaupten, daß Gott die Welt geradezu nach dem Kopernikanischen System zu erschaffen hatte, und die Wirkungen in der Weltbewegung nicht anders hervorzubringen im Stande gewesen, als gerade nur durch das Kopernikanische System, was eine absurde Behauptung wäre. Allein die Vernunft hat das Recht, a priori zu behaupten, daß Christus, als die unendliche Weisheit, nie die Lehrgewalt der Kirche in einer Weise bestellte, die im Widerspruch mit seinen eigenen Aussagen steht, und die Amtsgewalt derselben illusorisch macht, und der Kirche in der Weltlage, wie sie actu sich vorfindet, nicht entspricht und nicht genügt. Wohl kann z. B. die Vernunft a priori nicht behaupten, daß Gott nicht durch ein Buch sich mittheilen konnte; wenn er auch dafür gesorgt, daß alle Menschen die Fähigkeit haben zu lesen, und die Sprache eines solchen Buches zu verstehen, und den Inhalt mit solcher Evidenz einzusehen, wie eine mathematische Gewißheit. Allein die Vernunft hat das Recht, a priori zu behaupten, daß Gott ein Buch, wie die Schrift actu ist, für Menschen als Glaubensregel nicht bestimmen konnte, da ja der größte Theil der Menschheit nicht lesen und die Bibel nicht verstehen kann. Die Vernunft kann der höchsten Vernunft nicht eine Absurdität solcher Art zumuthen.

Wir wollen nun sehen, was die gläubige Vernunft

auf diese ihre Forderungen an Christus für eine Antwort erhält, so wie die h. Schrift und Ueberlieferung als der doppelte Quell des geoffenbarten Wortes, uns darüber Aufschluß geben. Wir sagen die **gläubige Vernunft**; denn es handelt sich bei der Begründung unserer Thesis nicht darum, einem Ungläubigen zu beweisen, daß Christus das Haupt der Kirche mit dem Lehransehen der Unfehlbarkeit begabt und zum obersten Richter in Glaubensentscheidungen gemacht, sondern wir haben dies Denjenigen zu beweisen, die wirklich an Christus und das Wort der Offenbarung im Allgemeinen glauben. Dem Ungläubigen hätten wir ja vorerst die Gottheit Christi und die Nothwendigkeit und Wirklichkeit der Offenbarung zu beweisen. Unsere Thesis betrifft eine Thatsache, über welche divergirende Ansichten unter den Kindern der Kirche selbst zu berichtigen sind. Also:

Was that Christus wirklich?

In dieser Beziehung stellen sich uns zwei Fragen zur Beantwortung vor; nämlich:

„**Hat Christus wirklich ein unfehlbares Lehramt in seiner Kirche eingesetzt?**" und „**Wer ist es, der diesem unfehlbaren Lehramt in letzter Stelle dafür die Sicherheit gewährt, und den Christus zum sichtbaren Träger und Richter in Dingen des Glaubens seiner Kirche gegeben?**"

Hören wir darüber die Antwort aus dem Munde Christi selbst:

Christus, nach dem Zeugniß der hl. Schrift, verkünbigte und bezeugte erstlich mit den bestimmtesten Worten, daß er in seiner Kirche ein Lehramt und zwar ein unfehlbares Lehramt eingesetzt.

Wie nämlich Matthäus ausdrücklich bezeugt, so sprach Jesus zu seinen auf dem Berge versammelten Aposteln nach seiner Auferstehung: „Mir ist alle Gewalt gegeben im Himmel und auf Erden; so gehet denn und lehret alle Völker, und taufet sie im Namen des Vaters und des Sohnes und des hl. Geistes. Lehret sie Alles halten was ich euch befohlen. Und siehe ich bin bei euch alle Tage, bei euch bis an das Ende." \*)

Christus erklärte mit diesen Worten nicht nur, daß er seine Apostel mit der Lehrgewalt ausgerüstet aussende, und zwar an alle Völker, und das bis an das Ende der Zeiten; was ein bleibendes Lehramt voraussetzt und sich somit auf ihre Nachfolger erstreckt: sondern daß er auch dafür gesorgt, daß sie A l l e s, was Er ihnen anbefohlen, lehren würden — somit i r r t h u m s l o s; dafür habe Er gesorgt, dem alle Gewalt gegeben ward im Himmel und auf Erden. Ja, noch mehr, Er selbst werde bei Ihnen bleiben bis an das Ende der Welt. Somit fiele die Schuld der Irrthümer, wenn sie Irrthümer lehrten, auf Ihn selbst, da Er es nicht verhindert hätte, wenn sie etwas Anderes lehren würden, als was Er Ihnen anbefohlen. Die Verheißung: „Ich bleibe bei euch bis an das Ende," weiset also offenbar darauf hin, daß hier von einem bleibenden Lehramt die Rede sei, dem Er seinen u n f e h l b a r e n Beistand verhieß, Alles zu lehren was Er gelehrt, und das sich nicht bloß auf die

---
\*) Matth. 28.

Apostel begleite, daß diese selbst lehren würden, was sie selbst persönlich von Ihm gehört, sondern daß dieser Beistand auch das Lehramt ihrer Nachfolger begleiten werde, bis an das Ende der Zeiten. Von diesem unfehlbaren Lehramt, womit Christus der Menschgewordene Sohn Gottes, der Stifter der Kirche, das apostolische Lehramt für alle Folgen der Zeiten eingesetzt und ausgerüstet, sprach Christus an seine Apostel auch schon zu wiederholten Malen, während seines Wandels mit ihnen vor seinem Tode. Er erklärte hochfeierlich in seiner Abschiedsrede:

„Vater, ich habe das Werk vollendet, das du mir aufgetragen, daß ich es vollbringe."

„Ich habe deinen Namen den Menschen verkündigt. Die Worte, die du mir mitgetheilt, habe ich ihnen gegeben. Vater, heilige sie in der Wahrheit." *)

Und daß dieß durch die Amtsgewalt der von Ihm dazu erwählten Apostel geschehen werde, beweisen die mächtigen Alles umfassenden Worte: „Wie mich der Vater gesendet, also sende ich euch." †) Und gleichwie der h. Geist bei dem Antritt seines apostolischen Lehramtes im Jordan über ihm selbst erschien, so sollte dieser selbe h. Geist auch sie in ihrem Lehramte überschatten und vor allem Irrthum in der Lehre des Heils bewahren. Er sagt in derselben Abschiedsrede: „Ich werde auch den Vater bitten und er wird euch senden den Geist der Wahrheit — der bei euch ewig bleiben wird. Der Paraklet, der hl. Geist, der wird euch Alles lehren und an Alles erinnern,

---
*) Job. 17.
†) Joh. 20.

was ich euch gesagt. \*) Und schon früher versicherte Jesus seine Apostel: „Wer euch hört, hört mich." †) „Und wer die Kirche nicht hört, der sei wie ein Heide." ‡)

Durch dieses unfehlbare Lehramt wird die Kirche selbst die eine, heilige, allgemeine und wahrhaft apostolische; denn eine Kirche, die Wahrheit und Irrthum zugleich lehren könnte, trägt nicht in sich das Prinzip der absoluten Einheit — und daher auch nicht der Allgemeinheit; sie hat keinen Anspruch auf objective Heiligkeit und auf den apostolischen Charakter, wenn sie anders lehrte als die Apostel selbst gethan. — Nur durch solch ein makelloses Lehramt wird die Kirche selbst unzerstörbar, und steht da nicht auf Sand, sondern auf einen Felsen gebaut. Durch dieses unfehlbare Lehramt im Besitze der vollen unveränderlichen Glaubenshinterlage trägt die Kirche den Typus der Unveränderlichkeit Gottes, ihres Gründers an sich. Sie hat in dieser Beziehung wie Gott Bestand, aber kein Nacheinander — kann nicht altern, sondern bleibt wie Irenäus bereits bemerkt — immer jung. Einzelne Personen, die ihr angehörten, wechseln; sie selbst nicht; sie ist noch dieselbe, die sie gewesen als Christus im Fleische auf Erden gewandelt; sie hat Ihn gehört und gesehen und seine Apostel, und ist heute dieselbe, wenngleich die Zeitgenossin von achtzehnhundert Jahren.

Die Apostel als Träger dieser unfehlbaren Lehrgewalt, waren sich auch ihres Ansehens und Berufes als Lehrer der Menschheit, von Gott selbst gesendet, wohl bewußt.

\*) Joh. 14.
†) Luk. 10, 16.
‡) Matth. 18.

Sogleich nach der Herabkunft des hl. Geistes traten sie als bevollmächtigte unfehlbare Glaubensboten auf, und vertheilten sich in alle Welt. Der Apostel der Völker nimmt keinen Anstand zu behaupten: „Ihr Wort erging bis an die Grenzen der Erde."*) Sie versammeln sich im Concilium von Jerusalem, und erlassen ihre Entscheidung mit dem denkwürdigen Machtworte unfehlbarer Lehre: „Es hat uns und dem hl. Geiste gefallen."†) Sie bestellten sich für dieses Lehramt Nachfolger. Man erinnere sich an die Wahl des Mathias an die Stelle des Judas; und an die Ordinationen durch die Händeauflegung, von der die Apostelgeschichte bezeugt und auf welche der hl. Paulus in seinen Briefen an Timotheus und Titus hinweiset. Mit Entschiedenheit weisen sie die zurück, die sie nicht zum Lehramt bestellten.‡) Ja, sie sprachen den Fluch aus über Alle, die anders lehrten wie sie. Paulus nimmt keinen Anstand zu sagen: „Wenn ein Engel des Himmels kommt und prediget ein anderes Evangelium, der sei verflucht."‖) Sie verweigern schlechthin allen Eindringlingen ihre Anerkennung. Es haben euch welche verwirrt, denen war es nicht aufgetragen zu lehren — höret sie nicht. Hingegen von Allen, die vereinigt mit dem unfehlbaren Lehramt der Kirche das Wort des Glaubens verkündigen, gelten die Worte Pauli: „So aber höre uns der Mensch als redete Gott aus uns;" §) denn wie derselbe Apostel seinen geliebten Jünger Timo-

---
*) Röm. 10, 28.
†) Apostlg. 15.
‡) Apostlg. 13, 1. Lucas 6.
‖) Gal. 1.
§) 2 Cor. 5.

theus daran erinnert, diese durch die unfehlbare Lehrgewalt ausgerüstete Kirche — „sie ist die Säule und die Grundfeste der Wahrheit."*) Dessen war sich die Kirche auch immer bewußt und in einer Weise bewußt, daß keines ihrer Kinder je daran zweifelte. Bei allen Stürmen von Irrlehren, welche die Kirche Gottes umtobten, gab es bis auf die Zeit des Protestantismus niemals solche Ketzer, welche die Unfehlbarkeit der Kirche in Abrede gestellt, sondern sie behaupteten nur fälschlich, daß diese unfehlbare Kirche eben so lehre, wie sie. Doch wer sollte darüber entscheiden?

So nothwendig als es für den Bestand der Kirche selbst war, damit sie immer die wahre Kirche Christi bliebe, daß Christus sie mit der Unfehlbarkeit im Lehramt ausgerüstet: eben so nothwendig war es, daß Christus dieser Lehrgewalt auch noch ein für die Kirche passendes **Lehrtribunal** bestellte.

Es erhebt sich demnach von selbst die Frage: „**Wie heißt dieses Organ der Kirche?**"

Die Kirche weiß, daß Christus ihr in der Person des hl. Petrus und seiner Nachfolger ein Haupt, einen Oberhirten gegeben. Es fragt sich somit:

**Ist dieses Haupt auch allein Organ der Kirche, und der Ausleger ihrer unfehlbaren Lehre; oder muß nothwendig auch der übrige Lehrerkörper befragt werden, und darüber entscheiden?**

Die gläubige Vernunft allerdings, weil wohlbekannt mit den Umständen, in welchen menschliche Störungen,

---
\*) 2 Tim. 3.

Umtriebe und Verfolgungen die Kirche umtosen, würde
es als das zweckmäßigste erachtet, wenn das Haupt
der Kirche persönlich die Vollmacht hätte, mit
unfehlbarer Gewißheit die Lehre der Kirche auszusprechen.
Doch es ist nicht an ihr, zum voraus geradehin zu
bestimmen, was Christus wirklich gethan, in dessen All-
wissenheit und Macht unzählige Möglichkeiten lagen, für
ein passendes Tribunal des Glaubens Vorsorge zu treffen.  Indeß bleibt es für die gläubige Vernunft doch
immer trostreich, und vollkommen befriedigend, wenn sie
bemerkt, daß Christus wirklich so gethan, wie sie es ge-
ahnt, und in Erwägung der äußern Umstände der
streitenden Kirche wünschen mußte.

Die prüfende Vernunft nämlich, wenn sie die hl.
Schrift befragt, ob Christus sich darüber geäußert und
wie, vernimmt als Antwort die bestimmteste Erklärung, daß es in der That das Oberhaupt der Kirche sei,
das Christus mit diesem unfehlbaren Entscheidungsrecht
in Dingen des Glaubens ausgerüstet, und daß dieses
selbst gerade aus jenen Aeußerungen Christi unbezweifelbar
fließe, durch welche Christus den hl. Petrus und seine
Nachfolger zum Oberhirten der Kirche und zu seinem Stellvertreter bestellte.  Ein Beweis, daß
diese Glaubensprärogative eben dieser Primatalwürde ent-
fließe, und mit derselben unzertrennbar verbunden sei.

Die drei Hauptstellen, welche die h. Schrift uns des-
falls aufbewahrte, sind die feierlichen Betheuerungen
Christi bei Matthäus, wo Christus Petro die Primatial-
Autorität verhieß; bei Lucas, wo er demselben ausdrücklich diese Prärogative der Lehrunfehlbarkeit zu-

sichert; und bei Johannes, wo er Petrus in sein Amt feierlich eingesetzt.

Bevor wir diese Stellen und die darin eingeschlossenen Bestimmungen und Anordnungen Christi näher beleuchten, haben wir aber die Bemerkung nothwendig vorauszuschicken, daß wir diese Stellen hier nicht sowohl in ihrer Beweiskraft für den Primat selbst erwägen, sondern nur in wie ferne die Worte Christi, auf die in dem Primat eingeschlossene unfehlbare Lehrgewalt des Oberhauptes der Kirche hinweisen.

## II.

# Zeugniß

### der heil. Schrift

für die unfehlbare Glaubens-Prärogative Petri und seiner Nachfolger.

---

Die erste Stelle der hl. Schrift, auf die wir zur Begründung unserer Thesis hinweisen, ist jene hochgefeierte Stelle bei Matthäus:

„Selig bist du, Simon Barjona, weil Fleisch und Blut es dir nicht geoffenbaret hat, sondern mein Vater, der im Himmel ist; und ich sage dir, du bist Petrus, und auf diesen Felsen werde ich meine Kirche bauen, und die Pforten der Hölle werden sie nicht überwältigen; und dir werde ich die Schlüssel des Himmelreiches geben, und was du immer auf Erden gebunden haben wirst, wird auch im Himmel gebunden seyn, und was du immer auf Erden gelöset haben wirst, wird auch im Himmel gelöset seyn." *)

Christus verheißt mit diesen Worten seiner Kirche offenbar einen unerschütterlichen Fortbestand, und erklärt Petrus eben so bestimmt zum Fundament derselben.

Ist nun aber die Kirche unerschütterlich — so ist es auch das Fundament derselben; kann sie nicht fallen, so kann es gewiß auch eben so wenig das Fundament auf dem sie steht; denn weicht das Fundament eines Gebäudes, so stürzt das ganze Gebäude zusammen.

Das Leben der Kirche ist wesentlich durch den Glauben bedingt und gründet sich auf denselben. Irrt sich die Kirche im Glauben, dann ist sie überwunden. Somit bringt von selbst die Eigenschaft des hl. Petrus als Fundament der Kirche, als welches Christus ihn erklärt, dessen Unfehlbarkeit im Glauben mit sich. Mit andern Worten, der Felsengrund der Kirche, von der Christus spricht, ist der unerschütterliche Glaube Petri. — Was aber von Petrus als Fundament der Kirche gilt, gilt nothwendig auch von seinen Nachfolgern im Primat, wie wir sogleich ausführlicher beweisen wollen. So verstanden denn auch die hl. Väter die angezogenen Worte Christi. Hören wir einige derselben:

„Petrus wird Fels genannt," schreibt der hl. Gregor von Nazianz, „und die Grundfeste der Kirche ist seinem

---

*) Matth. 16 — 17.
†) Matth. 16, 17 — 18.

Glauben anvertraut." Petrus Petra vocatur atque Ecclesiae fundamenta *fidei suae* concredita habet. a)

Der hl. **Ambrosius**: „Der Glaube ist also die Grundfeste der Kirche; denn nicht vom Fleische, sondern von dem Glauben des Petrus ist gesagt worden, daß die Pforten des Todes ihn nicht überwältigen werden." Non enim de carne sed *de fide* Petri dictum est; quia portae mortis ei non praevalebunt. b)

Der hl. **Epiphanius**: „Der Apostelfürst Petrus, welcher wie ein fester Fels geworden ist, auf welchen, wie auf eine Grundfeste der Glaube des Herrn sich stützt, und auf welchen die Kirche auf alle Weise gebaut ist." Qui quidem solidae Petrae instar nobis extitit — cui velut fundamento *Domini fides* innititur, supra quam Ecclesia modis omnibus aedificata est. c)

Der hl. **Augustin**: „Er hat Petrus einen Felsen genannt, und die Grundfeste der Kirche in diesem Glauben gepriesen." Nominavit Petram, et laudavit firmamentum Ecclesiae in *ista fide*. d)

„Auf diesen Felsen; er sagte nicht auf Petrus; denn er hat auch nicht auf einen Menschen, sondern auf den Glauben desselben, nämlich des Petrus, gebaut." Non dixit super Petrum; neque enim super hominem sed super *fidem ejus*, scilicet Petri aedificavit. Also der Verfasser der ersten Rede auf das Pfingstfest, unter den Werken des hl. **Chrysostomus**.

Der hl. **Cyrillus** von Alexandrien, wenn er eben diese

---

a) Ora. de moder. serv. Indisp.
b) De Incarn. C. V. N. 34.
c) Haeres. 59. N. 7.
d) Tract. VII. in Joan. N. 29.

Stelle auslegt, sagt: „Ich meine, Christus bezeichnet durch den Felsen nichts Anderes, als den unerschütterlichen, überaus festen Glauben des Jüngers, auf welchem (Glauben) die Kirche Christi so gegründet und befestigt wurde, daß sie nicht fallen könne, und unbezwingbar den Pforten der Hölle wäre." Petram opinor nihil aliud quam inconcussam et firmissimam *discipuli fidem* vocavit, in qua Ecclesia Christi ita fundata et firmata esset, ut non laberetur et esset inexpugnabilis infernorum portis. e)

Der hl. Leo schreibt: „So sehr gefiel Jesu diese Erhabenheit des Glaubens, daß er Petrus selig sprechend, demselben zugleich die hehre Festigkeit eines Felsens verlieh, auf welchem gegründet, die Kirche die Pforten der Hölle und die Gesetze des Todes stets überwältigen würde." Tantum in *hac fidei* sublimitate complacuit, ut beatitudinis felicitate donatus, sacram immobilis Petrae acciperet firmitatem, super quam fundata Ecclesia, portis inferi et mortis legibus praevaleret. f)

Daß diese Auslegung auch zu seiner Zeit der gemeinsame Glaube der Kirche war, bezeugt **Johannes** von Orleans in seinem III. Buche "de cultu imaginum."

Endlich **Cäsarius** von Cisterz: „Auf diesen Felsen, das ist, auf die Festigkeit deines Glaubens, von welcher du deinen Zunamen erhältst, werde ich meine Kirche bauen." Super hanc Petram, id est super *fidei tuae* firmitatem, a qua cognominaris, aedificabo Ecclesiam meam. g)

e) Lib. IV. de Trinit.
f) Serm. 51. et 94. C. 1.
g) Homil. de Cath. S Petri.

Die hl. Väter verstanden somit diese Stellen in dem Sinne, der die Wahrheit unserer Thesis unwidersprechbar feststellt, nämlich daß der Primat, den Christus Petrus verlieh, unzertrennbar dessen Unfehlbarkeit nicht nur als Apostel, sondern als Primas der Kirche in sich schloß.

Wir ziehen die zweite Schlußfolge und sagen: „Was von Petrus als Haupt der Kirche gilt, das gilt auch von allen seinen Nachfolgern, als Haupt der Kirche, auf durchaus gleiche Weise; denn wie mit dem hl. Augustin die hl. Väter einhellig bemerken, „was Christus Petrus an kirchlicher Gewalt übergeben, hat er ihm nicht für seine Person, sondern für seine Kirche, also auch für seine Nachfolger gegeben." Mit Recht sagt daher Leo der Große serm. 3. de anniv. assumpt. C. 3. „Es dauert die Ordnung der Wahrheit, und der hl. Petrus, indem er in der empfangenen Festigkeit des Felsens ausharrt, hat die erhaltenen Steuerruder der Kirche nicht verlassen, — seine Gewalt lebt auf seinem Sitze, und sein Ansehen ragt hervor. In der Person meiner Niedrigkeit also soll derjenige geehrt werden, dessen Würde auch in dem unwürdigen Erben nicht geschwächt ist." Manet dispositio veritatis et B. Petrus in accepta fortitudine Petrae perseverans, Ecclesiae gubernacula non reliquit — cujus in sua sede vivit potestas et excellit auctoritas. — In persona itaque humilitatis meae Ille honoretur, cujus dignitas etiam in indigno haerede non deficit.

Hunderte von Vätern allgemeiner Concilien sprachen auf dieselbe Weise ihren Glauben aus, feierten die Glaubenskraft Petri in seinen Nachfolgern, und riefen, wenn

Rom entschied, mit den Vätern des vierten und sechsten allgemeinen Concilums: „Petrus hat durch Leo geredet," — "Petrus per Leonem locutus est." — "Charta et atramentum videbatur et per Agathonem Petrus loquebatur." — Erfüllt von dieser Glaubensüberzeugung konnten die Väter desselben sechsten Conciliums dem Papste schreiben: — "Tibi itaque quid gerendum sit relinquimus, stanti super firmam fidei petrum." — „Dir, der du auf dem festen Felsen des Glaubens stehst, überlassen wir die Verfügung über Alles." Dieß war auch ihr Bekenntniß außer den Concilien.

„Du bist," schrieb **Sergius**, Bischof von Cypern, an Papst Theodor, „wie mit Wahrheit das göttliche Wort ausspricht, P e t r u s, und auf deiner Grundfeste sind die Säulen der Kirche befestiget." Tu es sicut divinum veraciter pronuntiat verbum Petrus, et super fundamentum tuum Ecclesiae columnae firmatae sunt. h)

Kräftiger noch äußert sich der hl. **Anselm**, Bischof von Lucca: „Wenn selbst Patriarchen," sagt er, „vom Glauben abfallen, so steht doch der Römische auf der Grundfeste desselben Glaubens, wenn gleich bestürmt, wenn gleich erschüttert, dennoch unbeweglich fest; denn Himmel und Erde werden vergehen, die Worte aber desjenigen werden nicht vergehen, der gesagt hat: „D u b i s t P e t r u s, u n d a u f d i e s e n F e l s e n w e r d e i c h m e i n e K i r c h e b a u e n, u n d d i e P f o r t e n d e r H ö l l e w e r d e n s i e n i c h t ü b e r w ä l t i g e n." "In ejusdem *fidei fundamento* licet pulsatus licet concussus *tamen stetit immobilis*. Coelum enim

---

h) Epistol. ad Theodorum Pontif.

et terra transibunt, verba autem ipsius non transibunt qui dixit: *Tu es Petrus* etc." i)

Bossuet selbst konnte nicht umhin, in unsere Schlußfolge einzustimmen: „Durch dieses herrliche Bekenntniß „Du bist Christus, der Sohn des lebendigen Gottes," schreibt Bossuet, wurde Petrus gewürdiget, das unerschütterliche Fundament der Kirche zu werden. Diese Kraft hat Jesus Christus durch die Stimme seiner Allmacht einem sterblichen Menschen verliehen, und man kann nicht denken, daß dieses Amt mit Petrus zu Grabe gegangen; denn der Grund eines ewigen Gebäudes darf nicht mit der Zeit zerstört werden. Petrus also wird immer in seinen Nachfolgern leben, Petrus wird immer von seinem Stuhle sprechen, "Petrus semper in suis successoribus vivet — semper in sua cathedra loquetur," — dieß bezeugen die hl. Väter, dies bestätigen die sechshundert und dreißig Bischöfe im Concilium zu Chalcedon. — Zurückgekehrt aus dem dritten Himmel, reiste Paulus den Petrus zu besuchen, um künftigen Geschlechtern ein Beispiel zu hinterlassen, "ut futuris aetatibus relinqueret exemplum," und dieß muß auch für ewig gelten; wenn gleich ein Gelehrter, wenn gleich ein Heiliger, wenn gleich ein zweiter Paulus erscheinen würde, "etiamsi alter Paulus quis videretur," daß er Petrus aufsuche. — Die römische Kirche von Petrus und seinen Nachfolgern unterrichtet, sah nie Irrthümer in ihrem Schooße keimen, — und so ist die römische Kirche immer Jungfrau, so ist der römische Glaube stets der Glaube der Kirche. Petrus bleibt in seinen Nachfolgern die Grundfeste der Gläubigen. "Sia

---
i) In libro contra Pseudo. Pontif. Guibertum.

Rom. Ecclesia semper virgo est, Romana fides semper fides Ecclesiae, Petrus in suis successoribus manet fundamentum fidelium." „So," sagt er, „dachten die allgemeinen Kirchenversammlungen, so Afrika, so Frankreich, so Griechenland, so Asien, so endlich die Kirchen vom Aufgange bis zum Niedergange der Sonne." k)

Den zweiten Ausspruch Christi zur Bestätigung des Gesagten, und insonderheit was das Ansehen der Nachfolger Petri in Dingen des Glaubens betrifft, lesen wir bei dem Evangelisten Lukas,\*) wo der Heiland also an Petrus spricht:

„Simon, Simon! sieh', der Satan hat euch verlangt, um euch wie Waizen durchzusieben, ich aber habe für dich gebetet, daß dein Glaube nicht abnehme." "Ut non deficiat fides tua, et tu aliquando conversus confirma fratres tuos." — Petrus also konnte in seinem Glauben nicht irren, und seine Pflicht war es, als Oberhaupt der Kirche, den Worten Christi gemäß, seine Brüder im Glauben zu stärken: „Stärke deine Brüder!" Daß aber dieses auch das Amt, die Pflicht seiner Nachfolger sei, ist aus dem oben angeführten Grunde, und aus dem Zeugnisse der hl. Väter einleuchtend, und um so nothwendiger von Christus gewollt, je nothwendiger diese Stärkung im Glauben der nachfolgenden Christenwelt wurde. Mit den Christen in den Tagen Petri lebten ja noch die übrigen Apostel, und die Glaubensstürme sollten im Laufe der Jahrhunderte weit heftiger wüthen,

---

k) Sermon de l'unité.
\*) Luk. 22, 32.

als zu Zeiten der apostolischen Christen. — Was aber anders, als ein unfehlbares, letztes und höchstes Urtheil, eine unfehlbare, letzte und höchste Entscheidung könnte uns, wenn wir im Glauben schwanken, kräftigen und festsetzen? Diese Macht des Endurtheils in Glaubenssachen, hat also Christus Petro und durch ihn dem jeweiligen Oberhaupte der Kirche mitgetheilt, und alle dürfen, können und müssen mit Innocenz III. als Nachfolger Petri bekennen: 1) „Wenn ich nicht im Glauben festgegründet wäre, wie könnte ich Andere im Glauben befestigen; daß aber dieß zu meinem Amte eigenthümlich gehöre, ist offenbar, indem der Herr bezeugt: „Ich habe," spricht er, „für dich, Petrus, gebetet, daß dein Glaube nicht wanke." "Nisi ego solidatus essem in fide, quomodo alios possem in fide firmare, quod ad officium meum noscitur specialiter pertinere, protestante Domino: Ego rogavi etc."

Bossuet in seinen Betrachtungen über das Evangelium vom Tage 72, bestätigt auch diese Schlußfolge: „Die Worte, „bestärke deine Brüder," sagt er, sind nicht ein Gebot, welches den Petrus allein betrifft, sondern sie beziehen sich auf das Amt, welches Christus für immer in der Kirche eingesetzet hat. . . . Immer mußte Petrus, welcher seine Brüder im Glauben bestärken sollte, in der Kirche fortbestehen. "Semper in Ecclesia Petrus debuit existere, qui fratres confirmaret." Dieß war das tauglichste Mittel, die Einigkeit der Glaubenssätze zu begründen, welche unser Erlöser vor allem wünschte; und diese Autorität war um so nöthiger bei den Nachfolgern der

---

1) Innocent. serm. secundo de consec. Pontif.

Apostel, da dieselben nicht die Glaubensstärke der Apostel selbst besitzen."— Selbst in seiner Defensio lesen wir folgende Stelle: „Dieses Amt hat also Petrus, dieses Amt haben die Nachfolger des hl. Petrus in Petrus erhalten, daß es ihnen obliegt, ihre Brüder zu bestärken." "Hoc ergo ex officio Petrus habet, hoc Petri successores in Petro acceperant, ut fratres confirmare jubeantur." m)

Auch in seiner Betrachtung Tag 70, schreibt er: „Für Petrus hat Christus besonders gefleht, nicht weil er sich um die übrigen Apostel weniger bekümmert, sondern, wie es die hl. Väter erklären, weil er durch die dem Oberhaupte mitgetheilte Festigkeit das Wanken der übrigen Glieder hindern wollte, "sed, ut explicant SS. PP., quia firmato capite impedire voluit, ne membra natarent."

Wir setzen hier noch die eben so schöne als kräftige Aeußerung des eben so liebenswürdigen als gelehrten Heiligen Franz von Sales bei.

"L'église a toujours besoin d'un *confirmateur infaillible*, au quel on puisse s'addresser d'un fondement que les portes d'enfer et principalement *l'erreur* ne puisse renverser, et que son pasteur ne puisse conduire a l'erreur ses enfans. — *Les successeurs donc de S. Pierre ont tous ces mêmes privileges, qui ne suivent pas la personne, mais la dignité et la charge publique*."

„Die Kirche hat immer eines unfehlbaren Befestigers nöthig, an dem man sich, als an einem Fundament, halten könne, welches die Pforten der Hölle und besonders der Irrthum nicht zu überwältigen im Stande seien, und daß

---

m) Lib. 10 def. C. 3.

ihr Hirt nicht ihre Kinder in Irrthum führen könne. — Die Nachfolger Petri haben alle diese Privilegien, die nicht die Person, sondern die Würde und das öffentliche Amt begleiten." — An einer andern Stelle, wo er den Papst im neuen Testamente, mit dem Hohenpriester des alten Testaments vergleicht, sagt er: „Unser Hohepriester hat auch auf seiner Brust das Urim und Thumim, d. h. die **Lehre** und die **Wahrheit**. Gewiß alles was der Magd Agar zugestanden worden, mußte wohl um so mehr der Gemahlin Sara zugestanden werden." n)

Der Papst und die Kirche ist demnach nach dem hl. Franz von Sales Eins und Dasselbe, denn sie steht und fällt mit ihm. o)

Was der Herr in diesen zwei Stellen versichert und verheißt, gab er dem Jünger wirklich nach seiner Auferstehung, wo er denselben zum obersten Hirten und Statthalter an seiner Statt in Gegenwart der Apostel erklärt, mit den Worten: „**Weide meine Lämmer, weide meine Schafe.**" *) Wohl mußte Christus verhüten, daß der Glaube Petri je abnehme; denn wer könnte annehmen, daß Christus für seine Kirche einen Hirten bestimmt, der mit falschen Lehren seine Schäflein weiden könnte?!

„Vom Hirten, ruft der hl. **Hieronymus**, verlange ich die Beschützung des Schafes; entscheide, wenn es beliebt; auf dein Geheiß werde ich nicht fürchten drei Hypostasen zu nennen." Was, fragen wir, ist der Vernunft an-

---

n) Maistre du Pape I. 1.
o) Epitres spirit. Lyon liv. VII. ep. 40.
*) Joh. 21, 15.

gemeſſener, als dieſe Erklärung und Betheuerung des hl. Vaters? Gewiß nicht den Schafen ſteht es zu, ſondern dem Hirten, über die Beſchaffenheit der Weide zu wachen; jenen aber, dieſen zu hören, und ihm zu folgen.

Ferners, bezeichnet das Hirtenamt in bibliſcher Sprache die leitende Gewalt. — Wo aber könnte dieſe in einem Reiche je ohne höchſte Vollmacht beſtehen?! Darum, wie Maiſtre ſo richtig bemerkt, bei Schlichtung von bürgerlichen Streitfragen in weltlichem Staate das oberſte Gerichtstribunal, was es nun immer für eine Verwaltung ſein mag, wenigſtens faktiſch als unfehlbar im Urtheile ſelbſt angenommen werden muß, wenn es auch nicht unfehlbar iſt, weil ſonſt des Rechtens kein Ende wäre. Was hier zur Aufrechthaltung der Ordnung angenommen werden muß, das mußte im Reiche der Kirche, als Reich der Wahrheit, wirklich gegeben ſein. Eine bloße Suppoſition, da wo es ſich um Wahrheit ſelbſt handelt, genügt nicht. Es iſt bei dieſer Stelle noch überdies wohl zu bemerken, daß Chriſtus Petro mit dieſen Worten die Leitung aller ſeiner Schafe, der ganzen Heerde ohne Ausnahme, übergab, nach der ſchönen und bekannten Aeußerung des großen **Eucherius**, Biſchof von Lyon, der in ſeiner Homilie in Vigilia S. Petri alſo ſagt: „Zuerſt hat ihm der Herr die Lämmer, dann die Schafe übergeben, — weil er ihn nicht nur zum Hirten, ſondern zum Hirten der Hirten geſetzt,"— "sed et pastorem ipsum constituit pastorum." — So wie alſo in Folge des erſten Textes Niemand ein Glied der Kirche Chriſti ſein kann, als der ſich an den Glauben Petri feſt anſchließt; — in Folge des zweiten aber Niemand unter die Schüler Christi gehören kann, als der durch die Glaubenskraft desselben Petrus und dessen Urtheil gestärkt wird; — so kann in Kraft dieses dritten Zeugnisses: "Weide meine Schafe," Niemand meinen, daß er in dem Reiche Christi sei, welches dem Petrus anvertraut worden ist, außer er werde durch denselben Glauben und dieselbe Lehre Petri regieret. Das Wort und Urtheil seiner Würdenträger ist also nach Christi Wort und Wille im Reiche seiner Kirche in oberster und richtender Gewalt unfehlbar bindend und unausweichlich entscheidend.

*Anmerkung.* — Es darf Niemanden Wunder nehmen, daß wir der frivolen Auslegung der Stelle bei Lukas 22 gar nicht erwähnen, nach welcher das "confirma" ausschließlich sich auf die durch das Leiden Christi geärgerten Apostel bezöge. Denn da diese Auslegung, wie gegenwärtige Abhandlung es nachweisen wird, der einhelligen Stimme der Tradition der ganzen Kirche widerspricht, so hat dieselbe nach dem tridentinischen Canon der Schriftauslegung, für katholische Gelehrte objectivel keine Geltung. — Sie ist aber auch überdieß zu absurd und lächerlich. Kam denn nicht Christus, von den Todten auferstanden, selbst bald wieder zu den Aposteln, und wurden sie nicht sogleich nach seiner Himmelfahrt von einer Stärkung des hl. Geistes erfüllt, der sie unerschütterlich machte? Und war für die zwei Trauertage nicht Johannes als Zeuge der Wunder bei dem Kreuztode Christi bei weitem mehr der Mann zur Stärkung der Apostel gewesen als Petrus? Erlöst das "conversus" braucht gar nicht von einer moralischen Bekehrung genommen zu werden; sondern, wie Maldonat mit anderen Schriftauslegern richtig bemerkt, so ist das "ἐπιστρέψας" vielmehr in seiner primitiven Bedeutung als Hinwendung zu verstehen, gerade wie das שׁוּב im Psalm 85, v. 7. "Deus tu conversus vivificabis nos; den Hebräismus mit sich führend, nämlich die Bedeutung einer öfteren Hinwendung, wie das wirklich bei den Nachfolgern Petri geschah, so oft der Satan das Sieb der Glaubensstörungen rüttelte.

# III.

# Fortsetzung

der

# "RATIO THEOLOGICA."

Die Folgerung, welche die gläubige Vernunft in Erwägung dieses Zeugnisses der h. Schrift zieht, ist die:

Christus verhieß dem h. Petrus und seinen Nachfolgern die Unfehlbarkeit im Lehramte der Kirche. Er konnte geben, was er verhieß, und es ziemte sich, daß er so that; somit ist diese Unfehlbarkeit im Lehramt der Kirche ein mit dem Primat unzertrennlich verbundenes Recht, und dessen bleibende Prärogative. — Promisit — potuit — decuit — "dedit."

Wir sagen Erstlich: Christus verhieß Petro und dessen Nachfolgern diese Unfehlbarkeit; denn wenn Jemand etwas verheißt, was nie und nimmer ohne etwas Anderes gegeben werden kann, so verspricht derjenige, der das Eine verheißt, auch dafür zu sorgen, daß das

Andere gleichfalls mitgetheilt werde, was mit dem Ersteren als unabweisbare Bedingung mit eingeschlossen ist. Wer z. B. verspricht, er werde den Andern nach Amerika bringen, der muß auch für ein Schiff sorgen, mit dem man die Reise machen könne. Dies hat nun seine volle Anwendung auf den vorliegenden Fall. Das erhellt zur Genüge aus dem bereits Gesagten und erklärten Willen Christi, sowie das hl. Evangelium dafür als Zeuge auftritt.

Ausdrücklich bezeugt Christus, daß er Petrus und seine Nachfolger zum unerschütterlichen Fundament der Kirche gesetzt. Diese Unerschütterlichkeit verlangt absolut die Unfehlbarkeit in der hl. Lehre; denn was diese erschüttert, erschüttert auch das ganze Gebäude der Kirche.

Ausdrücklich bezeigt Christus, daß der Glaube Petri in seinen Nachfolgern nie wanken werde, und daß Er demselben und dessen Nachfolgern die Pflicht auflege, seine Brüder im Glauben zu stärken. Dieses Nieabnehmen im Glauben postulirt nicht minder kategorisch die Prärogative der Unfehlbarkeit im kirchlichen Lehramt. Soll dafür gesorgt sein, daß die Schüler nie irren, so muß auch dafür gesorgt sein, daß der Lehrer derselben gleichfalls nie irre.

Ausdrücklich übergibt Christus seine Gläubigen Petro und seinen Nachfolgern mit dem Auftrage, dieselben durch das Wort gesunder Lehre zu weiden, versichernd, daß Alle, die ihm folgten bis an das Ende der Zeiten, die Weide einer gesunden, stärkenden, und zum ewigen Leben gedeihenden Lehre finden würden. Diese Pflicht Petri und seiner Nachfolger schließt anderseits nicht minder kategorisch die Pflicht des Gehorsams der Gläubigen in sich, der Stimme dieses ihres Hirten zu folgen. Soll dies jederzeit in Hinsicht auf die Lehre der Kirche ohne Gefahr stattfinden, so mußte Christus unbedingt für die Unfehlbarkeit des Lehramtes Petri und seiner Nachfolger gesorgt haben. — Soll dafür gesorgt sein, daß ein Wanderer unfehlbar sicher an sein Ziel gelange, so muß auch dafür gesorgt sein, daß dessen Führer den rechten Weg unfehlbar sicher wisse.

Christus „k o n n t e" es thun! Wer wollte das läugnen, ohne die Gottheit Christi zu läugnen? — Machte Er doch die ganze lehrende Kirche unfehlbar, wie die Gegner unserer Thesis, die katholisch sind, zugeben, und wie jeder Christ zugeben muß, der das Wort der hl. Schrift als Gottes Wort anerkennt. Nun denn, wer das Mehr zu thun im Stande ist, vermag auch das Wenigere. Die Unfehlbarkeit der gesammten lehrenden Kirche postulirt von selbst die Unfehlbarkeit der Gesammtheit von Vielen. Ueberdies machte Christus, wie unsere Gegner zugeben, jeden Apostel unfehlbar; warum sollte sein Arm abgekürzt sein, daß Er durch die Folge der Zeiten nicht E i n e n, das Haupt der Kirche, als Nachfolger Petri des Apostelfürsten mit derselben Prärogative der Unfehlbarkeit auszurüsten im Stande gewesen wäre?!

D r i t t e n s. Es ziemte sich so. Wir wiederholen noch einmal, daß es nicht in der Sphäre der Vernunft liegt, a priori zu bestimmen, auf welche Weise Christus seiner Kirche, die er als unfehlbar erklärte, diese Unfehlbarkeit zu garantiren hatte. Dafür gab es in seiner unendlichen Weisheit unendlich viele mögliche Wege und

Mittel. Allein wir sagen, die Vernunft habe ein Recht zu sagen: „So ziemte es sich," wenn man aus der Art und Weise, wie Christus seine Kirche auf Erden gegründet und hingestellt, klar ersieht, daß etwas dieser Natur und Stellung der Kirche vollkommen entspreche. — Und die Vernunft hat das Recht, das als unziemend zurückzuweisen, was der Natur und Stellung der Kirche, wie Christus dieselbe gestiftet und in der Welt erhält, nicht passend erscheint oder völlig widerspricht. Nun denn die Behauptung, daß Christus das Oberhaupt der Kirche im Lehramte der Kirche unfehlbar gemacht, entspricht völlig der Natur und Stellung der Kirche Christi als solche; somit ziemte es sich, daß Christus demselben diese Prärogative mitgetheilt.

Christus nämlich stiftete seine Kirche als das Reich der **Wahrheit auf Erden.** Er selbst nennt sich den König der Wahrheit. *) Das ist der wesentliche Charakter der Kirche. Als Primas ist Petrus in seinen Nachfolgern der Mund der Kirche. Welch eine paradoxe Annahme, daß die Kirche selbst unfehlbar sei, und daß der Mund derselben Falschheit in Dingen der kirchlichen Lehre zu lehren im Stande sei?!

Christus stiftete seine Kirche als unfehlbares **Lehrtribunal für alle Zeiten,** und für jede Zeit; so mußte er denn dafür gesorgt haben, daß die Gläubigen auch für jede Zeit die Gelegenheit hätten, in vorfallenden Glaubensstörungen das Wort des Heiles mit entscheidender Gewißheit zu hören. Zu Zeiten der Apostel bei der Gründung der Kirche gab Christus denselben zwölf un-

*) Joh. 18.

fehlbare perſönliche Zeugen der Wahrheit, da die Apoſtel
ſich in alle Welt zertheilten, um die Kirche zu gründen: wie billig, daß zur Sicherſtellung der Wahrheit der
von ihnen unfehlbar gepredigten Lehre für die Folge der
Zeiten, dieſe ihre unfehlbare Prärogative wenigſtens in
Einem, nämlich in dem Nachfolger Petri als Oberhaupt
der Kirche, verblieben ſei. Die Kirche hat da immer die
Gelegenheit, ſoweit es Noth thut, dieſes Eine unfehlbare
Oberhaupt zu befragen.

Die Kirche, iſt ferner ihrer Natur nach hienieden die
ſtreitende Kirche, und ſollte nach Anordnung und
dem Willen Chriſti die Kirche aller Völker und aller Nationen werden. Ihr bleibendes Terrain iſt ein bleibendes Schlachtfeld, den ganzen Erdball umfaſſend. Nun
denn, der Gemeinſinn aller Völker, aller Zonen, von den
wildeſten bis zu den gebildetſten, fand es für ziemend
und heilſam, zur Stunde des Kampfes an die Spitze der
Armee Einen Befehlshaber zu ſtellen, mit der Vollmacht des
Befehles und der Leitung ausgerüſtet: wie ziemend er-
ſcheint es demnach nicht der gläubigen Vernunſt, daß
Chriſtus das Oberhaupt der ſtreitenden Kirche in ſeiner
Sphäre mit einer ähnlichen Vollmacht ausgerüſtet. Das
Heil der Kirche wird aber durch nichts ſo ſehr gefährdet
und heilloſer bekämpft, als eben durch den Angriff der
Feinde der Kirche in Hinſicht auf die geoffenbarte Lehre.

Die Kirche iſt endlich ihrer Natur und Conſtitution
nach, wie Paulus erklärt, ein geiſtiger Leib. Nun denn,
bei jedem wohl ausgebildeten Leibe iſt es das Haupt, welches
die Bewegung der Glieder regiert, und nicht die Glieder
regieren das Haupt, wenngleich dies nie vom Leibe getrennt

als Haupt betrachtet werden kann. Ebenso was die Unfehlbarkeit des Oberhauptes der Kirche betrifft. Es ist unfehlbar; aber diese Unfehlbarkeit ist keine abstracte Prärogative des Hauptes, sondern wurzelt im Leben der Kirche selbst, als Trägerin des Glaubens. Der Leib, mit dem der Apostel die Kirche vergleicht, ist ein menschlicher. Bei diesem ist das Haupt individuell. Ein collektives Haupt wäre ein Monstrum.

Die Weisheit Christi, der seiner Kirche in der Person seines Stellvertreters ein irrthumloses individuelles Haupt gegeben, erhellt um so klarer als die der Kirche in ihrer Stellung entsprechende, wenn man erwägt, wie ungenügend für die Kirche gesorgt wäre, wenn Christus als Glaubensregel und letztes höchstes Tribunal der Kirche nicht das Oberhaupt der Kirche, sondern das gesammte Episcopat collectiv genommen, eingesetzt hätte; sei es, daß das Episcopat im Concil oder zerstreut über die Erde hin betrachtet werde. Mit anderen Worten: Sei es, daß der Ausspruch eines **allgemeinen Conciliums** oder die Uebereinstimmung der über die Erde zerstreuten Kirche allein, als Glaubenstribunal und Glaubensregel zu gelten hätte.

Diese Annahme auf beider der genannten Weisen und Wege, weit entfernt den Erwartungen und Anforderungen der gläubigen Vernunft zu entsprechen, widerspricht ihr völlig; denn die prüfende, streng logisch schließende Vernunft erkennt bei völliger Beleuchtung dieser Ansicht, daß dieselbe nicht nur dem in der h. Schrift ausgesprochenen Willen Christi und seiner Anordnung, sondern nicht minder der Tradition und Erblehre der Kirche und ihrer Geschichte zuwider — und überdieß eine, für die Bedürfnisse der Kirche in der Welt, ungenügende und völlig unpraktische sei.

Wir wollen dies nun so wohl, was die Concilien als den Consensus der Ecclesia dispersa, der „zerstreuten Kirche" betrifft, umständlich nachweisen.

Die eine Instanz, auf daß der Gesammt-Episcopat entscheide, ist die Abhaltung und der Ausspruch eines **allgemeinen Concilium**. Kein Zweifel, daß ein allgemeines Concilium, wenn es gefeiert wird, unfehlbar in seinen Glaubensentscheidungen sei; denn ein solches Concilium setzt voraus, daß es vom Oberhaupt der Kirche zusammenberufen, und von demselben bestätiget sei. Die Kirche ist unfehlbar. Allein daraus folgt keineswegs, daß ein solches Concilium von Christus, als das reguläre für die Kirche in Dingen des Glaubens entscheidende Glaubenstribunal betrachtet werden könne.

Die Kirche bedarf eines solchen Tribunales immer und zu jeder Zeit; allein es liegt nach der Art und Weise, wie die Kirche von Christus eingesetzt in der Welt dasteht, nicht in der Macht der Kirche, so oft sie es will und braucht, ein solches Concilium abzuhalten. Christus wollte bei Verbreitung und Erhaltung seiner Kirche der menschlichen Freiheit keinen Zwang anlegen, und somit gibt es der Hindernisse unzählige, welche die Abhaltung eines solchen Concilums, laut Zeugniß der Geschichte, durch den Lauf von Jahrhunderten verhinderten; jawohl vielleicht bis an das Ende der Zeiten verhindern können.

Laut Zeugniß der Geschichte flossen drei hundert Jahre vorüber, bis das erste allgemeine Concilium zu Nicäa abgehalten werden konnte. Erst mußte das Schwert der Imperatoren in die Scheide zurückkehren, und das Kreuz auf der Krone derselben erstrahlen. Und seit dem letzten allgemeinen Concilium von Trient sind nun wieder dreihundert Jahre verflossen, und es wurde kein allgemeines Concilium gehalten. Das Haupthinderniß lag im Gegentheil gerade zumeist in der Stimmung der gekrönten Häupter, die selbst die Abhaltung des nächsten angekündigten General-Conciliums noch gewaltig in Zweifel setzt. Wie viele Irrthümer sind während dieser Zeit aufgetaucht und durch das Urtheil des Oberhauptes der Kirche gerichtet worden. Wie übel wäre für die Kirche Gottes gesorgt gewesen, wenn die Irrlehren der Jansenisten, Quesnellaner, Gallikaner, Febronianer, de la Mennaisiten, Hermesianer, Güntherianer ꝛc. noch unentschieden geblieben wären. — Seit Clemens den Stuhl Petri bestieg, erließen die Päpste durch den Lauf der Jahrhunderte fort und fort Glaubensentscheidungen. Nur so ward für das Wohl der Kirche gesorgt.

Ferner selbst unter den achtzehn allgemeinen Concilien, die in nahezu neunzehn Jahrhunderten abgehalten wurden, wie wenige begriffen die Mehrzahl der Bischöfe der katholischen Welt in sich. Das war weder bei dem Concilium von Nicäa dem ersten, noch zu Trient dem letzten, und kaum bei einem der allgemeinen ersten acht Concilien des Orients der Fall. Wenn es nicht die Bestätigung des Papstes gewesen wäre, so wäre keines derselben je zum Ansehen und zur Würde eines allgemeinen Conciliums gelangt. Wer weiß ob selbst zum nächsten allgemeinen Concilium die Mehrzahl der

Bischöfe der katholischen Welt erscheinen kann. Und wie erst, wenn nicht der Dampf den Reisenden zu Hilfe gekommen wäre, wie könnten, wenn die Kirche sich über die Erde bereits völlig ausgebreitet, alle die Bischöfe sich zu einem solchen allgemeinen Concilium jedesmal zeitlich genug versammeln. Oder hat Christus das Tribunal der allgemeinen Kirche auch von Dampf und Eisenbahnen abhängig gemacht?

Doch selbst wenn die Bischöfe der ganzen katholischen Welt nach Belieben von Engeln, wie ein Habukuk und Philipp, getragen, an einem Platz versammelt werden könnten, so wäre damit für die Behauptung, als seien die Glaubensentscheidungen allgemeiner Concilien, das von Christus eingesetzte Glaubenstribunal, nichts gewonnen, während unsere Thesis in voller Kraft verbleibt. Denn die Entscheidungen des Episcopates der ganzen Welt sind ohne die Bestätigung des Papstes noch keine Entscheidungen, die absolut im Gewissen unter der Strafe des Irrglaubens und des Ausschlusses aus der Kirche verbinden. Dazu gehört die Bestätigung des Papstes. Hingegen seine Glaubensentscheidungen in und außer dem Concil, auch ohne Rücksicht auf die Beistimmung der übrigen Bischöfe, wurden in der Kirche Gottes immer als im Gewissen, unter Strafe der Keherei bindend, angesehen.

Beweis dessen ist die Geschichte, das Ansehen und der Ausspruch der Concilien selbst, wie wir das ausführlich in dem Abschnitt über die Abhaltung der Concilien nachweisen werden.

Nie galt, wenn nicht vom Papst bestätiget, je eine

Entscheidung eines noch so zahlreichen Conciliums; wohl aber galten von jeher die päpstlichen Entscheidungen, den allgemeinen Concilien gegenüber, als unabänderlich. Man lese was uns darüber die Geschichte bei Gelegenheit der Abhaltung des III., IV., V., VI., VII. und VIII. General-Conciliums berichtet:

„Ihr habt," schärft Coelestin seinen Legaten ein, „wenn eine Streitfrage vorfällt, nicht darüber zu rechten, sondern zu entscheiden und zu sehen, daß Alle thuen, was von uns verordnet wurde." Das ganze Concil fügte sich dieser peremptorischen Weisung und gibt den Grund dafür an: „Weil Petrus noch immer in seinen Nachfolgern lebt und richtet."

Wenngleich die Väter des vierten allgemeinen Concils dieselbe Lehre ausgesprochen, die bereits Leo der Große vor der Abhaltung des Concilium als die wahre bezeichnete, so wollten die Legaten dennoch nach Weisung des Papstes nicht einmal die Aenderung irgend eines Wortes gestatten: „Sagt Alle, wie Leo; sonst kehren wir nach Rom zurück." Das Concilium fügte sich sogleich und rief: „Durch Leo hat Petrus geredet. So glauben wir Alle." Wie herrlich steht Vigil im Kerker verschlossen den Vätern des fünften allgemeinen Conciliums in Constantinopel gegenüber, wie wir dies ausführlicher an seinem Platze anführen werden.

„Sie sollen es nicht wagen," mahnte Agatho seine an das sechste allgemeine Concilium abreisenden Legaten, „irgend etwas zu ändern an meinem Ausspruch, sondern denselben einfach veröffentlichen." — Was sollen wir erst von den beiden Päpsten Hadrian I. und Hadrian II. sagen, welche ihre Glaubensentscheidungen und Bekenntnisse den Vätern des siebenten und achten General-Conciliums zugesandt als unerläßliches Bedingniß einen Platz im Concilium selbst einzunehmen.

Das waren Concilien im Orient, entfernt von Rom und in einer für Rom ganz eifersüchtigen Nähe gefeiert. Wie stark mußte das Bewußtsein der Päpste gewesen sein, ihres durch die ganze Kirche anerkannten Rechtes, um auf solche Weise vor sich zu gehen. Und nicht nur erhob niemals ein Bischof dagegen auch nur ein Wort, sondern sie eifern mit den begeistertsten Ausdrücken dieses Recht des apostolischen Stuhles anzuerkennen und definiren, und zwar vereinigt mit den Bischöfen des Abendlandes im Concil von Florenz: Der Papst sei der wahre Stellvertreter Christi, und aller Christen Lehrer. "Definimus, Romanum Pontificem esse verum Christi Vicarium et omnium christianorum Doctorem." Man bemerke die zwei inhaltsschweren Ausdrücke: Der wahre Stellvertreter Christi — kann der irren? Wie wäre er denn der wahre Stellvertreter Christi in seiner Beziehung zur Kirche? Hat Christus nicht den hl. Geist als seinen Stellvertreter verheißen — den Geist der Wahrheit? Identificirt somit nicht die Kirche das Lehramt des Oberhauptes der Kirche mit dem des heiligen Geistes, dessen Organ der Papst ist? Und sind die Bischöfe nicht auch Christen? Ist somit der Papst in Kraft dieser Definition nicht auch ihr Lehrer? Wie sollte denn die Kraft seines Urtheiles von der Beistimmung der übrigen abhängen; oder wird das Urtheil des Lehrers erst wahr, wenn der Schüler demselben beipflichtet?

Diese letztere Annahme, daß auch das Urtheil des Papstes eben so gut der Beistimmung eines Concilliums bedürfe, als vice versa das des Concilliums die Bestätigung des Papstes, ist eine ganz arbiträre und irrige, die nicht nur der Geschichte und den Aussprüchen der Concilien, sondern der Schrift und Tradition überhaupt widerspricht.

Unabhängig von dem Beisein der übrigen Apostel, erklärte Christus, Petrus a l l e i n als Fundament der Kirche. Er erklärt, daß er für seinen Glauben a l l e i n gebetet, daß derselbe nie abnehme, und übergibt ihm, unabhängig von den übrigen Aposteln, a l l e i n die Leitung seiner ganzen Heerde, der Lämmer und der Schafe, d. h. auch der Bischöfe.

Eben so wenig wissen die hl. Väter etwas von dieser Bedinguiß. So wie Rom entschied, so galt der Ausspruch des hl. Augustin durch die ganze Kirche: "Roma locuta est — causa finita est." Und wie dann erst, wenn ein Concillium so zahlreich, wie das von Rimini, dem Papste gegenüber stände, und anderer Meinung wäre? Wer würde dann als der von Christus eingesetzte Richter in Dingen des Glaubens zu betrachten sein?

Es bleibt da unsern Gegnern nichts übrig, als zu dem sogenannten Consensus der zerstreuten Kirche ihre Zuflucht zu nehmen. Doch da sind die Schwierigkeiten, in die sie sich verwickeln, noch größer. Allerdings geben wir zu, daß die Kirche im Allgemeinen, so lange sie mit ihrem Haupte vereinigt ist, im Besitze des wahren Glaubens und der durch denselben anerkannten Wahrheiten des Heiles sei; allein wir verwerfen mit aller Entschiedenheit, daß die zu ermittelnde Uebereinstimmung der auf Erden „zerstreuten Kirche" als das oberste Glaubenstribunal zu betrachten sei, das Christus in seiner Kirche eingesetzt. Denn:

I. steht diese Annahme gleichfalls im Widerspruch mit der angeführten und feierlich ausgesprochenen Erklärung Christi. Christus beauftragte nämlich Petrus, seine Brüder zu stärken, und nicht diese Ihn. Wäre nun das Urtheil des Nachfolgers Petri im Glauben noch so lange zweifelhaft, bis die Bischöfe in oder außer dem Concil durch die Welt hin demselben ihre Beistimmung geben, so würden vielmehr diese durch ihre Zustimmung den Nachfolger Petri, und nicht Er sie stärken; oder es wäre wenigstens eine wechselseitige Stärkung, was Christus keineswegs angedeutet, sondern vielmehr das Gegentheil.

II. Diese Ansicht widerspricht nicht minder der Erblehre der hl. Väter. Diese leiten nicht die Orthodoxie der Lehre des römischen Stuhles von der Uebereinstimmung der Lehre der übrigen Kirchen ab; sondern umgekehrt, sie weisen alle übrigen Kirchen der Welt an, ihre Orthodoxie durch die Uebereinstimmung ihrer Lehre mit der des römischen Stuhles nachzuweisen. So wie sie das zu thun im Stande sind, fordern sie dieselben nicht auf, sich noch um die Lehre irgend einer andern Kirche zu kümmern. Hingegen würde es denselben wenig nützen, wenn sie auch im Stande wären nachzuweisen, daß sie so glaubten und lehrten wie alle übrigen Kirchen, wenn sie nicht zugleich nachzuweisen im Stande sind, daß auch die Kirche von Rom, d. h. der Apostolische Stuhl, so lehre. Sie behaupten einstimmig mit Irenäus, daß jede andere Kirche nothwendig mit der römischen übereinzustimmen habe" "quacum necesse est omnem aliam convenire ecclesiam." Also wozu das weitere Fragen, wenn alle übrigen Kirchen nothwendig mit der Lehre des Lehrstuhles von Rom übereinzustimmen haben?

Erfüllt von derselben Glaubensüberzeugung ruft Hieronymus aus: „Mögen Andere denken und sagen, was sie wollen; ich sage: Wer mit dem Lehrstuhl Petri übereinstimmt, der ist der Meinige." Si quis Cathedrae Petri jungitur — meus est. — Warum? Hieronymus antwortet: „denn auf diesen Felsen ist die Kirche gebaut" "Supra hanc petram, ecclesiam aedificatam esse scio." Allerdings behaupten wir nicht, daß der Canon des hl. Vinzenzius von Lyra unwahr sei, wenn er sagt: das ist katholisch, was immer und überall und von Allen als katholisch geglaubt wird; denn die Kirche wird im Allgemeinen nie in Irrthum fallen; allein die Behauptung, daß die Berufung auf diese Uebereinstimmung als Glaubensregel angenommen werden müsse und als höchstes Glaubenstribunal anzusehen sei, die weisen wir mit allem Fug zurück. Da gilt uns der Canon des hl. Hieronymus: „Was Rom lehrt, das ist katholisch" "Hoc Catholicum, quod Romanum."

Nie und nimmer kann für diesen Canon, der zu erforschende Consens der zerstreuten Kirche als Glaubensregel substituirt werden. Es fehlen ihm dazu die für eine Glaubensregel nothwendigen Eigenschaften.

Diese Eigenschaften sind: die **Vernehmbarkeit, die Bestimmtheit und Anwendbarkeit.**

Erstlich, es mangelt diesem Consens, als Canon, die

Vernehmbarkeit; denn wie heißt das Organ, das diese Uebereinstimmung ausspricht? Ein solches gibt es nicht, da es Niemanden gibt, der im Namen aller Kirchen diese Uebereinstimmung auszusprechen im Stande wäre. Diese Auffindung verlangt die Durchforschung von kirchlichen Thatsachen und kritischen Beleuchtungen in Fülle, ohne daß es ein bestimmtes Organ gäbe, durch welches die zerstreute Kirche ihren Ausspruch unbezweifelbar kund geben könnte. Das Resultat dieser Forschungen bliebe immer nur in der Sphäre minderer oder größerer Wahrscheinlichkeit. Jedoch die genügt niemals zu einem Glaubensakt. Wir sagen daher

Zweitens: Es mangelt diesem Canon die Eigenschaft der **Bestimmtheit** und Präzision alle Möglichkeit der Entstellung ausschließend. Diese Bestimmtheit und Präzision der Entscheidung ist absolut erfordert, um etwas durch einen Glaubensakt als göttlich geoffenbaret zu bekennen. — Zu dieser unbezweifelbaren Bestimmtheit gelangt aber in vielen Fällen kein Weg der Forschung, und wenn dieselbe von einem hl. Thomas von Aquin und von den gelehrtesten Theologen der Welt vorgenommen würde.

Beweis dessen ist das Dogma der unbefleckten Empfängniß Mariä. Bereits gaben sechshundert Bischöfe der zerstreuten Kirche ihr Gutheißen und ihre Beistimmung ab für dieses Dogma; und zweihundert derselben waren bereits in Rom, und baten den hl. Vater um diese Entscheidung. Ueberdieß wurde in der ganzen Kirche das Fest der unbefleckten Empfängniß Mariä gefeiert, und dennoch, wenn Pius den definitiven Ausspruch nicht gethan hätte, so könnte heute, trotz all dieser Uebereinstimmung der zerstreuten Kirche, noch Niemand unfehlbar wissen, daß Maria ohne Makel der Erbsünde in ihr Dasein eintrat, und wer das heute noch läugnete, wäre kein Ketzer. Ja nehmen wir die Thesis selbst als Beispiel, die wir nun hier vertheidigen. Welch eine Masse von Autorität der zerstreuten Kirche bezeugt die Wahrheit derselben, wie dieses Buch es nachweisen soll, und welch ein Gewicht von theologischer Schlußfolge verbürgt ihre Wahrheit, und dennoch ist dieselbe noch kein definitives Dogma, mithin kein Glaubensartikel. — Was soll man nun erst von anderen Sätzen sagen, die in das Bereich des Glaubens einschlagen, und über welche einzelne Kirchen sich gar nicht oder nur ganz dunkel äußern. Hundert Thore ständen da den Ausflüchten eines im Irrthum Befangenen offen. Um so weniger wäre ein so vages und dunkles Urtheil im Stande, die Hartnäckigkeit eines Ketzers zu brechen. Und wie erst, wenn der Irrthum sich, wie beim griechischen Schisma, in weiteren Kreisen verbreitet und ganze Provinzen überfluthet und selbst hunderte von Bischöfen und Patriarchen an sich gezogen, die sich auch zur Kirche rechnen?

Drittens, es fehlt diesem Canon die **Anwendbarkeit**. Die Nachweisung dieser Uebereinstimmung aller Kirchen verlangt eine Masse von Documenten, von geschichtlichen Forschungen und eine Kenntniß von Sprachen, die gar nicht im Bereiche der Gläubigen liegen und eine Gelehrsamkeit voraussetzen, die nur im Besitz der Wenigsten ist. Und selbst was diese Gelehrten betrifft, so sind dieselben nicht immer im Stande zu einem evidenten und ganz unbezweifelbaren Schluß zu gelangen, da ja selbst die größten Gelehrten, wie ein Thomas von Aquin und Bonaventura, nicht in Allem übereinstimmten, während doch Beide das zu lehren meinten, was sie als die Lehre der zerstreuten Kirche ansahen.

Viertens, bleibt diese Annahme des Consens der zerstreuten Kirche immer nur eine p e r s ö n l i c h e Annahme, mithin immer nur im Grunde eine Privatmeinung, die keinen Dritten unter der Pflicht eines göttlichen Glaubensaktes beizustimmen verbindet, wie es eine Glaubensregel als solche verlangt.

Das definitive amtliche Urtheil des Oberhauptes, dazu durch eine unfehlbare Lehrautorität ermächtigt, ist frei von diesen Mängeln, und besitzt im Gegentheil alle die genannten Eigenschaften in ausgezeichnetem Grade.

Der Papst ist eine sichtbare, allen zugängliche Autorität, und spricht eine Glaubensentscheidung mit höchster Präzision und nicht als Privatmann, sondern als Oberhaupt der Kirche aus, als Nachfolger Petri im hl. Amte und als Stellvertreter Christi.

Ja, genau betrachtet, wären die Gläubigen, die ihren Glauben nach dem Compaß der allgemeinen Uebereinstimmung der ganzen zerstreuten Kirche zu richten hätten, noch übler daran, als selbst die Protestanten mit ihrem Bibelprinzip; denn alle die Einwürfe, die gegen dieses Prinzip streiten, streiten gleichfalls und noch mit größerer Kraft gegen den Glaubenscanon des Consenses der zerstreuten Kirche.

Die Gründe, durch welche der Glaubenscanon der Bibelauslegung als haltungslos nachgewiesen und mit Recht als irrig verworfen wird, sind folgende:

5

I. Ob ein Buch zur hl. Schrift gehöre, und daß überhaupt die Bibel die Bibel sei, ist eine Thatsache, die erst von wo anders her, ihre Beglaubigung zu nehmen hat. Die Bibel gibt sich dieses Zeugniß nicht selbst.

II. Die Bibel ist in ihren Aussprüchen nicht genügend klar und präcis, um als Glaubenstribunal bei vorfallenden Glaubensstreitigkeiten zu gelten.

III. Die Bibel selbst widerspricht dieser Annahme.

IV. Das Bibelstudium setzt überhaupt eine Gelehrsamkeit voraus, die nur bei Wenigen sich vorfindet. Eine Glaubensregel soll aber für Jedermann gleich zugänglich und anwendbar sein.

V. Selbst was die Gelehrten betrifft, so bleibt ihre Bibelauslegung nur immer auf ihre eigene Gelehrsamkeit und auf ihr eigenes Urtheil gestützt, und trägt somit nur das Ansehen einer Privatmeinung an sich, der widersprochen werden kann, und die keinen Anspruch auf Unfehlbarkeit zu machen im Stande ist, um auch Andere zu binden. — Alle diese Schwierigkeiten und Beweisgründe gegen die Privat-Bibelauslegung als Glaubenstribunal, beziehen sich und dies zwar mit noch größerem Nachdruck gegen die Annahme des Consenses der zerstreuten Kirche als höchstes Glaubenstribunal. — Denn:

I. Auch dieser Consens ist eine Thatsache, die sich nicht selbst als solche hinstellt, sondern die ihren Beweis von anderwärts verlangt, und wo dieser Beweis oft noch weit schwieriger zu liefern ist, als daß irgend ein Buch zum Canon der h. Schrift gehöre. Und dieser Beweis, wenn er auch versucht würde, braucht, strenge genommen, zu seiner Unfehlbarkeit wieder einen neuen Beweis des Consenses der allgemeinen Kirche, was zu nichts anderem führt, als zu einem endlosen Zirkel, oder zu einer petitio principii, in infinitum. — Bei einer päpstlichen Definition ist dies nicht der Fall; die führt ihre historische Beglaubigung mit sich selbst. — Glaubst du es nicht, daß Er so entschied, so frage ihn, oder schreibe an ihn, oder sende Jemanden zu ihm.

II. Der Consens selbst ist oft, wie wir bereits nachgewiesen, nicht evident, klar und bestimmt genug. Das läßt sich von einer wirklichen päpstlichen Entscheidung "ex cathedra" nicht sagen, die immer auf das Bestimmteste mit unbezweifelbarer Klarheit erlassen wird, so weit als ein solcher päpstlicher Ausspruch wirklich über eine Thesis entscheidet.

III. Der Consens selbst der „zerstreuten Kirche" ist gegen diese Annahme, wie unsere Abhandlung es nachweiset, durch die Reihe aller historischen Zeugnisse, die wir anführen.

IV. Für Tausende — ja wohl für Alle insgesammt ist es leichter, in vielen Fällen den Ausspruch der h. Schrift hinsichtlich eines Glaubenssatzes zu constatiren, als den allgemeinen Consens der ganzen zerstreuten Kirche.

V. Die Nachweisung desselben selbst beruht letztlich nur auf dem Privat-Ansehen von Gelehrten und deren historischen Forschungen, die nie Anspruch machen können auf Unfehlbarkeit, um Andere im Gewissen zu verbinden, und zu einem Glaubensakt zu nöthigen. Das Lehransehen des Papstes beruht auf seiner öffentlichen und von Christus göttlich eingesetzten Würde und Stellung als Haupt der Kirche. Und ob der Papst so oder so entschieden, ist ein beweisbares Faktum, dessen Realität nicht Sache einer Privatmeinung, sondern eine historische Thatsache ist, die unfehlbar sicher nachgewiesen werden kann.

Die Vernunft findet sich um so mehr geneigt, diese Prärogative des Oberhauptes der Kirche als göttlich verliehenes Lehrrecht anzusehen und anzuerkennen, weil es nicht nur von all den Inconvenienzen und Schwierigkeiten der ihr entgegengesetzten Behauptung fern ist; sondern überdies in einem so harmonischen Charakter mit der Kirche und ihrer Stellung in der Welt steht.

Christus stiftete nämlich, wie wir bereits bemerkt, die Kirche als sichtbares Reich der Wahrheit — als seinen mystischen Leib, und als streitende Kirche im Kampfe gegen die Gewalten der Finsternisse und des Irrthums. Wie passend erscheint es der prüfenden Vernunft, daß Er der allmächtige und höchst weise Stifter dieser seiner Kirche auch ein dieser Natur und Stellung derselben Kirche durchweg genügendes sichtbares, in Dingen des Glaubens unfehlbares Haupt gegeben.

Die prüfende Vernunft begrüßt mit Beifall die Thatsache, daß Christus zur Erreichung seines Zieles bei Gründung einer unerschütterlichen Kirche aller Zeiten und aller Völker auch das einfachste und dennoch durchweg genügende Mittel gewählt; nämlich die Sicherstellung des Glaubens Aller, durch Einen.

Die prüfende Vernunft bemerkt aber auch, daß die Scheu ihrer Gegner, diese Thatsache anzuerkennen, vorzüglich darin liege, daß es ihnen gleichsam zu Viel für Einen dünkt, ein so hohes, ja göttliches Lehransehen zu besitzen, und als ein an und für sich, in rationeller Beziehung, fehlbarer Mensch dennoch auf Unfehlbarkeit in der noch höheren Sphäre menschlicher Erkenntniß durch den Glauben, Anspruch zu machen.

Allein, die Sache näher betrachtet, findet die prüfende Vernunft darin gar nichts Widersprechendes oder Beispielloses. Denn, wie wir bereits oben bemerkten, so waren die zwölf Apostel durch Christi Beistand, Jeder im Einzelnen auch persönlich unfehlbar. Warum sollte die Vernunft Anstand nehmen, mit Beifall anzuerkennen, daß Christus ein Vorrecht, das Er den Zwölfen zur Gründung der Kirche auf außerordentliche Weise zugewendet, auch den Nachfolgern des Einen, den Er zum Haupte derselben bestellt, zur Erhaltung und Leitung der Kirche bis an das Ende der Zeiten, ordnungsmäßig von Amtswegen mittheile.

Waren durch seinen Geist, wie Petrus bezeugt, die Propheten nicht im Einzelnen persönliche Seher in die Zukunft?*) Ist dieser Blick in die Zukunft nicht noch ein größeres Wunder göttlicher Wissenschaft, einem einzelnen Menschen zugewendet?

Gefiel es nicht gleichfalls Gott, Einzelne durch die Gabe der Wunder zu Werkzeugen seiner Allmacht zu machen? Man bedenke, was uns darüber die h. Schrift und das Leben der Heiligen berichtet. Sind die Wunder der Allmacht minder als die seiner Wissenschaft?

Endlich, wie wir dies auch schon oben bemerkten: Warum sollte die nämliche Vorsehung, welche die Unfehlbarkeit des Lehransehens den Vielen, collectiv genommen,

*) 1 Pet. 1.

zuwendet — wie unsere Gegner dies ausschließlich annehmen, dieses selbe unfehlbare Lehransehen nicht auch Einem mittheilen können? Menschlicher Weise zu reden, erfordert ja diese zu wahrende Uebereinstimmung und Unfehlbarkeit der Vielen, collectiv genommen, eine noch größere Einwirkung der göttlichen Vorsorge, als bei der Wahrung der Unfehlbarkeit eines Einzelnen. Das bekannte Sprichwort selbst: "Quot capita, tot sensu," „So viele Köpfe, so viele Sinne," erinnert daran.

Die Vernunft gewahrt überhaupt bei der ganzen Einrichtung und Leitung der Natur, das Gesetz der sogenannten "parsimonia divina," d. h. jene weise Ordnung der göttlichen Macht, die durch einfache, großartige Kräfte in der Natur ihr Ziel siegreich erreicht, und dabei das Ueberflüßige zurückweist. Daher das philosophische und theologische Axiom: "Dei sapientia non operatur superflua," „Gottes Weisheit wirkt nichts Ueberflüßiges." Und wieder: "Entia non sunt multiplicanda," was so viel sagen will als: „Man vermehre nicht nutzlos Ursachen, wo eine genügt."

Nun aber, wie Jeder der prüft, leicht erkennt; die Unfehlbarkeit des Oberhauptes der Kirche genügt zur Sicherstellung des Glaubens und der Einheit der Kirche, also wozu noch die Ermittelung des Urtheils der collectiven Vielen als "ratio sine qua non" zur Auffindung der Wahrheit des Glaubens? — Und führt diese collective Unfehlbarkeit der Vielen im concreten Fall der Entscheidung, nicht von selbst die Unfehlbarkeit der Einzelnen mit sich?*)

*) Merkwürdig ist dabei der Umstand, daß Protestanten besonders, es so wenig zu fühlen scheinen, daß ihr Schrecken vor einer persönlichen Unfehlbarkeit

Die prüfende Vernunft fühlt sich um so mehr geneigt die persönliche Lehrautorität des Oberhauptes der Kirche als das ordnungsmäßige Glaubenstribunal im Reiche Gottes anzuerkennen, da die Erfahrung durch den Lauf der Jahrhunderte christlicher Zeitrechnung es unbezweifelbar nachweiset, daß diese in jedem Falle zur Schlichtung aller Störungen im Bereich der Kirche und des Glaubens genügte, und genüge, nicht aber die der Vielen collectiv genommen. — Es ist nämlich eine Thatsache der Geschichte, daß man wohl Beispiele habe, daß Irrende sich, wie Berengar und Fenelon und Andere, selbst in den ersten Jahrhunderten, dem Urtheile des apostolischen Stuhles in Dingen des Glaubens unterwarfen; doch nie hat ein Häresiarch sich dem Urtheil eines allgemeinen Concilliums gefügt. — Es ist dies eine merkwürdige Erscheinung.

Unser Argument bewährt sich aber noch bei weitem stärker und siegreicher durch eine andere Thatsache:

Sei es nämlich, daß man die Unfehlbarkeit der Kirche

<small>um so lächerlicher sei, da sie ja eine ähnliche Glaubens-Prärogative für Jeden der Ihrigen in Anspruch nehmen, und consequent nehmen müssen, die wir Katholiken nur in dem einen Oberhaupte der Kirche anerkennen.

Der Protestantismus räumt so Jedem das Recht ein, sich den Glauben aus der hl. Schrift selbst herauszulesen. Nun aber, da im Protestantismus zugleich der Grundsatz gilt: „Der Glaube allein macht selig," was auch protestantisch nur von einem wirklich göttlichen und unfehlbaren Glauben gelten kann: so gesteht der Protestantismus in nothwendiger Consequenz bei Auslegung der Schrift auch Jedem für sich eine gewisse Unfehlbarkeit zu. Wenn nicht, so müßte der Protestantismus zugeben, daß sein Grundsatz: „Der Glaube macht selig" oder um echt protestantisch zu reden: „Der Glaube allein macht selig," auch von einem falschen Glauben gelten könne! — Das wäre doch selbst für Luther zu starker Tobak. Nun denn, warum stoßet man es protestantischer Seits so anstößig, daß Katholiken im Oberhaupte der Kirche ein Vorrecht anerkennen, das Protestanten in ähnlicher Weise, wenn sie consequent und logisch denken, bei jedem Glied ihrer Kirche anerkennen, keinen Anstand nehmen?</small>

anerkennt, wie dies bei den schismatischen Griechen und
bei den Jansenisten, noch heute der Fall ist, und man
verbleibt doch verhärtet im Irrthum — verläugnet die
katholische Lehre und bleibt ein Ketzer. Hingegen ist man
nicht im Stande, auch nur ein einziges Beispiel aufzuweisen, daß solche, welche die Unfehlbarkeit des Papstes
als Oberhaupt der Kirche anerkannt, je in einer Ketzerei
oder in einem Schisma verblieben wären. — Wenn heute
Rußland und die schismatischen Griechen des Orients
mit allen ihren Sekten, die Unfehlbarkeit des Papstes in
seinen Glaubensentscheidungen anerkennen, so gibt es
morgen keine russisch- und griechisch-schismatische Kirche
mehr. Rußland und der ganze Orient, würden zurückgekehrt sein zur Einheit der Kirche im Allgemeinen; so
aber bleiben sie von ihr getrennt.

Auch die englische Hochkirche zählt genug Protestanten
in ihren Reihen, und zwar auch Männer von sonstiger
großer Gelehrsamkeit, welche die Unfehlbarkeit der Kirche
im Allgemeinen glauben, und sie bleiben dennoch in den
Irrthümern des Protestantismus befangen. Lasset sie —
lasset alle protestantischen Sekten heute die Unfehlbarkeit
des Papstes anerkennen, und es gäbe morgen keine Protestanten mehr, — sie wären alle mit einem Male katholisch.

Mahnt dieser Umstand nicht handgreiflich, welches das
zweckmäßigste, einfachste und durchweg genügende Mittel
sei, das Christus gewählt, um die Einheit im Glauben
für alle Glieder der Kirche, durch die Unfehlbarkeit ihres
einen Oberhauptes, für alle folgenden Zeiten, und an
allen Orten der Welt, sicher zu stellen?

Und erinnert diese Thatsache nicht an die Worte des

hl. Paulus, die er an die Heiden gerichtet, um sie der Unvernunft und Unentschuldbarkeit ihres Unglaubens zu überführen. Er sagt: "Invisibilia ipsius per ea, quae facta sunt, intellecta conspiciuntur." „Was an Ihm unsichtbar ist, wird durch das was geschah, verstanden."*)

Der Anblick der Welt beweiset die Allmacht und Weisheit Gottes — und so Ihn selbst, sei es auch, daß wir Ihn nicht mit Augen sehen. — So sagen wir denn auch: Sei es auch, daß wir Christus nicht mit unseren Ohren gehört, und hätte Er auch seinen Willen und seine Anordnung zur Sicherstellung seiner Kirche nicht mit so bestimmten Worten an Petrus ausgesprochen, wie die hl. Schrift bezeugt, so würde doch das Firmament der Geschichte durch die unzähligen Thatsachen von neunzehnhundert Jahren, sonnenklar darauf hinweisen, daß es das unfehlbare Lehransehen des Oberhauptes der Kirche sei, das wir Kinder derselben, als das oberste Tribunal in Glaubensentscheidungen, anzuerkennen haben.

Ja daher, und einzig nur daher, wie bereits der alte Cyprian behauptete, entspringen Schismen und Ketzereien „weil man das Ansehen dieses Einen Richters an Christi statt, nicht wie man sollte, anerkennt, und seinen Entscheidungen sich nicht gehörig unterwirft." p)

Welch ein Bekenntniß, aus welch einem Munde! Lasset Alle, die sich Christen nennen, diesem Canon folgen, und

---

\*) Römer, 5.
p) Ep 1. ad Corn.

die Kirche beider Hemisphären und aller Zonen ist und bleibt die Eine.

Es kommt hierbei noch ein anderer Umstand zu beachten, der so ganz in Harmonie und Einklang mit jenem weisen Walten der göttlichen Vorsehung steht, worauf die Worte im Buche der Weisheit hinweisen: „Sie erreicht ihr Ziel mächtig von Ende zu Ende, und ordnet Alles sanft."*) Das heißt: die göttliche Weisheit bedient sich auch der Mitwirkung ihrer Geschöpfe und greift erst da unmittelbar ein, wo diese Mitwirkung von Seiten der Geschöpfe nicht mehr hinreicht für ein bestimmtes Ziel.

So z. B. sollte Moses, der von Gott erwählte Führer und Befreier seines Volkes aus den Händen Pharaos, am königlichen Hofe selbst erzogen werden. Paulus, das auserwählte Gefäß der Gnade, der von Gott gesendete Prediger vor Festus und Agrippa, vor Sergius Paulus und im Areopag vor den gebildeten Griechen, sollte eine dazu willkommene Vorbildung erhalten. Der Umstand nämlich, daß der Papst als Oberhaupt der Kirche beständig im Verkehr mit der ganzen Kirche steht, und stets von einer Menge der ausgezeichnetsten Theologen umgeben ist, macht es Ihm auch menschlicher Weise betrachtet, leichter, den Inhalt der Erblehre des hl. Glaubens zu erkennen und zu würdigen, als sonst einem Sterblichen.

Endlich, der Name selbst: „A p o st o l i sch e r   S t u h l," welchen die ganze Kirche seit den Zeiten der Christenheit dem Papste und seiner Stellung in der

---
*) Weish. 8.

Kirche ausschließlich zueignete, weiset hin auf diese besondere Glaubensprärogative, die der Papst als Nachfolger Petri mit den Aposteln theilt.—Denn was Anderes kann der Sinn dieses Beinamens „Apostolischer Stuhl" andeuten, als „Apostolische Vollmacht"—„Apostolisches Ansehen"—„Apostolische Würde" in der Kirche?

Eben diese göttliche Sendung zu lehren — unfehlbar die Menschen zu belehren, was Gott geoffenbart, hat die Apostel vor allem Anderen zu Aposteln gemacht, wie ihr Name selbst andeutet. Hätte z. B. der hl. Paulus den Syllabus geschrieben, den Pius veröffentlichte, welcher Christ hätte es je gewagt, an der Wahrheit der Lehren, die derselbe in sich faßt, zu zweifeln? Derselbe Syllabus wäre unter die canonischen Schriften aufgenommen worden. — Nun denn, wenn der römische Stuhl in Folge des Namens, den ihm die ganze Kirche gibt, mit dem Lehransehen der Apostel in der Person des Papstes bevollmächtigt ist, so muß, damit dieser Name keine leere Schmeichelei sei und keine Unwahrheit sage, das Urtheil des Papstes in Dingen des Glaubens so gut, wie das der Apostel selbst, unfehlbar sein.

Die h. Schule pflegt sich darüber folgendermaßen auszudrücken:

Die Unfehlbarkeit war, hinsichtlich der übrigen Apostel, eine außerordentliche, persönliche Prärogative, verbunden mit ihrer Sendung als die ersten Glaubensboten. Sie war aber hinsichtlich des h. Petrus zugleich ordentlicher Weise vereiniget mit seinem Amt, als Haupt der Kirche, und geht somit auf seine Nachfolger im Amte über.

Es verdient da besonders beachtet zu werden, daß der römische Bischofssitz **ausschließlich** zum Beweise des soeben Gesagten von der Kirche und selbst von Ketzern und Schismatikern so genannt wurde, und genannt wird. So wenig es je den Sekten gelang, die katholische Kirche ihres Namens zu berauben, mag man sie tausendmal papistisch nennen; eben so wenig wird es jemals den Feinden des h. Stuhles der römischen Kirche gelingen, demselben das Prädikat zu rauben: „Apostolischer Stuhl."

Dieser Beiname ist um so entscheidender, da es kein Beispiel gibt, daß je ein anderer bischöflicher Sitz Anspruch auf diese Benennung gemacht; selbst nicht der Patriarchal-Sitz von Constantinopel; auch nicht nach dem Schisma. Bei manchen Patriarchal-Sitzen, wie bei denen von Jerusalem, Alexandria von den Aposteln, und zu Antiochia vom h. Petrus selbst gegründet, lag die Versuchung dazu sehr nahe; und doch geschah dies nie. Es gab selbst Sekten, wie die Donatisten, die sich katholisch nannten. Die Puseiten und englischen Hochkirchler thun es heute noch und prätendiren eine apostolische Nachfolge; allein es fiel ihnen noch nie ein, den Bischof von Canterbury, oder irgend einen anderen Bischofssitz, mit dem Prädikat: „**Apostolischer Stuhl**" zu beehren. Dieser Name also, mit welchem die ganze Christenheit den römischen Bischofssitz benennt, trifft den Nagel auf den Kopf, und weiset unbezweifelbar auf dessen unfehlbare Glaubensprärogative hin; oder er wäre eine Ironie, und der ganze Primat Petri eine Illusion.

Diese Bemerkung führt schließlich zur Beherzigung des allerwichtigsten und gewaltigsten der angeführten Beweisgründe, für das unfehlbare Ansehen des Oberhauptes der Kirche in seinen Glaubensentscheidungen. Denn wir behaupten mit Recht, wie es jüngst auch ein Artikel in der "Civilta catolica" gethan:

„**Die Unfehlbarkeit des Papstes in seinem kirchlichen Lehramt läugnen, heißt den Primat selbst aufheben.**"

Hier ist unser Beweis:

Nach dem Zugeständniß aller Theologen hatte Christus seiner Kirche vor allem Andern ein Oberhaupt in der Person der Nachfolger Petri gegeben, um das erste Merkmal derselben, nämlich ihre **Einheit** zu sichern und dieselbe durch dieses Merkmal als seine allein wahre Kirche, wie auf einen Berg hinzustellen. Diese zu bewirkende und zu bewahrende Einheit, ist der wesentlichste Grund für die Einsetzung und das Dasein des Primates in der Kirche.

Nun aber besteht die Einheit selbst, welche die Kirche als solche zur wahren Kirche Christi macht vor Allem und vorzüglich in der **inneren Einheit im Glauben**. Die bloß äußere Einheit wäre, bei einer im Glauben getrennten und innerlich dem Irrthum preisgegebenen Kirche, nur eine Illusion, wie dies bei der russischen Kirche der Fall ist. Ein Oberhaupt, das als solches selbst in seinen Glaubensentscheidungen irren könnte, kann nie und nimmer als bleibende Garantie gelten, der inneren Einheit der Kirche im Glauben. Der Primat von seiner Unfehlbarkeit in Glaubensentscheidungen entblöst, wäre nichts mehr als nur ein höherer Grad von Jurisdiction in der Kirche, aber nie und nimmer das Schlußband und die Garantie ihrer inneren und äußeren Einheit.

Mithin die Unfehlbarkeit des Papstes in seinen Glaubensentscheidungen als Lehrer der Kirche läugnen, heißt nicht nur irgend welche Wahrheit läugnen, die zum "depositum fidei" gehört, sondern heißt den Primat läugnen, und die Kirche selbst in ihrem wesentlichsten Merkmal angreifen, nämlich in ihrer unerschütterlichen, auf Petrus den Felsen sich gründenden Einheit. Weicht diese, dann weichen mit ihr auch die übrigen Merkmale, und somit die Kirche selbst.

Wir sagen demnach: Gleichwie die Harmonie, Einheit, und der Bestand der Welt selbst durch das Gesetz der Gravitation bedingt und gesichert ist, so daß wenn dieses Gesetz gestört und aufgehoben würde, die Welt selbst durch die Macht der Centrifugalkraft in Trümmer zerfahren würde: so bedingt und sichert die unfehlbare Lehrautorität des Primates im Reich der Kirche die Harmonie, Einheit und Bestand derselben, so daß, wenn dieses Gravitationsgesetz im Universum der Kirche weicht, sie selbst in zahllose Sekten zerfahren würde, wie dies, der Erfahrung nach, bei jenen Bekenntnissen der Fall ist, die sich von der Anerkennung der Glaubens-Autorität des apostolischen Stuhles getrennt, als dem Centrum der inneren und äußeren Einheit der Kirche und ihrer bleibenden wundervollen Harmonie.

Zu dieser Anerkennung nöthigt uns das Wort und der Wille Christi, unzweifelbar klar und deutlich ausgesprochen. Sie wird aber, möchte man sagen, zur historischen Evidenz, wenn wir das Zeugniß der ganzen gläubigen Christenwelt für diese Wahrheit durch den Lauf aller christlichen Jahrhunderte hören, prüfen und beherzigen. In der ersten Reihe derselben erschallen die mächtigen, ehrwürdigen und entscheidenden Stimmen der hl. Väter und Lehrer des patristischen Zeitalters, durch die ersten elfhundert Jahre von Hermas bis auf Bernard. — Hören wir sie.

## IV.

# Zeugnisse

### der heil. Väter

für die apostolische Vollmacht des Papstes
in Glaubens - Entscheidungen.

---

Es gewährt uns zweifelsohne eine besondere Befriedigung, den Anfang dieser Zeugnisse mit einem hl. Vater zu machen, der durch seine Namensähnlichkeit und den Gegenstand der Sache einem jener Ereignisse so nahe steht, welches in neuester Zeit die Ausübung der in Frage stehenden Prärogative des Primates so wichtig machte, und die jener Schüler der Apostel so auffallend anerkannte.

Es ist dies Hermas, muthmaßlich ein Schüler des hl. Paulus, von dem in der Epistel an die Römer \*) Meldung geschieht.—Er schrieb ein Werk, das in der kirchlichen Vorzeit so hochberühmte Buch „Pastor," und legte bei Anlaß desselben folgendes überaus wichtige Zeugniß für die damals — in eigentlich apostolischer Zeit — (Johannes der Evangelist lebte noch) — anerkannte; oberst-

---

\*) Rom. 16, 14.

richterliche, apostolische Macht der Nachfolger Petri in Dingen des Glaubens und der Lehre ab. Hermas nämlich sagt: q) „Er habe Befehl empfangen, eine Abschrift seines Buches dem Clemens von Rom zu schicken, (wohlgemerkt, — nicht dem Johannes dem Evangelisten, sondern dem Clemens,) um es den auswärtigen Gemeinden mitzutheilen, wozu Clemens befugt sei."

Dieser eine Fall in Verbindung mit Allem was folgt, wirft ein helles Licht auf die ganze Machtfülle und apostolische oberste Hirtensorge der Nachfolger Petri sowohl, was die Gewalt selbst, als den Umfang der Ausübung derselben im Werden der Kirche betrifft, daß man die geschlossene Einheit des Glaubens und die Disciplin der katholischen Kirche und ihres Hauptes von Anbeginn bis jetzt nicht anders als mit Jubel des Geistes erkennen und begrüßen kann!

Ignatius, gleichfalls ein Bischof apostolischer Zeit, ein Schüler des hl. Johannes des Evangelisten, erkennt in seinem Briefe an die Römer, in der römischen Kirche die Würde des Statthalters Christi, und sagt von ihr, daß sie lehrend befehle, "quae docendo praecipitis."

Wer lehrend befiehlt, der hat doch gewiß in der Kirche das oberste Entscheidungsrecht in Dingen der Lehre. Je spärlicher die Dokumente der apostolischen Urzeit, desto wichtiger ist jeder Ausdruck derselben, und desto größerer Beachtung würdig; denn im Verband mit den folgenden, sind es unläugbare Strahlen der am Himmel des Helles sich erhebenden Sonne des Glaubens, und der mit demselben verbundenen göttlichen Rechte.

q) L. I. vision. II, C, 4.

**Polycarp,** Schüler des hl. Ignazius, Bischof von Smyrna, reis'te nach Rom, den Ketzer Marcion dort anzuklagen und in Betreff einer, mit der Lehre selbst innigst verbundenen Disciplinarsache, — der Osterfeier — sich Raths zu holen. Nun denn, **warum reis't ein Bischof der ersten Christenheit von Asien nach Rom?** — Hatte er nicht nähere, ebenfalls apostollsche Kirchen? Gewiß diese Reisen der Bischöfe apostolischer und erster Zeit der Christenheit nach Rom, zur Schlichtung und Berichtigung der Glaubens-Streitigkeiten und Glaubens-Zweifel, beweisen offenbar den Glauben dieser Väter: Wo, nach apostolischer Weisung selbst der Glaubensquell für die ganze Christenwelt fließe. — Besonders ist dieß von Polycarp wichtig, weil er ein Schüler des hl. Ignatius war, der Umgang gepflogen mit Vielen, die den Herrn selbst gesehen und gekannt, und im Glaubens-Unterricht und Treue ganz ausgezeichnet war. „Er lehrte immer," schreibt Irenäus von Ignatius, „was er von den Aposteln gelernt hatte, was er auch wieder Andern mittheilte. Er war ein treuer Zeuge der Wahrheit, und hielt strenge an der empfangenen Tradition." — Hören wir nach solchen Prämissen apostolischer Urzeit nun der Ordnung nach in ununterbrochener Reihe der sich folgenden Jahrhunderte, die mit der wachsenden Kirche sich mehrenden Zeugnisse, und durch selbe die Stimme der Tradition und des kirchlichen Glaubens aus dem Munde der hl. Väter der ersten Jahrhunderte bis in das elfte.

**Irenäus,** der hochgefeierte Bischof von Lyon, und Schüler des hl. Polycarp, ruft seinen Zeitgenossen fol-

genbe Kraftworte zu: „Alle müssen von der **römischen
Kirche** abhangen, wie Flüsse von der Quelle, und
Glieder vom Haupte." "Omnes a Romana Ecclesia
necesso est sic pendeant, tamquam a fonte et capite." r)
Warum nur von der römischen Kirche? — weil das
Oberhaupt der Kirche dort seinen Sitz aufschlug. Denn
im 5. Buche spricht er also: „Mit dieser Kirche (der
römischen) muß wegen des entschiedenen Vorranges jede
andere Kirche übereinstimmen; denn in dieser wurde die
apostolische Tradition stets wider alle Verfälschung bewahrt." "Ad hanc enim Ecclesiam necesse est *omnem*
convenire Ecclesiam, in qua *semper* ab his, qui sunt
undique fideles, conservata est ea, quae est ab apostolis traditio." — „Gestützt auf die Autorität und Lehre
dieser von Petrus und Paulus gegründeten römischen
Kirche," sagt Irenäus in derselben Stelle, „machen wir
Alle zu Schanden, die aus Eitelkeit oder Bosheit anders
lehren, als sie sollen." "Confundimus omnes eos, qui
sibi placentia, vel per vanam gloriam, vel per coecitatem et malam sententiam, praeter quam oportet, colligunt." — s)

Man bedenke, daß Irenäus, der aus dem Orient kam,
und dann im Occident, und zwar in Gallien Bischof gewesen, und dabei ein Mann von so großer Gelehrsamkeit
war, gewiß ein klassischer Zeuge des ersten Glaubens sowohl des Morgen- als des Abendlandes ist. — Quesnell
selbst kann nicht umhin dies einzugestehen.

Ebenso **Tertullian**, (gleichfalls im zweiten Jahrhun-

---

r) Lib. 3. adv. haeres.
s) Lib. 5. adv. haeres.

dert.) Er nennt die römische Kirche „die Glückliche, in der die Apostel mit ihrem Blute die Lehre ausgegossen, und von woher uns deßhalb das Ansehen, die Autorität der apostolischen Lehre festgesetzt ist." "Unde nobis quoque auctoritas praesto est." t) Selbst nach seinem traurigen Fall in montanische Irrthümer konnte Tertullian nicht umhin, den allgemeinen Glauben der Christenwelt an diese oberstrichterliche Lehrgewalt des Glaubens und deren notorische Ausübung anzuerkennen, da er vom Papste Zephirin und seiner Glaubens-Entscheidung also spricht: „Ich höre ein peremptorisches Urtheil sei ergangen; der Papst, der Bischof der Bischöfe, spricht ꝛc." "Audio edictum fuisse publicatum, et quidem peremptorium. Summus Pontifex, id est, episcopus episcoporum dicit etc." u)

Wir haben in diesem Jahrhundert auch das Bekenntniß eines Martirers für diesen Glaubenssatz, der sein Zeugniß ganz eigentlich mit seinem Marterblut versiegelte, nämlich des heil. Hyppolit, von dem es den 29. Jänner im römischen Martyrologium also heißt: „Zu Antiochia der Marterod des heil. Hyppolitus, des Priesters, welcher mit den Worten: „Jenen Glauben muß man bekennen und halten, welchen der Stuhl Petri bewahrt," — seinen Nacken dem Schwertstreiche darbot." "Eam fidem dicens esse servandam, quam Petri cathedra custodiret — jugulum praebuit."

Ebenso **Origenes**. († 253.) In seiner Catena ruft er aus: „Sieh einmal, welche Macht, und welche Ge-

---

t) De praescr. c. 27.
u) Lib. de Pudic.

walt dieser Felsen habe, auf welchen die Kirche Christi gebaut wurde, daß die Entscheidungen, die von ihm ausgehen, solche Kraft und Gültigkeit haben, als hätte Gott selbst gesprochen." *"Ut ejus judicia maneant firma, quasi DEO judicante per eam."*

Ebenso **Cyprian**, († 258). „Nur daher entstanden Ketzereien, nur daher Spaltungen, weil man dem Priester Gottes des Allerhöchsten nicht gehorchte, den Christus an seiner Statt zum Priester und zugleich zum Richter bestellte. Würde diesem die ganze Brudergemeinde nach göttlicher Vorschrift Folge leisten, und sich in Allem unterwerfen, so würde Niemand in der Kirche Spaltung herbeiführen." "Nec Unus in Ecclesia ad tempus sacerdos et ad tempus judex vice Christi cogitatur, cui si secundum magisteria divina obtemperaret fraternitas universa, nemo Ecclesiam scinderet." Und wieder: „Sie wagen es, zum Lehrstuhle Petri zu schiffen," "ad cathedram Petri navigare audent," (Novatlus und seine Anhänger) „zur ersten Kirche, von der die priesterliche Einheit stammt, nicht wissend, daß dieß Römer seyen, zu denen kein Irrglaube Zugang hat." "Nec cogitare eos esse Romanos — ad quos perfidia *non possit* habere accessum." v) „Ein Gott," schreibt er im 43. Briefe, „Ein Gott und Ein Christus und Eine Kirche und Ein Lehrstuhl auf Petrus, durch Christi Wort gebaut." "Deus unus, Christus unus et una Ecclesia et cathedra una, super Petrum Domini voce fundata." Der Papst ist ihm deßhalb in die-

---

v) Ep. 43 et 40.

ser Hinsicht eben so viel, als die ganze katholische Kirche, wie aus seinem 55. Briefe ad Antonium erhellt, wo er sagt: „Du schreibst mir, daß ich ein Exemplar deines Briefes an Cornelius senden möge, damit er ohne Sorge wisse, daß du mit ihm, das ist, mit der katholischen Kirche in Gemeinschaft lebest." "Te seoum, hoc est, cum Ecclesia catholica communicare."

So spricht ein **Cyprian**, wohlgemerkt! — Wie eitel dagegen das sei, was man aus Anlaß des Taufstreites von diesem Vater vorbringen will, soll im Anhange ausführlich nachgewiesen werden. —

Ebenso **Athanasius**: († 373.) „Du bist der Richter, schreibt er an den Papst, über alle Irrthümer, welche die Kirche Gottes verheeren; — du bist der Lehrer und das Oberhaupt der orthodoxen Lehre, und des reinen, unverfälschten Glaubens." "Tu profanarum haeresum depositor, — *Doctor* et princeps orthodoxae doctrinae et immaculatae fidei existis." —

So **Athanasius**, und mit ihm die ganze Synode von Alexandria in ihrem Schreiben an Felix II. — Sie sagen ferner in demselben Schreiben: „Jederzeit habe ihre Kirche vom hl. Stuhl Hülfe geholt und Hülfe erhalten; denn dieser, hl. Stuhl sei die von Gott gesetzte und unerschütterliche Grundfeste, das von Jesu unserm Heiland und Gott gesetzte klarste Vorbild, und die Richtschnur aller übrigen Kirchen." "Ipsa enim firmamentum a Deo fixum et *immobile* percepit, quoniam ipsam *firmam* universorum *lucidissimam* Dominus J. C. vestram apostolicam constituit sedem. Ipsa enim sacer vertex in quo

omnes Ecclesiae vertuntur, sustentantur, relevantur."
Sehr wahr ist, was Möhler in seiner trefflichen Schrift „Athanasius der Große und die Kirche seiner Zeit," in Betreff dieses Mannes und der Kirche seiner, und aller Zeit sagt: „Da der Papst," sagt Möhler, „auf welchen die Würde Petri übergegangen, das Haupt ist, mit welchem alle Glieder in organischer Verbindung stehen, so sollten auch alle Bewegungen der einzelnen Kirchen im Einverständnisse mit demselben vor sich gehen. In der Vertheidigung des Athanasius, des Repräsentanten der katholischen Kirche im Kampfe für die Gottheit des Erlösers, wurde erstlich auf das Haupt der sichtbaren Kirche hingewiesen. — So griff Alles ineinander. — Die, welche die Würde des unsichtbaren Hauptes vertheidigten, schlossen sich an das sichtbare an, und wurden durch dasselbe vertheidigt; auf diese Weise wurden sie ihren Kirchen wieder gegeben, um das sichtbare Haupt wieder vertheidigen zu können. So wurde die Geschichte des Athanasius ein sehr merkwürdiger Punkt für die Geschichte des Primats, und ihre Wirkungen erstreckten sich auch in dieser Beziehung weit in die Zukunft hinein!"

Ebenso **Basilius.** († 378.) In einem Briefe an den römischen Papst Damasus, durch den Diacon Sabinus, schreibt er: „**Eurer Heiligkeit verlieh Gott, das Unächte und Verfälschte vom Aechten und Wahren zu unterscheiden, und den Glauben der Väter ohne irgend eine Makel zu verkünden.**" — Pietati tuae donatum est a Domino, scilicet ut, quod adulterinum est, a legitimo ac puro discernas, et *fidem* patrum sine *subtractione ulla* praedices." —

Er bittet und beschwöret demnach den Papst, dem im Glauben schwankenden Orient durch Briefe und Gesandte zu Hülfe zu eilen, „auf daß wir," schreibt er, „in unserem Sinne befestigt, oder, wenn wir gefehlt, durch Euch verbessert werden, denn außer durch Euch ist keine Hülfe möglich." w) Wir werden in dem nächsten Abschnitte sehen, wie kräftig Damasus diesen Bitten entsprochen.

Ebenso **Optatus**, († 390) der berühmte Bischof von Milevi. In seiner gefeierten Schrift: "Contra Parmenianum," setzt er den Ketzern als unwidersprechlich, peremptorisches Argument der Rechtgläubigkeit oder des Irrglaubens die Einheit mit der Cathedra Petri, mit dem Lehrstuhle Petri und der Nachfolge der römischen Päpste auf demselben entgegen, ohne dessen Lehrgemeinschaft und Einheit keine Vereinigung mit der wahren Kirche Christi möglich sei. — „Du kannst ja nicht läugnen," sagt er, „du wissest, daß Petrus in der Stadt Rom den bischöflichen Stuhl gesetzt, auf welchem Petrus, das Haupt der Apostel, zuerst saß, und in welcher Einen Cathedra die Einheit von Allen bewahret werde." — "In qua una Cathedra Unitas ab omnibus servaretur." —

Von diesem allgemeinen Weltglauben der Christen waren die Donatisten selbst so überzeugt, daß sie, um den Schein einer Glaubensgemeinschaft mit Rom, und somit der Rechtgläubig-

---

w) cfr. Ep. 71. 76. 77.

fellt, zu haben, eigens einen Bischof ihrer Partei in der Stadt Rom unterhielten.

Wie der eben so gelehrte als gottselige **Ambrosius** († 397) über die Lehrautorität und Macht des Primats in Glaubensentscheidungen dachte, hat er durch Wort und That vielfach bewiesen. — In seiner Trauerrede auf seinen Bruder Satyrus lobt er diesen, wegen seines Glaubens und Eifers für die hl. r ö m i s ch e K i r ch e, und daß er darum jeden Bischof, der zu ihm kam, zu fragen pflegte, ob er mit den katholischen Bischöfen, das ist, mit der römischen Kirche, übereinstimme. Sonst wies er ihn zurück. Besonders denkwürdig und Alles entscheidend ist aber der classische Grundsatz, den dieser hl. Vater in seiner 47. Rede de fide Petri aufstellt, nämlich: „Wo Petrus ist, da ist die Kirche." — "Ubi Petrus, ibi Ecclesia."

Will also Jemand wissen, was die Kirche lehrt, so werden wir ihm nach dem Ausspruche des h. Lehrers die Antwort geben: „Frage Petrus, in seinen Nachfolgern; denn wo Petrus ist, da ist auch die Kirche. Und könnte der Papst irren, so würde die Kirche irren; denn wo Petrus ist, da ist die Kirche!—„Versucht konnte die römische Kirche werden," schreibt Er im II. Buche seiner Abhandlung, "de fide ad Gratianum," „verändert niemals," "aliquando tentata, mutata nunquam !"

Dieses oberste, peremptorische Entscheidungsrecht erkennt nicht minder entschieden **Epiphanius**, am Ende des vierten, und **Chrysostomus**, am Anfange des fünften

Jahrhunderts an. Die Appellation des letzteren an den Stuhl Petri, nennt Dr. Ruthensee sehr richtig, den alles rednerischen Schmuckes ermangelnden, a l l e r b e ‌s t e n Ausleger seiner rednerischen Theorie über die Würde und Vollmacht der Kirche von Rom und ihres Oberhauptes. Dahin gehören die Aeußerungen desselben Kirchenvaters, Hom. 1. in Act. Cap. Hom. 24. in Matth. XI. L. 2. de Sacerd. e. 1. Hom. in ps. 50. und 51.

Ebenso Hieronymus († 420.) — Auf die ihm eigene klare, kräftige Weise spricht er seinen Glauben an die höchste kirchliche Lehrautorität und das unfehlbare Entscheidungsrecht des Papstes, in seinem Schreiben an Damasus, mit folgenden Worten aus: „Ich stehe mit Deiner Heiligkeit, das ist, mit dem hl. Stuhle Petri in Gemeinschaft; denn ich weiß, daß auf diesem Felsen gegründet die Kirche stehe." — "Beatitudini tuae, i. e. Cathedrae Petri communione consortior; supra *illam Petram aedificatum Ecclesiam scio*." „Entscheide nur, wie es dir gefällt; ich werde kein Bedenken tragen, eine dreifache Hypostasis zu bekennen, wenn Du es so befiehlst." "Discerne, si placet; non timebo tres Hypostases dicere, si jubebis." Indessen werde ich Allen zurufen: „Wer mit dem hl. Stuhle Petri Gemeinschaft hat, der ist mein." "Si quis Cathedrae Petri jungitur, meus est." — „Ich rede mit dem Nachfolger des Fischers; — wer mit Dir nicht sammelt, der zerstreut, das heißt, wer nicht Christi ist, der ist des Antichrist." "Qui tecum non colligit, spargit, hoc est, qui non est Christi, Antichristi est." — In seiner Apologia adv. Ruffin. schreibt er, „daß die Kirche von Rom, wenn auch ein Engel vom Himmel käme, und anders lehrte, niemals einen Irrthum annehmen würde."

Nicht minder herrlich und entschieden äußert sich **Augustin.** († 430.) Indem er in der Reihenfolge der römischen Päpste das Ansehen und die Macht des Petrus fort und fort sich vererben sieht, ruft er den Donatisten zu: „Zählet alle die Oberpriester vom Stuhle Petri der Ordnung nach, und sehet, wer und wem jeder nachfolge; das ist jener Fels, den die stolzen Pforten der Hölle nicht zu überwältigen vermögen." "Ipsa est Petra, quam non vincunt superbae inferi portae." x) — An einer andern Stelle, in der Streitsache der Pelagianer, schreibt Augustin also: „Die Entscheidung zweier Concilien berichtete man schon nach Rom an den hl. Stuhl, — es erfolgte auch ein Antwortschreiben hierauf, der Streit hat ein Ende." "Rescripta venerunt — causa finita est." y) Er erklärt also, daß die ganze Zwistigkeit durch die **Entscheidung Roms** nun gehoben sei, und diesen Ausspruch that er, bevor er etwas von der **Uebereinstimmung** der ganzen übrigen Kirche erfahren hatte. — Bei einer andern Gelegenheit schreibt er gegen die Pelagianer: „Durch die Briefe, die wir von Innocenz erhielten, ist nun aller Zweifel, der früher in dieser Sache obwaltete, verschwunden." "Litteris Innocentii tota hac de re dubitatio sublata est." z) — Und gegen Julian: „Wie? — du willst noch darüber eine Untersuchung anstellen lassen, da der apostolische

---

x) In ps. cont. Don.
y) In serm. de verb. Apost.
z) Lib. 2. cap. 2. cont. 2. ep. Pel.

Stuhl schon entschieden hat?" — "Quid quaeris examen, quod apud apostolicam sedem jam factum est." a) — In dem 157. Briefe schreibt er: "In dem Bekenntnisse des apostolischen Stuhles ist der katholische Glaube so alt und fest begründet, so sicher und klar, daß es eine Gottlosigkeit wäre, an demselben zu zweifeln." "In verbis sedis apostolicae tam antiqua atque fundata, certa et clara est catholica fides, ut nefas sit, de illa dubitare." — Hieraus kann man sich leicht erklären, wie dieser hl. Lehrer bei einer andern Gelegenheit ausrufen konnte: "In der katholischen Kirche halte ich mich an den Stuhl des hl. Petrus selbst; denn ihm übergab der Herr nach seiner Auferstehung seine Schafe zu weiden; — und die Nachfolge der Oberhirten besteht fort und fort bis auf den gegenwärtigen Papst." — Und wieder: "Meine Schafe, sagt der himmlische Hirt, hören meine Stimme, und folgen mir. Die Stimme desselben läßt sich von der Kirche von Rom nicht undeutlich hören:

Wer immer von der Heerde desselben nicht irren will, höre diesen, und folge ihm." "Vox ejus de Ecclesia Romana non est obscura. — Quisquis ab ejus grege errare non vult, hunc audiat — hunc sequatur." b) — Man bedenke hier wohl, daß es das Zeugniß eines Augustin ist, das wir anführen; des größten Denkers und Theologen unter allen Vätern der hl. Kirche. Wie kindlich unterwirft er sein Urtheil dennoch dem Urtheil der Nachfolger Petri.

Ebenso bekennen die würdigen Schüler des hl.

---

a) Lib. 2. adv. Jul.
b) De Unit. Eccl. C. XII.

**Auguſtin,** der hl. **Proſper** und der hl. **Fulgentius.**
Erſterer ſingt in ſeinem Carmine de ingratis:

> In causam fidei flagrantius Africa nostrae
> Exequeris, tecumque suum jungente vigorem
> *Juris apostolici* solio fera viscera belli
> Conficis et lato prosternis limite victos
> .... Gemino senum celeberrima coetu
> Decrevit, quae Roma probet, quae regna sequantur!

Man begreift, wie Proſper in eben demſelben Carmen von Rom ſingen konnte:

> Sedes Roma Petri, quae pastoralis honoris
> Facta caput mundi, quidquid non possidet armis,
> Religione tenet.

Welche Verſe Kuhn im Morgenblatt, (Juni 1815,) ſehr ſchön alſo überſetzt:

> Wie der Sonne Kron' der Himmelszone
> Blieb immer Rom! dein Name dir zu eigen
> In deiner Vorzeit großen Ehrenkrone,
> Und wird auch fürder niemals von dir weichen;
> Durch Waffen ſonſt, jetzt durch St. Peters Krone,
> War dir, und iſt kein Land dir zu vergleichen.

In ſeiner Schrift "Contra collatorem" ſagt Proſper: „Papſt Zoſimus hat ſeinem Urtheil Kraft verliehen, und zur Enthauptung der Böſen mit dem Schwerte Petri den rechten Arm aller Kirchenvorſteher bewaffnet." "Papa Zosimus sententiae suae robur adnexuit, et ad impiorum detruncationem *gladio Petri* dextras omnium armavit antistitum." — Und er fährt fort: „Wir vertrauen (confidimus), der Herr werde, was Er in Innocenz, Zoſimus, Bonifacius und Coeleſtin gewirkt, auch in Siſtus bewirken, und daß, ſo wie jene die offenbaren Wölfe verjagt, dieſer die verborgenen vertreibe." c)

Auch wir ſagen und vertrauen im gleichen Sinne "confidimus," Gott werde, was er in Innocenz, Zoſimus und durch die ganze Reihenfolge der Päpſte gethan, auch durch Pius IX. bewirken, zum Schutze der Gläubigen gegen alle ihre offenbaren oder geheimen Feinde.

Ebenſo bekennt **Fulgentius** von Ruſpa. Dieſer in der Kirchengeſchichte mit Recht hochberühmte Vater, tröſtet die afrikaniſche Kirche in ihren Drangſalen mit der Zuflucht dahin, wo die echte Glaubenslehre eine ſichere Zuflucht habe; — dieſe Zuflucht ſagt er, iſt zu Rom, der wahren Mutterſtadt des Glaubens, die vom Glanze Petri und Pauli ſtets wiederſtrahlt. Was ſie glaubt, und lehrt, das glaubt die ganze Chriſtenheit. — d)

Ebenſo **Maximian**, Patriarch von Konſtantinopel. Er ſchrieb in einem Briefe an alle Orientalen: „Alle Grenzen des Erdballs, alle Bekenner des wahren Glaubens blicken zur Würde und Autorität des römiſchen Papſtes, wie zur Sonne auf. Ihn erwählte aus den übrigen Sterblichen auf dem Erdkreiſe der Schöpfer der Welt, ihm übergab er das Lehramt vorzugsweiſe, und zwar auf ewige Zeiten ſollte er dieſes Vorrecht genießen. Wer daher etwas Göttliches und Erhabenes zu wiſſen wünſcht, der komme zu dieſem Orakel der Wiſſenſchaft und Lehre." "Cui *Cathedram magisterii*, perpetuo privilegii jure concessit, ut, quisquis divinum aliquod

---

c) C. 1. X. XLI.
d) In libro de Incarnatione.

sive profundam nosse desiderat, *ad hujus praeceptionis oraculum, doctrinamque recurrat.*" e)

**Ebenso der hl. Cyrillus.** (†444.) Er schreibt an den Papst Cölestin in Angelegenheit des Nestorius also: „Wir wollten mit dem Nestorius nicht eher ohne weiteres frei brechen, bevor wir dieses deiner Heiligkeit berichtet hätten. Wir bitten dich daher, du wollest deine Gesinnung hierüber uns zur **Richtschnur** unseres Verfahrens vorlegen, damit wir **volle Gewißheit haben**, ob wir mit ihm noch Gemeinschaft haben, oder ob wir uns von ihm trennen sollen; denn wir müssen als Glieder unserem Haupte, dem römischen Papste, und dem apostolischen Glauben getreu anhangen. **Von dorther müssen wir uns bestimmen lassen, was wir glauben, meinen, und was wir festhalten sollen.**" "Inde nostrum est quaerere, quid credendum, quid opinandum, quid tenendum sit."

In seinem libro thesaurorum sagt derselbe Cyrill: „Ihn, — den Bischof von Rom, — müssen wir ehren, Ihn vor Allen fragen, weil es **Ihm allein** zusteht, zu rügen, zu bessern, zu befehlen, zu verordnen, zu binden, zu lösen an Dessen Statt, der ihn gesetzt, und der keinem andern vollkommen **all' das Seine** gegeben, **als Ihm allein, dem Alle nach göttlichem Rechte ihr Haupt neigen, und alle Vorsteher der Welt wie Jesu Christo gehorchen.**" f) "Ipsius solius est reprehendere, corri-

---
e) Ep. ad Orient.
f) Hard. VIII. 1899.

gere, statuere, disponere, ligare et solvere loco illius,
qui ipsum aedificavit, et *nulli alii* quod suum est *plene*
— sed *ipsi soli* dedit, cui omnes *jure divino* caput in-
cliuant, et primates mundi tamquam *ipsi Jesu Christo*
*obediunt.*"

Ebenso der hl. **Petrus Chrysologus.** (†450.) Er
redet den Eutyches, der sich dem Dekrete des Papstes
zu unterwerfen weigerte, also an: „Ganz vorzüglich beschwören wir dich, auf den Ausspruch des römischen Papstes Acht zu haben, und in aller Bereitwilligkeit dich demselben zu unterwerfen; denn der hl. Petrus, der
auf seinem Sitze fortlebt, und demselben vorsteht, ertheilt den Anfragen-
den die Wahrheit des Glaubens." "Quo-
niam S. Petrus, qui in propria sede vivit, et praesi-
det, praestat quaerentibus fidei veritatem." g)

Die Zeugnisse der beiden Kirchenhistoriker **Socrates**
und **Sozomenus**, gehören gleichfalls dieser Zeit an, —
dem fünften Jahrhundert, — und beide, obwohl Griechen und Kirchenhistoriker, erkennen, und
bekennen in der Person und Würde des Papstes den
obersten Glaubensrichter und höchsten Lenker der Kirche, dessen Ansehen durchaus entscheidend zu
aller Zeit in der ganzen Kirche anerkannt gewesen sei. h)

Größere Kraft noch liegt in dem Zeugnisse des großen
Theologen, Kirchenhistoriker und Bischofes von Cyrus,
**Theodoret,** (†460) Vorsteher einer der größten Diöze-
sen des Orients, von 800 Pfarreien. Um das Jahr 460

---

g) Ep. ad Eutych. inter Act. Conc. Eph.
h) Socr. II, 9, 15, 17. Socr. III, 8, 9 und IV, 39.

appellirte er, weil er von der Synode zu Ephesus abgesetzt, und excommunicirt und auf kaiserlichen Befehl in Stadtarrest gethan war, nach Rom an den Vater der Christenheit und Richter des Glaubens. „Wenn Paulus," sagt er, „der Herold der Wahrheit, zu dem großen Petrus eilte, daß er jenen, die zu Antiochien stritten, von Ihm die Lösung brächte, um wie weit nothwendiger ist es, daß wir zu dem apostolischen Stuhle unsere Zuflucht nehmen."— "Si *Paulus* praeco veritatis ad magnum *Petrum* cucurrit, ut iis, qui Antiochiae contenderent, ab *ipso* afferret solutionem, multo magis nos ad apostolicam vestram sedem currimus." — Theodoret, wie Gerbert 1) wohl bemerkt, und was bei ihm, wie bei andern hl. Vätern sehr beachtenswerth ist, — appellirt nicht an den, durch seine Persönlichkeit, sondern durch seine Würde imponirenden Papst, — weil an den apostolischen Stuhl!

Theodoret schrieb zugleich an den Cardinal Renatus, und bat ihn, den Papst zur Ausführung seiner Machtfülle zu ermahnen; „denn es hat," schreibt dieser wohlerfahrene Kirchenhistoriker und dabei ein Grieche, — „es hat dieser Stuhl die Herrschaft und Obergewalt aller Kirchen der Welt, zwar aus vielen Ursachen, aber vor allen aus dieser, weil er von jedem ketzerischen Gliede unbemakelt blieb, noch irgend Einer, der im Glau-

1) De comm. pot. Eccl. 131.

den geirrt hätte, auf selbem saß, sondern die apostolische Gnade treu bewahrte." "Habet enim ss. illa sedes omnium per orbem Ecclesiarum ducatum et principatum multis quidem de causis, atque hoc ante omnia, quod ab haeretica labe immunis mansit, nec ullus fidei contraria sentiens, in illa sedit." In eben dem Sinne schrieb er an den Archidiakon von Rom. Wie Leo der Große diesem Verlangen entsprochen, ist bekannt, und wird unten sogleich ausführlich dargethan werden. Wir übergehen in der Reihe der Väter absichtlich alle Päpste, die in derselben glänzen, und werden selbe füglicher, wenn wir bereits die Aussprüche der übrigen hl. Väter gehört, gleichfalls in geschlossener Reihe anführen.

Ja, so allgemein und heilig galt seit jeher in der Kirche die Anerkennung der Unfehlbarkeit der Nachfolger Petri im kirchlichen Lehramte, daß sie selbst in liturgischen Gesängen selber Zeit während des hl. Opfers hochgefeiert wird. So singt in jenem uralten Meßbuche der römischen Kirche S. 11, das durch Muratori und Petrus Ballerinus an das Licht trat, und vom hl. Leo verfaßt sein soll, die Kirche in der Präfation der Messe am Feste der Apostel Petrus und Paulus also: „O Gott! der du nach dem unabänderlichen Rathschlusse deines Willens dem apostolischen Bekenntnisse durch die Kraft von Oben verleihest, daß ihr, auf das Fundament deiner Wahrheit gefestiget, die giftigen Pfeile des Irrthums nicht schaden können." "Ut in veritatis tuae fundamine solidatae, nulla mortifera falsitatis jura praevaleant." „Und daß sie, (die Kirche) das wahre Band des mystischen Körpers an allen Orten sei, die in Demuth unter deinem Bristande sich allen unterwirst, was immer jener hl. Stuhl entscheiden mag, welchem du den Vorrang über die ganze Kirche einräumtest." "Ipsaque (Ecclesia) sit sacri corporis ubique vera compago — quae te dispensante devota subsequitur, quid sedes illa censuerit, quam tenere voluisti totius Ecclesiae principatum."

Und in der Präfation der 20. Messe: „Der du diesem Sitze die Leitung der ganzen Kirche übergeben, und was er verkünden würde, überall zu halten befohlen hast." — "Et quid haec praedicasset, ostenderes *ubique* servandum."

Die Kirche von Spanien, die im Concil von Taragossa im Jahre 465 versammelt war, legt im Schreiben an Papst Hilarius folgendes Bekenntniß ab: „Wenn auch keine Nothwendigkeit kirchlicher Disciplin es erheische, so müßten wir doch in der That uns an jenes Vorrecht Eures Stuhles halten. Deshalb wenden wir uns an den vom apostolischen Munde mit Lob verkündigten Glauben." "Ad fidem recurrimus ore apostolico laudatam, inde responsa quaerentes unde nil *errore* — nil praesumptione, sed pontificali totum deliberatione praecipitur."

Den Glauben der Kirche von Frankreich derselben Zeit spricht überaus herrlich und schön der hl. Avitus aus. Im Namen und Auftrag der gallicanischen Bischöfe schreibt Avitus an den Clerus von Rom, in der Angelegenheit des Papstes Symmachus, eine Erklärung, die mit wenig Worten gar sehr viel Licht über das Grundprinzip, des zu aller Zeit von der rechtgläubigen Welt anerkannten Kirchenrechtes, und der Stellung des Oberhauptes der Kirche zu den Gliedern verbreitet. — Avitus schreibt, und das wohlgemerkt, im Namen aller Gallicaner: „Wenn der Papst der Stadt Rom in Zweifel gezogen wird, so scheint nicht nur ein Bischof, sondern das g a n z e E p i s c o p a t zu wanken."

So mahnen, wohlgemerkt, Gallicaner, die Römer, wenn diese in den Umtrieben der Papstwahl zu vergessen scheinen, welch eine Wunde sie dadurch der ganzen Kirche schlagen.

Derselbe Avitus erklärt sich darüber in einem andern Briefe nach Rom ganz unmittelbar, indem er sagt: „Wenn irgend ein Zweifel sich in kirchlichen Dingen erhebt, so heißt es an den Hohenpriester der Kirche von Rom, als folgende Glieder "membra sequentia," an das Haupt sich wenden." — Und nun wohlgemerkt, was Avitus weiter spricht: „Nur so viel wird mir an Wahrheit erhellen, als der Bischof der Stadt Rom, in Folge des Vorrechtes seiner Macht, den Fragenden zu antworten belieben wird. "Tantum mihi veritas innotescere poterit, quantum es Romanae urbis antistes, auctoritatis *privilegio*, expetentibus respondisse gaudebit etc." Wunderschön spricht sich Avitus in demselben Sinne auch in seinen Homilien aus. k)

Mögen Protestanten, falls dem einen oder andern diese Reihe von Zeugnissen zu Gesicht kommen sollte, bedenken, daß es noch nicht das Jahr 500 war, als die

---
k) S. Galand. X. p. 746.

Gallier so bekannten, und daß mithin alle die bloßer bereits angeführten Zeugnisse aus der, von ihnen selbst noch als goldenes Zeitalter der Kirche anerkannten Aera genommen, also auch für Protestanten als Protestanten, in Betreff echt kirchlicher Anerkennung **unwidersprechlich** beweisend sind. —

Wir beginnen die Zeugnisse der Väter des sechsten Jahrhunderts, mit dem des berühmten Bischofs **Possessor** aus Afrika. Er schrieb dem Papste: „Es ist billig und ersprießlich, zum Haupte um Heilung Zuflucht zu nehmen, wenn es sich um die Gesundheit der Glieder handelt. Denn wer trägt wohl größere Sorge für die Untergebenen, oder von wem ist die Feststellung des wankenden Glaubens mehr zu erwarten, als von dem Vorsteher jenes Stuhles, dessen erster Vorsteher von Christus selbst gehört: „Du bist Petrus ꝛc." "Aut a quo magis nutantis fidei stabilitas expectanda, quam ab ejus sedis praeside, cujus primus a Christo rector audivit, tu es Petrus etc." Welch ein herrliches Zeugniß für unsere anfangs gemachte Behauptung, daß es nicht Petrus für seine Person, sondern für seine Würde war, der jene Verheißung hörte; daß diese ferner sich vor allem auf den Glauben selbst beziehe, und in dieser Hinsicht jeder Papst mit Petrus, als Träger derselben Würde, auf der nämlichen, leitenden, kräftigenden Höhe stehe. Dies ist auch das Glaubensbekenntniß der orientalischen Kirche jener Zeit.

**Stephan**, Metropolit von Larissa in Thessalien († 532), von dem konstantinopolitanischen Patriarchen Epiphanius mißhandelt, appellirte an den Papst. Weil zu Konstantinopel von Epiphanius mit Hülfe der weltlichen Macht gefangen gehalten, um ihm das Entkommen nach Rom unmöglich zu machen, schickte er einen seiner Suffragane, nämlich den Theodosius von Echine, an den Papst mit einem Appellations-Schreiben: "Keine kirchliche Macht," sagt er in demselben, "kann jener vorangehen, die von dem Heilande Euch als dem ersten Hirten verliehen ward." "Nullus ecclesiasticus ordo illum vestram, quae a salvatore omnium et primo pastore Vobis est collata, potest praecellere potestatem." So habe es Gott angeordnet, sagt er, so habe es das ganze Alterthum der Kirche anerkannt, so die Gewohnheit bewährt, so das Ansehen der Canones gebilliget, und so sei für alle Verläumdete der apostolische Stuhl seit jeher der sicherste Hafen der Zuflucht gewesen, — er werde es auch für ihn sein. — So schrieb nicht nur dieser Metropolit nach Rom, sondern im Angesicht seiner Feinde rechtfertigt er zu Konstantinopel durch eben diese Gründe seine Appellation, indem es weltbekannt sei, daß in dem Ausspruche des apostolischen Stuhls alle Kirchen der Welt ruhten. "In cujus confessione omnes mundi Ecclesiae requiescunt." Ebenso sprach sein Delegat, der Bischof Theodosius, vor der römischen Synode bei Uebergabe seiner Appellation an den Papst. 1)

Ebenso bekannte der gelehrte **Ferrandus**, Archidiacon von Carthago (†505). Dieses Orakel seines Jahrhunderts schreibt dem Scholastiker zu Konstantinopel also: "Wir sind zu lernen bereit; wir wagen es nicht, andere zu lehren; willst du also Wahrheit hören, so

---

1) Hard. II. Lap. V. 168; VII. 139.

frage vor Allem das Haupt des apostolischen Stuhles." Ebenso spricht sich Ferrandus in seinem "Compendio canonum ecclesiasticorum" aus.

Merkwürdiger noch ist das Zeugniß des gleichzeitigen afrikanischen Bischofes **Facundus Hermianensis**, (†553) der in seinem Buche "Pro defensione trium capitulorum," fortwährend auf diese anerkannt höchste Entscheidungsmacht des Papstes zurückkommt, wenn er ihr auch als Schismatiker in jener Streitfrage, die nicht als Frage der Lehre, sondern der Personen betrachtet ward, auszuweichen sucht, obwohl vergeblich. „Sie werden es erfahren," schreibt er, „wie sehr sie ihre Vermuthung getäuscht habe; denn Er (der Papst) hat nicht zur Niederreißung der Lehre der Väter, sondern vielmehr zu deren Vertheidigung und zur Rechtfertigung die erste und höchste Gewalt erhalten" " primam accepit et maximam potestatem," „und daß Er nicht gegen die Wahrheit, sondern für die Wahrheit, mehr als seine übrigen Mitpriester, (die im Concil versammelten Bischöfe) vermöge."

In diesem Jahrhunderte lebte und schrieb auch der strenge Moralist **Gildas** in England; denn er starb nach Usher, im Jahre 570. m) Er sprach in seiner sehr scharfen "Increpatio in Clerum," den durch die ganze Kirche vom Aufgange bis zum Untergang der Sonne laut verkündigten Glaubenssatz aus, daß der apostolische Stuhl die Fülle des Apostolates in sich schließe und als das Centrum und die Quelle aller kirchlichen Macht, und namentlich in Glaubensentscheidungen betrachtet werden

---

m) De primord. Eccl. brit.

müsse. — Gleiches erhellet aus dem Zeugnisse des durch seine Tugenden, durch seine Kenntnisse und seine Freimüthigkeit in der Kirchengeschichte rühmlichst bekannten Abtes **Columban**. († 615.) Er schrieb an Papst **Gregor den Großen**, a) in Betreff der Osterfeier, und da dieser bereits in dem Herrn verschieden war, an **Bonifaz IV.**, mit der Bitte: „Wenn die Osterfeier der Irländer nicht gegen den Glauben anstoße, dieselben bei ihrer alten Sitte zu lassen; — was aber nicht zugelassen ward. Columbanus ließ sich zwar durch seinen Feuereifer verleiten, auch an der damals verhandelten Frage, wegen Verdammung der drei Capitel, mit mehr Hitze als Sachkenntniß Antheil zu nehmen, und eben deßhalb, weil Columban in so freimüthiger Sprache ein Ermahnungsschreiben an den Papst erließ, sein apostolisches Ansehen kräftiger geltend zu machen, ist sein Zeugniß um so gewichtiger, weil es so unbefangen und dabei so gründlich und umfassend ist: „Ich habe," schreibt er, „den Irländern versprochen, daß die römische Kirche nie einen Irrgläubigen gegen den katholischen Glauben vertheidigen werde, so wie es dem Schüler ziemt, daß er von dem Lehrer denke. — Ich, entsetzt, weil ich von der Feindesgewalt uns umrungen sehe, bemühe mich, Dich als fürstlichen Anführer aufzuwecken; denn Dich geht die Gefahr des ganzen Heeres des Herrn an. Deiner harret Alles, weil Du die Gewalt hast, Alles zu ordnen," "Ad te namque totius exercitus Domini periculum pertinet. — Te totum expectat, qui potestatem habes omnia ordinandi,"

---

a) Galland. XII. 345.

„den Krieg zu beginnen, in die Posaunen des Streites
zu stoßen, die Heerführer aufzuscheuchen, zu befehlen, daß
man die Waffen ergreife, die Schlachtreihen ordne und
den Kampf, mit Dir an der Spitze, beginne. — Dir allein,
sag' ich, kommt Alles dies zu, weil Du die einzige Hoffnung unter den Anführern bist, durch die Ehre des hl.
Petrus mächtig." "Quia unica spes de principibus es,
per honorem potens Petri apostoli." — „Wir sind dem
Stuhle des hl. Petrus verbunden, und wenn Rom auch
sonst groß und bekannt ist; bei uns ist es nur durch
diesen L e h r s t u h l groß und herrlich." "Licet enim
Roma magna est et vulgata, per istam *Cathedram* tantum apud nos est magna et clara." — „Und es ist,"
fährt C o l u m b a n in der Art des hl. P r o s p e r fort,
„die Größe und Herrlichkeit Roms durch Petrus und
Paulus bekannter und mächtiger, als durch die Macht
seiner Imperatoren, die in Irland nie etwas zu befehlen
hatten; — erst durch den Statthalter Christi, sagt er,
ward Rom uns wichtig und herrlich, ja gleichsam
h i m m l i s ch." "Et si dici potest, prope coelestes
estis."

Sehr richtig schreibt B e r l a s t e l l a) von jener Zeit,
„überhaupt bot die Kirche Englands damals erbauende
Schauspiele dar. Ihre ehrerbietige Anhänglichkeit an
die römische Kirche war überaus groß, und sie rühmte
sich, ihren Ursprung und die Erkenntniß des Evangeliums derselben zuschreiben zu müssen. Vom großen
Weltmeere an bis nach Rom waren die Straßen mit
Engländern bedeckt. Menschen beiderlei Geschlechtes, und

---
a) Baro. VI. 274.

aus allen Ständen, der Adel, Herzoge, Könige, als da
sind: Ceadwalla, Kenred, Offa, u. a. m.,
zogen hin, um dem Statthalter Jesu Christi ihre Ehrfurcht zu bezeugen."

Daß dieselbe Stimmung im Glauben zur selben Zeit
auch den fernen Orient durchdrang, beweist das herrliche Zeugniß zweier Bischöfe, das des **Stephan**, Bischof
von Dora, und das des für die Glaubenseinheit eifernden **Sophronius**, (†636) Patriarchen von Jerusalem.

Gleich in seinem Synodalschreiben, bei Besteigung
seines patriarchalischen Stuhles, sprach Letzterer ein höchst
feierliches Zeugniß dieser seiner Anerkennung der päpstlichen Glaubensprärogative aus. Er nennt nämlich in
demselben das dogmatische Schreiben Leo's eine Glau-
bens-Richtschnur, die er, wie alle Briefe und
Aussprüche des Papstes, gleichwie aus
dem Munde des hl. Petrus gesprochen,
umfange und verehre.—Er bekräftigte aber weit
offenbarer noch seinen Glauben durch die That.

Stephan nämlich, Bischof von Dora, eilte, aufgemun-
tert durch Sophronius, nach Rom zu Martin I. In
dem Libell, das er demselben überreichte, und in welchem
er um Schützung des orthodoxen Glaubens gegen die
Umtriebe der Monotheliten bat, sagte er: „Wir wünschen mit David, Taubenflügel gehabt zu haben, zu Euch
zu fliegen, und Euch Alles Dieß mitzutheilen, von Euch
Heilung der Wunde zu erhalten; — denn Petrus, von
dem Eure apostolische Vollmacht stammt, hat nicht nur
die Schlüssel des Himmels von dem Herrn erhalten, und
die oberste Sorge, seine Schafe zu weiden; sondern vor

Allem und insonderheit den unverletzten Glauben, mit dem Befehle, einst seine Brüder zu stärken; weil er über Alle, von dem für uns Alle Mensch gewordenen Gott, dazu die Gewalt und die priesterliche Autorität erhalten. Dieß wohl wissend, hat mich Sophronius auf den hl. Kalvarienberg geführt, und an jener durch den Tod des Welterlösers geheiligten Stätte also angeredet: „Eile so schnell als möglich, und trachte, daß Du zum apostolischen Stuhle gelangest, wo die Fundamente der orthodoxen Glaubenssätze gesetzt sind," "ubi orthodoxorum dogmatum fundamenta existunt," „und lasse nicht nach, bis ein Urtheil nach apostolischer Klugheit, die in Gott ist, ergangen, und so die neu eingeschlichenen Irrlehren vollends zernichtet sind, ꝛc. Deßhalb, fährt Stephan weiter fort, bin ich hieher geeilet und sinke nieder zu Euren apostolischen Füßen, bittend und flehend, daß Ihr dem gefährdeten Glauben der Christen die rettende Hand reichet ꝛc." — "Propter hoc properavi, vestris apostolicis adesse vestigiis, expetens ac deprecans, ut fidei christianorum periclitanti manum porrigero etc." — „Ihr wollet doch nicht meine und aller orthodoxen Orientalen Bitten verschmähen, sondern als Leuchte der ganzen Welt das Wort des Lebens bewahrend, verscheuchet die Finsternisse der Irrlehren." "Sed sicut luminaria in universo mundo verbum vitae retinentes, introductas exstinguite tenebras haeresum." — Sieben und dreißig griechische Archimandriten, Priester, Diakonen und Mönche, in einer ähnlichen Vorstellung und Hülferufung im Namen der Orientalen, sagen in derselben auf gleiche Weise, wie Stephan: „Wir bitten und

rufen an und beschwören den apostolischen Stuhl, den
Ausspruch zu thun." — "Petimus, interpellamus ac
conjuramus apostolicam et principalem sedem." p)

Ein überaus herrliches Zeugniß gab in derselben Angelegenheit **Sergius**, Bischof von Cypern, in seiner Vorstellung an den römischen Stuhl; er sagt: „Dich nennt in Wahrheit das göttliche Wort den Felsen, über dein Fundament erheben sich die Säulen der Kirche." "Tu enim, sicut divinum veraciter pronuntiat verbum, *Petrus*, et super fundamentum tuum Ecclesiae columnae confirmatae sunt." „Dir sind die Schlüssel des Himmelreiches anvertraut; Dir ist alle Gewalt zu binden und zu lösen im Himmel und auf Erden gegeben. Du bist als Richter über die gottlosen Irrlehren gesetzt, als Haupt und als Lehrer der orthodoxen und unverfälschten Lehre." "Ut princeps et doctor orthodoxae et immaculatae fidei."

Mit der nämlichen Bestimmtheit und einem gleichherrlichen Zeugnisse wandten sich in der nämlichen Angelegenheit die afrikanischen Bischöfe der Provinzen Numidien, Mauritanien und Byzacene, in ihrer gemeinschaftlichen Vorstellung an den Papst. Sie nennen in derselben den Papst den Bischof der Bischöfe, und sprechen ihre Ueberzeugung von der Glaubensprärogative des apostolischen Stuhles in seinem Verhältnisse zum Glauben der Gläubigen und der dießfalls nothwendigen Entscheidungen also aus: „Daß eine starke, unversiegbare, in Strömungen über alle Christen überfließende Quelle beim apostolischen Stuhle aus sich ergieße die das ganze

---
p) Hard. III. 711.

christliche Erdreich reichlich durch Belehrung bewässert, kann Niemand bezweifeln.... Die Verordnungen der Väter selbst bestätigen es; denn es ist durch alte Regeln unverbrüchlich bestimmt, daß Alles, was, wenn auch in entfernten und weit entlegenen Provinzen, wichtiges geschehe, nicht eher entschieden werde, als bis es zur Kenntniß Eures erhabenen Stuhles gebracht ist, damit durch das Ansehen desselben der Ausspruch bekräftiget würde." "Ut quidquid, quamvis in remotis ageretur provinciis, non prius tractandum vel accipiendum sit, nisi ad notitiam almae sedis vestrae fuisset deductum, ut hujus auctoritate, justa quae fuisset pronuntiatio, firmaretur." Aus dieser Urquelle apostolischer Lehre, sagen sie weiter, schöpfen alle übrigen Kirchen im Lehramte, und durchweg spricht sich in diesem Zeugnisse das klare Bewußtsein der Väter von Afrika aus, daß die Reinerhaltung der Glaubenslehre nur vom apostolischen Stuhl ausgehe, und daß sie aus dieser Quelle geschöpft werden müsse, die unversiegbar ist. — Höchst bemerkenswerth ist auch dabei der volle Einklang der Ausdrücke, mit denen der Orient so gut wie der Occident, der Süden so gut wie der Norden die Glaubensmacht Petri in seinen Nachfolgern feiert. — Welch ein Unterschied sonst in den Ausdrücken der derben Afrikaner und der höfischen Griechen! In diesen Bekenntnissen hingegen herrscht die eine und dieselbe Feierlichkeit, Wärme und Würde der Sprache. — Es liegt in dem geheimnißvollen Verbande der Sprache mit der Erkenntniß und dem Inhalte der Wahrheit etwas überaus Wichtiges, Wahres — und Tiefes! —

Als unerschütterlicher Glaubensheld derselben Zeit, legte auch der hl. Maximus, während der Herrschaft des Monothelismus mit seinem treuen Schüler Anastasius ein Zeugniß ab, das in die Reihe der Väterzeugnisse dieses Jahrhunderts gehört. Dieser als Theolog, Philosoph und Staatsmann ausgezeichnete Mann, war anfangs kaiserlicher Staats-Sekretär gewesen, hatte sich aber, als er den theologischen Hof- und Kabinets-Unfug sah, in ein Kloster bei Chalcedon zurückgezogen, dessen Abt er war. In einer seiner Schriften gegen den Monothelismus q) sagt Maximus: „Wenn Pyrrhus behauptet, er sei kein Ketzer, so säume er nicht, sich öffentlich zu rechtfertigen; er beweise seine Unschuld dem Papste, der hl. römischen Kirche, das heißt, dem apostolischen Stuhle, dem die Macht zu binden, und zu lösen verliehen ist: „i n Allem und durchaus." "In omnibus et per omnia." Hören wir den Grund dafür, „denn es ist," sagt Maximus, „das über alle himmlischen Mächte waltende Wort selbst, welches mit diesem Bischofe bindet und löset." — „Wenn also Pyrrhus sich vor Anderen rechtfertiget und sich nicht vielmehr an den Papst wendet, so macht er es so, wie einer, der eines Todschlages oder andern Verbrechens beschuldigt, sich nicht vor Jemandem als unschuldig beweiset, der gesetzlich das Recht zu richten erhalten hat." r) Das ist, dem hl. Glaubensbekenner in Dingen des Glaubens, der Papst.

So wie nur die Kirche im deutschen Norden sich aufschwang, erglänzen auch zugleich die herrlichen Zeugnisse

---

q) Epist. ad Petrum illustr.
r) Baron. I. 243.

für den von ihr feierlichst anerkannten Glaubensprimat der römischen Kirche. — Dahin, als zum Quell des zu verkündenden göttlichen Wortes wallten ein Willibrord, ein Hubert von Lüttich, insonderheit aber **Bonifacius**, Apostel von Deutschland. Er eilte nach Rom um apostolische Sendung für dieses Land. Gregor II. gab sie ihm mit der Weisung, sich völlig nach der Erblehre der römischen Kirche zu halten. Gregor gab ihm bießfalls Instructionen, und sagt, er thue es, in Kraft der unerschütterlichen Autorität des hl. Apostelfürsten Petrus, dessen Lehramt er verwalte, und dessen Stelle er durch den apostolischen Stuhl einnehme. — Der Papst machte ihn später zum Missionsbischof, wobei Bonifacius sich eidlich verpflichtete, sich unverbrüchlich an die Lehre und die Entscheidungen des jeweiligen Papstes zu halten. So verlange es, sagt Gregor, die Sicherstellung der **Einheit und Reinheit** der Lehre.

Es war auch dem hl. Bonifacius mit dieser "Unitas und Puritas" der Lehre Ernst. Das beweist sein Eifer, Weisungen von Rom aus zu erhalten. Gregor belobt seine Glaubenstreue und Unterwerfung gegen den hl. Stuhl, die übrigens nichts mehr als Pflicht sei, da Petrus in der Kirche als Grundprinzip des ganzen Apostelamtes und des Episcopates bastehe: "Quia beatus Petrus et Apostolatus et Episcopatus *principium* existit," und Er somit als dessen Nachfolger nicht sowohl aus sich entscheide und lehre, "non ex nobis, quasi ex nobis," „sondern durch die Gnade dessen, der den Mund der Stummen öffnet, und durch den wir Dir, wie Du es zu halten habest, in apostolischer Kraft der Lehre, sagen." — Wolle

Gott, daß auch jetzt noch von allen deutschen Rechtgläubigen gesagt werden könnte, was Bonifacius von den Christen seiner Zeit sagt, nämlich: „Alle blicken mit solcher Verehrung auf das Haupt des apostolischen Stuhles, daß sie die Handhabung der Kirchen-Disciplin und der Unterweisung in der christlichen Religion lieber von dem Munde seines Stellvertreters, als von den hl. Schriften und väterlichen Ueberlieferungen verlangen. Diese sind nur partieller, — materieller Behelf, nicht formelle und volle Glaubensrichtschnur." Er setzt noch bei: „Sie forschen nur nach Seinem Wollen und Nichtwollen, damit sie nach Seinem Urtheile ihr Benehmen ordnen." — "Et antiquam christianae religionis institutionem magis ab ore praedecessoris ejus, quam a sacris paginis et paternis traditionibus expectant; — illius *velle* — illius *nolle* tantum explorant, ut ad ejus arbitrium suam conversationem et ipsi remittant aut intendant." — So lebte die gute Ordnung der frühern Zeit durch das innigere Anschließen Deutschlands an Rom, als dessen Legat Bonifacius mit den Franken handelte, wieder auf. „Die römische Kirche," sagt Bonifacius an einer andern Stelle, „hält in Petrus, die Leitseile des Himmels und der Erde. Da sie die geistige Mutter aller in Christo Gläubigen ist, darf Niemand sich weigern, durch ihre Zucht gestraft, durch ihre Zurechtweisung gebessert zu werden, weil sie nicht nur Richterin, sondern zugleich Mutter ist." — Ihr von uns getrennten deutschen Brüder, ist Euer Glaube ein anderer geworden, als er zur Zeit Bonifacii war, des Apostels der Deutschen? Und wenn er sich geändert, wie kann er der wahre sein? — Dieselbe Sprache führte

Bonifacius in der Synode von Lipline in Gallien, und mit ihm dieselbe Synode.

Wir sehen diese erste Hälfte des achten Jahrhunderts auch noch durch ein anderes Doppelgestirn ersten Ranges im Morgen- und Abendlande erleuchtet. Das eine war der berühmte Britte **Beda**, den Bonifacius eine Fackel der Kirche, Walafrid Strabo den Vater der Engländer, Wilhelm von Malmesbury a) aber einen Mann nennt, leichter zu bewundern, als genügend zu preisen. Das andere war **Johannes Damascenus** im Orient; beide gleich herrliche Zeugen für den Glaubensprimat des Papstes. Wir trachten nämlich mit dem Fortschreiten der Jahrhunderte immer die Zeugnisse aus verschiedenen Theilen der Welt zugleich zu hören, um den Einklang unter sich und mit den vorhergehenden desto auffallender zu vernehmen.

Was Beda betrifft, so ist seine tiefe und umfassende Gelehrsamkeit auch von den Protestanten anerkannt. Dieser Kirchenvater legt in seiner Homilie de S. Petro et Paulo, für den richterlichen Glaubensprimat Petri, folgendes herrliche Zeugniß ab: „Darum hat der hl. Petrus insbesondere die Schlüssel des Himmelreiches und die oberste, richterliche Gewalt erhalten," et principatum judiciariae potestatis," daß alle Gläubigen der Welt verstünden, daß alle diejenigen, die auf was immer für eine Weise, "quolibet modo," sich von der Einheit seines Glaubens und seiner Gemeinschaft trennen, von ihren Sündenbanden nicht gelöset werden, und durch die Pforte

a) De gest. angl. III, 2.

des Himmels nicht eingehen können. — Kann man bestimmter und umfassender reden?! — Ja, — aber nur mit Beda's Worten, wenn man kurz sagt, was er bei der Erwähnung der Osterfeier von dem Könige Oswio sagt: „So erkannte dieser Sachse, daß die römische Kirche die katholische, apostolische sei," das heißt, die erste, ursprüngliche; — also die wahre. Wollte Gott, daß es Alle aufrichtig bedächten, man dürfte von Jedem also sagen: So erkannte dieser Sachse, dieser Preuße, dieser Däne, dieser Schwede, dieser Britte, daß die römische Kirche die katholische, apostolische, mithin die erste, also ursprüngliche und wahre sei, und daß, wie Beda gleichfalls sich ausdrückt, der Papst der erste Bischof der Welt sei, der auch das Hohe-Priesterthum regiere, mithin im Besitze des höchsten und letzten kirchlichen Tribunals sei, wohin Glaubens-Entscheidungen vor Allem und $\varkappa\alpha\tau$' $\dot{\varepsilon}\xi o\chi\dot{\eta}\nu$ gehören. Das erkannten und bestätigten auch die Britten insgesammt höchst feierlich in der Synode von Chalchul, deren Statuten von den Königen, Herzögen, Bischöfen, Aebten, unterschrieben, an den Papst gesandt wurden.

Zur selben Zeit erglänzte am östlichen Himmel der Kirche der an theologischer und philosophischer Gelehrsamkeit hochgefeierte **Johannes Damascenus**, (†750.) „Hört es ihr Völker," ruft dieser Glaubensbekenner mit Macht dem Bilderstürmer Leo entgegen, „hört es ihr Geschlechter, ihr Nationen aller Zungen, Männer, Weiber, Knaben, Greise, Jünglinge! wenn Jemand anderes euch evangelizirt, euch lehrt, als was die apostolische Kirche bis an den heutigen Tag hält, weicht nicht ab." Und wollen wir wissen, aus wessen Munde, durch wessen Regierung die hl.

Kirche an Lehrgewalt den Königen und Engeln vorgehe, so antwortet derselbe Damascenus mit uns: „Petrus ist es." „O! seliger Mund," ruft er in seiner Rede "de Transfigurations" aus, „o theologische, gottesgelehrte Seele, der Herr hat Dich nicht nur für das Tabernakel, sondern zum Führer und Lenker der ganzen Kirche gesetzt."

Dem Philosophen und Mathematiker konnte es nicht entgehen, daß die über die ganze Welt ausgebreitete Kirche, sollte sie nach Christi Wort auf Petrus fortbestehen, eines Führers und Lenkers in Petri Macht weit mehr im Laufe der Zeit als Weltkirche bedürfe, als in den Zeiten ihres ersten Anfanges, wo überdies dem Petrus die übrigen Apostel noch zur Seite standen.

Dieselbe Sprache führt Abt Stephan, jener gleichfalls unerschrockene Kämpfer für den Glauben und die kirchliche Freiheit. — Copronymus, der Bilderstürmer, hielt eine Aftersynode und sandte einen abtrünnigen Bischof als Delegaten zu Stephan, der bereits in das Gefängniß geworfen war. — „Wie bildest du dir ein," sagte dieser Abgesandte, „mehr zu wissen, als der Kaiser und so viele Bischöfe, die du für Ketzer ansiehst? Das siebente, allgemeine Concil hat entschieden." — Stephan erwiederte lächelnd: „Wie könnt ihr ein Concil ökumenisch nennen, dessen Haltung von dem römischen Bischofe nicht bewilliget worden ist, ohne dessen Ansehen und Gewalt die Canones verbieten, kirchliche Dinge in einem Concilium zu richten." Besser als die zu seiner Verführung abgesandten Höflinge in der Kirchen- und Dogmengeschichte bewandert, brachte sie Stephan zum beschämenden Schweigen. „Wir sind besiegt," sagte der kaiserliche

Kommissär Callistus dem Kaiser, „man kann weder den Kenntnissen, noch den Vernunftschlüssen dieses Mannes widerstehen." t)

Nicht minder kräftig und wichtig ist das Zeugniß der drei Patriarchen von Jerusalem, Alexandria und Antiochia, welche zu selber Zeit in derselben Angelegenheit an den Patriarchen von Konstantinopel schrieben, in welchem Schreiben sie erklären, daß, wenn nur der Papst seine Beistimmung gäbe, und seine Gesandten sende, ihre Abwesenheit, weil durch die Saracenen verhindert, nicht zu beachten sei; gleichwie das sechste, allgemeine Concil dadurch nichts an Ansehen eingebüßt, daß kein Bischof ihrer Gegend daselbst erschienen sei; und dessenungeachtet das Concilium durch die Bestätigung und den Einfluß des Papstes sein volles Ansehen über den ganzen Erdball hin erhalten habe. u)

Dieses Zeugniß, sagt Rotbensee, v) welches mitten unter den Verwüstungen der Saracenen und den Gräuelthaten der griechischen Kaiser die Vorsteher der ältesten und berühmtesten Kirchen des ganzen Orients öffentlich ablegten, ist ein unvergängliches Denkmal, das noch zu den entferntesten Jahrhunderten so vernehmlich spricht, wie es im achten Jahrhunderte sprach; — ein Echo, das aus der Vergangenheit zu uns überhallt, und den Glauben derselben allen folgenden Zeitaltern laut verkündet.

Hören wir, wie durch Alcuin, als Organ der deutschen Kirche, auch in dieser zweiten Hälfte des achten Jahr-

---

t) Butler XVII. 358.
u) Lap. VIII. 127.
v) Der Primat des Papstes 2. B. S. 102.

hunderts, der chriſtliche Norden in das Bekenntniß des fernen Orients einſtimmt! — Alcuin, der große Lehrer und Vertraute Karls des Großen, ſo ausgezeichnet an Wiſſenſchaft und ihrer Wiederherſtellung in Europa, äußert ſich mit ſeinen Zeitgenoſſen im Buche "De div. officiis" über die Kirchengewalt alſo: „Der Herr hat in Petrus die Fülle der Religion gelegt, auf daß von Ihm, wie vom Haupte die Gaben dem ganzen Körper der Kirche zufließen." — Daß aber dieß nach Alcuin auf gleiche Weiſe von den Nachfolgern Petri gelte, erhellt aus ſeinem Schreiben an den neu erwählten Papſt Hadrian, welches er dem kaiſerlichen Geſandten mitgab: „So wie ich Dich," ſchreibt er, „als Stellvertreter Petri auf dem hl. Stuhle anerkenne, ſo bekenne ich Dich gleichmäßig auch als Erben ſeiner wunderbaren Macht."

Auf gleiche Weiſe bekennt Alcuin ſeinen Glauben an die Glaubensprärogative Petri in ſeinem Schreiben an Leo III. „Du Hoher-Prieſter von Gott erwählt," ſagt er in ſelbem, „Stellvertreter der Apoſtel, Erbe der Väter, Fürſt der Kirche, Ernährer der Einen unbefleckten Taube! In Dir leuchtet der Glaube, unter Dir als Hirten vermehret ſich die Heerde Chriſti! Du Tröſter der Betrübten, Du Hülfe der Bedrängten, Du Hoffnung der zu Dir Schreienden, Licht des Lebens, Zierde der Religion." — Und warum dieß? „Der Platz, auf dem Du ſtehſt," ſagt Alcuin, „macht Dich ſo ehrwürdig, der Du den hl. Stuhl inne haſt." w) — Wir fragen, wenn Deutſchland annoch den Glauben ſeiner Väter beſitzt, muß und ſoll es nicht

---

w) Baron. ad a. 772.

auch heute, wie Alcuin einst das Oberhaupt der Christenheit angeredet, dem Bischofe von Rom zurufen: „In Dir, Pius, leuchtet der Glaube, Du Tröster der Betrübten, Du Hülfe der Bedrängten, Du Hoffnung der zu Dir Rufenden, Du Licht des Lebens, Du Zierde der Religion, des heiligen Glaubens, und der Kirche in unseren Tagen." O! daß wir doch mit Alcuin auch sagen dürften: „Unter Dir als Hirten mehret sich die Heerde Christi!" — Und wir können es. — Vielen werden die Augen geöffnet, — Allen, die sehen wollen, — ja, Allen, die nicht vorsätzlich ihre Augen der Wahrheit schließen. — Und ist es nicht ein offenbarer Beweis von Neugläubigkeit, und somit von Irrgläubigkeit, wenn irgend ein Land des deutschen Bodens, wenn es sich noch christlich nennt, nicht mehr die Sprache eines Bonifacius, eines Alcuin führen kann, ohne sich selbst zu verläugnen?

Wir schließen die Zeugnisse des achten Jahrhunderts mit **Angilram,** Bischof von Metz. In einem Schreiben an Karl den Großen schreibt er: „Wenn es sich fragt: Welch ein Ansehen dem hl. Petrus, dem Fürsten der Apostel, und seinem heiligsten Sitze verliehen sei, so zweifeln wir keineswegs, daß Jeder wisse, daß Er es ist, der das Recht hat, über alle Kirchen zu richten; hingegen daß es Niemandem erlaubt ist, sein Urtheil zu richten." "Utpote quae sedes de omnibus Ecclesiis fas habeat judicandi, neque cuiquam licet, de ejus judicare judicio."

Den Glauben des westlichen Kaiserreiches im neunten Jahrhundert sprechen die bekannten karolinischen Bücher aus. Sie bekennen den Glauben der deutschen und französischen Kirche mit dem feierlichen Bekenntniß, „daß der apostolische Stuhl durch seine oberste Lehrgewalt alle Glaubens-Irrthümer richte, und den Kirchen der ganzen Welt den Kelch der reinen Lehre zur Verkündigung der Wahrheit des Glaubens reiche." "Et mellißuae praedicationis pocula catholicis per orbem ministrat Ecclesiis." Und mit Berufung auf das Beispiel des hl. Hieronymus, der sich an den Papst Damasus wendete, auf daß Er erkläre, was man glauben müsse, heißt es weiter also: „Alle Kirchen der Welt haben diesem Beispiel zu folgen, und die Befestigung im Glauben bei jener Kirche zu suchen, die keine Makel und Falte hat, und das Haupt aller Ketzereien siegreich zertritt, und die Gläubigen im Glauben stärket." — Dieser Quelle habe Deutschland die Gnade der Rechtgläubigkeit zu danken: "Quae non habet neque maculam, nequa rugam, et portentosa haeresum capita calcat, et fidelium mentes in fide corroborat." — "Ab hac, Ecclesia Germaniae semper suscepit veneranda fidei Christmata." Lib. 1. c. 6.

In demselben Sinne äußert sich Agobard von Lyon, in dessen Briefen an Ludwig den Frommen, und Jonas von Orleans, der in seinem "Opusc. de institutione regia" ausdrücklich sagt: "In Ecclesia nemo Pontifice potior."

Sehr bündig ist auch die Erklärung des Bischofs Jesse von Amiens (†836), der in einem Pastoral-Schreiben an die Geistlichkeit seines Sprengels, wo er von der Taufe redet, also sagt: „Folgen wir der Autorität der hl. römischen Kirche, auf daß wir daher, woher wir den Anfang des katholischen Glaubens erhielten, auch das Vorbild unseres Heiles entnehmen, damit die

Glieder nicht von ihrem Haupte getrennt werden, und
der Pförtner des Himmelreiches diejenigen zurückweise,
die er von seinen Lehren abweichend erkennt." "Ne
claviger regni coelestis abjiciat, quos a suis diversos
intelligit doctrinis." x)

Die Akten der Synoden von Soissons (867), von
Douzi (871), von Pontigny (876), von Troyes (878),
von Fimes, in dem Sprengel Rheims (881), und von
Tribur (895), sprechen denselben Glauben der gallicanischen Kirche jener Zeit aus. An mehreren dieser
Synoden hatte Aeneas von Paris, königlicher Hofkanz-
ler, Theil genommen. Er schrieb ein eigenes Werk
historischer Zeugnisse, von Ignatius M. bis Photius,
zum Beweise, daß der apostolische Stuhl seine Vorrechte
nicht den Synoden verdanke, sondern dieselben nach dem
eigenen Geständniß der Concilien, von Christo selbst erhalten habe.

Vom Orient liegt uns für den Glauben der Väter des
neunten Jahrhunderts ein herrliches Zeugniß in
Theodor Studita vor. In seiner Zuschrift an Leo III.
nennt er den Papst "omnium capitum caput," das Ober-
haupt aller Häupter, "$T\tilde{\omega}\nu\ \ddot{o}\lambda\omega\nu\ \kappa\epsilon\varphi\alpha\lambda\tilde{\omega}\nu\ \kappa\epsilon\varphi\alpha\lambda\dot{\eta}\nu$,"
und sagt: „Christus, Gott, hat dem großen Petrus mit
den Schlüsseln des Himmels die oberhirtliche Herrschaft
gegeben. So muß denn an Petrus und
seine Nachfolger, was immer in der
katholischen Kirche durch Neuerung
von jenen eingeführt wird, die von der

---

x) Galland. XIII. 1. Cap.

Wahrheit irren, nothwendig berichtet werden."— Ad Petrum utique, vel ejus successorem, quidquid in Ecclesia Catholica innovatur per eos, qui aberrant a veritate, necesse est referri. — Und nachdem Theodor berichtet, was von den feilen Hofbischöfen in Angelegenheit der ehebrecherlichen Verbindung des Kaisers geduldet ward, ruft Theodor aus: „Darum, wie einst die Jünger Christo, so rufen wir Deiner Christo ähnlichen Heiligkeit zu: „Rette uns, Oberhirt der Kirche, die unter dem Himmel ist, wir gehen zu Grunde! Ahme dem Meister nach, und reiche unserer Kirche die Hand!" Ahme nach, so flehen wir, dem Dir gleichnamigen Papste Leo, der bei ausbrechender eutychianischer Irrlehre einem Löwen gleich sich erhob." "Aemulare, praecamur, *cognominem tibi papam*, atque ut ille, pullulante tum haeresi Eutychiana, leonum in morem experrectus est, etc."

„Wir haben pflichtgemäß dem Oberhaupte der Kirche Alles mitgetheilt. Es ist nun Sache des Papstes, unter Eingebung des hl. Geistes, was Gott gefällig ist, anzuordnen." "Ejus est de caetero, quae Deo sunt placita, facere *Spiritus s.* ductu, *a quo*, ut in aliis, sic in hoc quoque *regitur et gubernatur*." y)

Da nun die Kirche unveränderlich ist und bleibt, hat nicht das neunzehnte Jahrhundert nur mit Veränderung der Namen der Nachfolger Petri, an dieselben die gleiche Sprache zu führen? Und wenn es Solche gibt, die das

---

y) Spicileg. d' Achery I. 143. 144.

nicht thuen, und sich dennoch katholisch nennen, was
haben wir denselben zu sagen? Freunde! gerade das,
was Theodor in seinem Briefe an Naucratius
von dergleichen Namenchristen sagt: „Und wären es auch
Könige und Kaiser, ich rufe Gott und die Menschen zu
Zeugen an, sie haben sich vom Leibe Christi, vom obersten Lehrstuhle getrennt, in welchen Christus die Schlüssel des Glaubens gelegt, welchen Lehrstuhl die Pforten
der Hölle niemals überwältigt, noch bis an das Ende der
Welt überwältigen werden, wie Der verheißen hat, Der
nicht lügt." "Deum hominesque contestor, sejunxerunt
se a corpore Christi, a Coryphaea sede, in qua Christus posuit *fidei claves*, adversus quam non praevalu-
erunt per omne saeculum, nec praevalebunt usque in
finem saeculi, portae inferi, *sicut promisit ille, qui non
mentitur*." a)

An Papst Paschal, den Neuerwählten, schreibt Theodor
also: „Höre, apostolisches Haupt, Du von Gott gesetz-
ter Hirt der Schafe Christi, Pförtner des Himmelreiches,
Glaubensfels, auf dem die katholische Kirche gebaut ist!
denn Petrus bist Du, Petri Stuhl schmückend."
"Petrus enim tu, — Petri sedem exornans." — „Hieher also vom Abendland mache Dich auf! Dir hat Christus unser Herr gesagt: „Und Du einst stärke Deine
Brüder!" — Siehe, nun ist es Zeit, nun ist's am Platz,
"ecce tempus, ecce locus." „Hilf uns, dazu bist Du
von Gott uns gegeben."

Das dogmatische Schreiben des Papstes kam und ent-

---

a) Hard. IX. 606.

schied. Man erkannte das Heillose der Trennung und sehnte sich nach Vereinigung mit Rom. „Nun denn," rief Theodor dem neuen Kaiser Michael entgegen: "Ecce nunc tempus acceptabile, nunc dies salutis." „Nun ist die gelegene Zeit, nun sind die Tage des Heils, daß wir uns Christo wieder vereinigen, — durch die Vereinigung mit dem Glauben und dem Oberhaupte der Kirche zu Rom." Hat nicht dieses für uns heute noch in derselben Glaubens-Zuversicht dieselbe Kraft und Bedeutung? Wollte Gott, alle schismatischen Kirchen des Orients hörten und folgten der Stimme Pius IX., der dieselben zu dieser Rückkehr und Wiedervereinigung so väterlich einladet! Denkwürdig ist es überdies, daß die griechisch-russische Kirche Theodors Bekenntniß in ihre Sammlung von Reden und Briefen der Kirchenväter zur erbauenden Lesung aufgenommen, wo es unter dem 11. November wörtlich heißt: „O! Du oberster Hirt der Kirche unter dem Himmel, hilf uns in der höchsten Gefahr; versehe die Stelle Jesu Christi; reiche uns eine schützende Hand, und stehe unserer Kirche von Constantinopel bei, zeige Dich als den Nachfolger des ersten Papstes Deines Namens Leo! — Leihe unserer Bitte Dein Ohr, o Haupt und Fürst des Apostelamtes, von Gott selbst zum Hirten der Heerde erwählt; denn Du bist wirklich Petrus, weil Du den Stuhl Petri einnimmst, und ihm Glanz verleihest. Du bist es, zu dem Jesus Christus gesagt hat: „Stärke Deine Brüder!"—Dieser Glaube der Väter, er wird einst den Irrglauben der Söhne richten, die es nicht wagen, die historische Gewißheit dieser Bekenntnisse anzustreiten, ja selbe lesen, und doch im Schisma und Irrglauben verhärtet bleiben! — Ja wohl ist der Mensch frei, der Wahrheit geflissentlich das Auge zu schließen; doch! wehe dieser unverzeihlichen Sünde wider den hl. Geist.

**Photius** selbst tritt gegen sich, und Sie, wider seinen Willen als Zeuge des Rechtglaubens aller Jahrhunderte, an den Glaubens-Primat der Nachfolger Petri auf, wenn er in seiner "Enarratio de recentiorum Manichaeorum repullulatione" a) sagt: „Die Manichäer nannten die wahren Christen „neue Römer," sich selbst aber Christen, ein Name, den sie gar nicht verdienen."— Welch ein Beweis für das Bewußtsein der Ketzer, wie es die Rechtgläubigen mit Rom meinten. Gleichwie, wenn in neuerer Zeit die Irrgläubigen uns Rechtgläubige, Römlinge, Papisten, sich aber evangelisch oder altgläubig nennen. Diese Verirrten geben dadurch deutlich genug zu erkennen, daß sie es wohl fühlen, daß unsere Vereinigung mit Rom uns eigentlich zu Kindern der katholischen Kirche macht. Wir nehmen mit Freuden den Namen an, den sie uns geben, er erinnert uns an das Siegel unserer Rechtgläubigkeit. Allein sie sind genöthiget, uns auch diejenigen Namen zu lassen, mit denen sie sich selbst ganz widerrechtlich bezeichnen.

Evangelisch nennen sie sich! Doch nicht Protestanten — sondern wir Katholiken sind evangelisch; denn die Protestanten nahmen das Evangelium aus der Hand der katholischen Kirche, und nicht sie von ihnen.

Wir haben es — und glauben demselben. Nicht sie. Beweis dessen sind die feierlichen Aussprüche des Evan-

---
a) L L ¼ a.

gelliums: „Du bist Petrus — Dir übergebe ich die Schlüssel des Himmels; — weide meine Schafe; Petrus, — ich habe für Deinen Glauben gebetet, daß er nicht wanke. Und Du einst stärke Deine Brüder." Wer immer es läugnet, daß Petrus in seinen Nachfolgern mit dieser durch Christus Ihm übergebenen apostolischen Vollmacht ausgerüstet sei, glaubt nicht dem Evangelium, und hat somit kein Recht, sich evangelisch zu nennen. Wir Katholiken, nicht die schismatischen Griechen des Orientes, sind orthodox, d. h. alt-gläubig, denn wir, nicht sie, bekennen den Glauben der ersten Jahrhunderte, wie die Zeugnisse, die wir so eben in ununterbrochener Weise angeführt und noch anführen werden, unwidersprechlich beweisen. Wie vollkommen der Orient ungeachtet der Umtriebe des mächtigen Hofpatriarchen, sich der Prärogative und Machtvollkommenheit des Papstes bewußt blieb, beweiset auch das im Namen so vieler Bischöfe, Priester und Archimandriten durch Stylian, (†897) Erzbischof von Neucäsarea, nach Rom gerichtete Schreiben: „Da wir wissen," schreibt er in ihrer Aller Namen, „daß wir von Euerem apostolischen Stuhle regiert und geleitet werden müssen, so bitten wir, — erhöre uns; Petrus selbst, dessen Platz und Thron Du verwaltest, bittet Dich."

Ebenso **Hincmar** von Rheims (†882). Angeklagt über verschiedene, selbst die Anordnungen des apostolischen Stuhles verletzende Anmaßungen, legt Hincmar dagegen im Angesichte der Synode von Douzi sein Glaubensbekenntniß ab: „Was ich," sagt er, „von der bis-

benden und lösenden Macht des apostolischen Stuhles
halte, der da die Mutter und Lehrerin aller Kirchen der
Welt ist," "omnium Ecclesiarum in toto orbe *magistra*," „und dessen Bischof der Patriarch der Patriarchen,
und der Primas aller Primaten ist, — damit ihr es wisset, — so erkläre ich vor Euch Allen, wie ich's im Herzen
glaube zur Gerechtigkeit, und mit dem Munde bekenne,
zum Heile ꝛc."

Bei **Flodoard,** b) sagt Hincmar: „Eine jede
Streitfrage, die an den apostolischen Lehrstuhl gebracht
wird, erhält durch das Urtheil und die Entscheidung desselben ihr Ende." In der That ein gewaltiges Geständniß und Bekenntniß aus dem Munde eines so gelehrten
und für seine bischöfliche Amtsverwaltung so eifersüchtigen Gallicaners, wie Hincmar es war!

Ebenso äußern sich **Ratramnus** von Corbei, und **Paulin** von Aquileja, Zeitgenossen Hincmars, beide mit ihm
Zeugen für die Glaubens-Prärogative Petri: „Er ist
das Haupt der Bischöfe," sagt Ratramnus in seiner
Schrift "contra Graecorum errores." „In kirchlichen
Dingen hängt Alles von seinem Urtheile ab, auf daß
durch selbes, was gesetzt ist, bleibe, oder was gefehlt war,
verbessert werde." "Ad ejus judicium pendeat, quidquid in ecclesiasticis negotiis disponitur, ut ex ejus
arbitrio, vel maneat constitutum, vel *corrigatur erratum*." Paulin von Aquileja aber, wo er die Ruhe der
abendländischen Kirche mit den Unruhen der morgenländischen von Rom sich losreißenden Kirche vergleicht, gibt
den Grund des festen Standes der ersteren mit diesen

---

b) Hist. Rem. III. 18.

Worten an: „Wir stehen inner den Gränzen der apostolischen Lehre und der heil. römischen Kirche fest, folgend ihrer erprobtesten Autorität, und haltend ihre heiligsten Lehren!" " Nos intra terminos apostolicae doctrinae et S. Romanae Ecclesiae firmiter stamus, illorum probatissimam auctoritatem sequentes et sanctissimis inhaerentes doctrinis." — Dieser Grund ist es auch, warum wir Katholiken auch heute fest stehen im Glauben, während bei den von uns Getrennten Alles schwankt und fällt: — wir halten an Roms erprobtester Autorität, und halten fest an ihrer heiligsten, unantastbaren Lehre.

Ebenso **Rabanus Maurus** (†856), Abt zu Fulda, dann Erzbischof zu Mainz und unermüdeter Beförderer der Wissenschaften. Man lese seinen Commentar in das XVI. Hauptstück des heil. Matthäus. Seine Ehrfurcht gegen den Nachfolger Petri, als Lehrer der Kirche, beweisen auch die dem Papste Gregor IV. gewidmeten Verse:

Sedis apostolicae princeps, lux aurea Romae
Et decus, et doctor plebis, et almus amor;
Tu caput Ecclesiae es primus patriarcha per orbem etc.
*Vestra valet coelum reserare et claudere lingua.*
*Principi apostolico Petro conjunctus in aevum,*
In terra vicem cujus et ipse gerit.

Was hindert uns, dieselben Verse ohne Veränderung auch nur einer Sylbe, unserm jetzt glorreich regierenden Papste Pius IX. zu senden? — Und weil wir es können, wer wagt es zu sagen, daß wir nicht so glauben, wie unsere deutschen Väter?

Dieselbe Sprache führt **Lupus** von **Ferrieres** (†862), der mit Raban und Hincmar in enger Verbindung stand, und großen Antheil an den Reichsgeschäften Karls des Kahlen nahm mit Abeginus von Prüm, der von dem Stuhle Petri so lernhaft sagt: "Nec se fefellit, nec ab aliquo falli potuit." „Er selbst hat sich niemals geirrt, noch konnte er von Jemand in Irrthum geführet werden." Er sprach damit das Bekenntniß aller vorhergehenden und folgenden Jahrhunderte aus.

In dieser vollsten Anerkennung lautet auch das Schreiben des Erzbischofes Hatto von Mainz und der Bischöfe von Bayern an Papst Johann IX., und des Erzbischofes Thesimar von Juvavien.

Wir gelangen an das zehnte Jahrhundert, und dieses Jahrhundert zeigt uns leider Päpste, deren persönlicher Character sehr verderbt war, wenn auch das sehr wahr und nicht zu übersehen ist, was H e r d e r gesteht: „Bei manchen derselben sind ihre Fehler nur darum auffallend, weil sie Fehler der Päpste waren. Daß es in jener Zeit unwürdige und lasterhafte Päpste gegeben, die als Eindringlinge auf den Stuhl Petri Platz genommen, läugnen wir nicht. Allein wir behaupten, daß von Seite dieser einigen unwürdigen Päpste durchaus kein Beweisgrund gegen die Wahrheit unserer Thesis erwachse, sondern daß im Gegentheil eben diese Zulassung Gottes die Richtigkeit unserer Behauptung in ein noch helleres Licht stelle. Laut Zeugniß der Geschichte nämlich, wie B a r o n i u s in seinen Annalen ganz richtig bemerkt, hat keiner dieser entsittlichten Päpste irgend etwas Irrthümliches im Glauben entschieden, oder etwas Unheiliges in Hinsicht auf die allgemeine Kirchen-Disciplin angeordnet. Es galt, von ihnen buchstäblich gesagt: „Auf dem Lehr-

Stuhle Mosis sitzen sie; folgt ihren Worten, aber nicht ihren Beispielen." Ebenso denkwürdig bezeugt auch die Geschichte jener Zeit, daß die Unterwerfung gegen den hl. Stuhl, gerade in jenen traurigen Tagen, so tief die christlichen Völker durchdrungen habe, wie in den Tagen der heiligsten Päpste. Eben dieses Benehmen der gläubigen Christenwelt beweiset ja noch evidenter, daß die Verehrung der päpstlichen Macht keineswegs auf die persönlichen Vorzüge der Päpste, sondern auf die göttlich gegebenen Vorrechte des apostolischen Stuhles sich stützte. — Nicht für die S i t t e n, für den G l a u b e n Petri, hatte Christus gebetet, und darum, wie Baronius bemerkt, trotz aller Wehen dieses Jahrhundertes war doch Niemand, der sich von Rom losriß, sondern alle Völker verharrten, ungeachtet der Mängel so mancher dieser Päpste, dem römischen Stuhle durch das Band des Glaubens und des Gehorsames verbunden, "non merita, sed jura sedis" im Auge behaltend.

Unter den Zeugnissen für diese Behauptung und die unseres Satzes steht oben an das Zeugniß aller Väter der Synode von Troslei (909). Sie erklären ausdrücklich, die Kirche sei von Christus auf den Fels, das heißt, auf die Confession Petri erbaut, und sagen, insbesondere sei die gallicanische Kirche durch die Nachfolger desselben belehrt worden, daher sei die Glaubenskraft, die sie Anfangs erhalten, annoch unerschüttert: "Sed ab eo ejusque successoribus etiam edocta *firmitatem fidei*, quam primo percepit, hactenus inconsussam servare studuit."

Ja selbst **Nicolaus**, Patriarch von Konstantinopel, feiert zu selber Zeit auf das Entschiedenste die Vorrechte

des apostolischen Richteramtes. Von Rom aus verlangt
Er und der Kaiser für die Wirren der griechischen Kirche
Entscheidung; und Rom nicht gehorchen wollen, nennt
er, in seinem Briefe an den Fürsten der Bulgaren, geradezu ein Verbrechen.

Ebenso **Odo** von Clugni, **Otto** von Verzell und **Pilgrim** von Passau († 942). Odo, die Zierde seiner Zeit,
an Tugend und Wissenschaft, äußerte sich in einer seiner
Reden also: „Wir danken dem ewigen Könige, daß er
eine solche Macht dem gegeben, welchen er zum Fürsten
und Vorsteher seiner ganzen Kirche gesetzt; — denn wenn
auch zu diesen unseren Zeiten etwas in kirchlichen Dingen
recht geschieht, so ist es der Leitung desjenigen zuzuschreiben, dem gesagt ward: „Du einst, stärke deine Brüder!" — Welch ein Zeugniß zu dieser Zeit, und dies aus
dem Munde eines hl. Odo! — Mit eben der Bestimmtheit erkennt Otto von Verzell in seiner Schrift: "De
pressuris ecclesiasticis" den Papst als obersten Richter
der Kirche an. Ingleichen Pilgrim, Bischof von
Passau, in seiner Legation an Papst Benedict VII. g)

Ebenso **Ratherius** von Verona, späterhin von Verona
vertrieben, Bischof von Lüttich. In seinem Itinera-
rium, schreibt er von der Macht Roms durch den Papst
in kirchlichen Dingen: „Niemals hat etwas gegolten,
was dort verworfen ward; und niemals war etwas
ungültig, was dort als gültig angenommen wurde."
"Nusquam ratum, quod illic irritum; nusquam irritum,
quod illic ratum fuerat visum." „Wo also," fährt nun
Ratherius weiter fort, „wird wohl meiner Unwissenheit

---

g) Baron. ad a. 963. Hard. VI. 695—759.

beſſer abgeholfen werden, als dort, wo der Quell der Weisheit fließt." Er nennt den Papst den von Gott geſetzten Vater und Fürſorger der ganzen Welt. "Orbi vero universo pater et provisor industrius a Deo institutus." In ſeiner Appellation an den apoſtolliſchen Stuhl ſagt er dem Papſte : „Helfet mir, denn deßhalb habt ihr den Stuhl inne, daß ihr die Pforten der Hölle gegen die Kirche nicht überwältigen laſſet." "In omnipotentis amore precor, ejusque vice succuratis, cujus ideo sedem obtinetis, ut portas inferi praevalere adversus Ecclesiam non sinatis."

Ebenſo **Abbo** von Fleury (†999). Er kehrte von Rom mit Aufträgen des Papstes an König Robert zurück, deren er ſich mit unerſchrockenem Muthe entledigte. In ſeinem Vollziehungsberichte ſchreibt er : "Domino semper venerabili Papae romanae et apostolicae sedis praesulio et ideo *universalis Ecclesiae Doctori.*" „Dem Herrn — dem immer ehrwürdigen, des heiligen römiſchen und apoſtoliſchen Stuhles Vorſteher, und darum der ganzen Kirche Lehrer." Dies heißt l o g i ſ ch und ſomit auch t h e o l o g i ſ ch argumentirt. Dieſer für Kirchen- und Sittenzucht eifernde gelehrte Abt Abbo ſagt in einer Schutzſchrift, und einer an den König Hugo und deſſen Kronprinzen Robert gemachten Sammlung von Canones über die Pflichten der Regenten gegen die Kirche und ihre kirchlichen Unterthanen, noch etwas anderes ſehr Beherzigungswerthes : „Petro ward geſagt : Du biſt Petrus — auf dich werde ich meine Kirche bauen." Meine, ſagte er, nicht deine. Wenn alſo die Kirche nicht Petri iſt, weſſen wird ſie ſein ? — Oder wie ? die Nachfolger Petri haben es gewagt, ſich eine Gewalt anzumaßen, welche Petrus, der Fürst der Kirche nicht gehabt! ! Wahrlich, theuerste Fürsten! wir leben weder katholisch, noch reden wir katholisch, wenn wir sagen: diese Kirche ist mein, und ein Anderer sagt, diese Kirche sei sein." "Certe, carissimi principes, nec catholice vivimus, nec catholice loquimur, quando illam ecclesiam dico esse meam, ille alteram dicit suam!" — Wir fragen: Was werden auf diese Rüge Abbo's die Protestanten antworten können? Was diejenigen, welche febronianische Nationalkirchen wünschten und wünschen? Und selbst was katholische Herrscher betrifft, sie verdienen leider noch heute diesen Zuruf, diese Rüge Abbo's: „Ihr Fürsten huldiget der sogenannten öffentlichen Meinung und nennt es Diplomatie und Allgewalt des Staates. Doch das heißt weder katholisch reden, noch viel weniger katholisch leben." — "Videte, principes, quo vos ducit cupiditas, dum refrigescit charitas." h) So Abbo.

Denselben Glauben bekennen **Fulbert** von **Chartres** (†1029), die Synode von **Limoges**, und **Burkhard** von **Worms**. „Der römischen Kirche widersprechen, sagte der der Synode von Lymoges präsidirende Erzbischof von Bourges, ist ein Verbrechen. — So wie unser Haupt, die heilige römische Kirche, und der apostolische Stuhl es gut heißt, so müssen wir, als Glieder, es in aller Ehrfurcht umfangen." i)

Bischof **Burkhard von Worms**, einst Erzieher Kaiser Conrads, verfaßte eine Sammlung von Canones, welche nicht allein für Deutschland, sondern auch für andere

---

h) Nat. Alex. XI. 449.
i) Hard. VI. 837. 856. 860.

Länder als klaffiſches Werk galt, und die Ueberzeugung ſeiner Zeit an die oberſte, höchſte, richterliche Gewalt des Papſtes in Dingen des Glaubens unumwunden darthut.

Ebenſo **Odilo** (†1039). Er gab den Geſandten Polens, die um Losgebung Caſſmirs anhielten, der bereits Mönch war, und zur Krone verlangt wurde, zur Antwort: „Er könne dies aus eigener Macht nicht," "*proinde supremum in terris, tribunal, supremanique potestatem, sedem videlicet apostolicam Romanam et vicarium Christi adirent*" — „ſie möchten alſo zum höchſten Tribunale der Erde, zur oberſten Gewalt, nämlich zum apoſtoliſchen römiſchen Stuhle gehen, zum Statthalter Chriſti, der allein könne es." k)

Ebenſo **Petrus Damian** (†1072). Bekanntlich war Petrus Damian ein Mann, der frei von aller Menſchenfurcht und Rückſicht, dabei nicht minder gelehrt, offen die Wahrheit Allen in das Angeſicht ſagte, ob Papſt oder Kaiſer. — „Ich ſuche keinem Sterblichen zu gefallen, fürchte auch den Zorn Keines," ſagte er Leo IX. in's Geſicht. — Inigleichen ſagte er dem Kaiſer Heinrich nicht minder frei in den Bart: „Wenn Du ein Sachwalter Gottes biſt, warum vertheidigeſt denn Du nicht die Kirche?" — l)

Hören wir dieſen unerſchrockenen Zeugen und Herold der Wahrheit. Er fordert die Mailänder, nach dem Beiſpiele Ambroſii zum vollkommenen Gehorſam gegen den römiſchen Stuhl auf, und erklärt unumwunden, daß wer ſich deſſem Urtheile widerſetzen würde, der Ketzerei ver-

---

k) Bar. ad a 1049—1053.
l) Bar. ad. a 1044.

falle. — Er nennt die römische Kirche das "*magisterium Petri*, ad cujus rectitudinis lineam, quidquid uspiam depravatum fuerit, *reformatur!*" — Hört ihr's, Reformatoren, nach weſſen Magisterium reformirt werden müſſe, daß es nicht depravatum ſei! — Er vergleicht das Urtheil der römiſchen Kirche mit einem ſiegreichen Schwert in der Schlacht, durch welches der Feind enthauptet, und die Einheit im Glauben erkämpft wird. "Evangelico mucrone veritati resistentium cervicem obtruncat, et ad invictissime dimicandum totam Christi militiam, in unius caritatis et *fidei unitate* confirmat." Was aber Petrus Damian immer Herrliches von Rom ſagt, hat er vom Papſte ſelbſt und ſeinetwegen geſagt; denn „wo der Papſt iſt," ſagt er, „da iſt Rom, und die römiſche Kirche." "Vos estis apostolica sedes, vos Romana estis Ecclesia; quo vos Petrus vobiscum fugiens attrahit, illic est Romana Ecclesia." m)

So antwortete **Petrus**, ſiebenhundert Jahre zum Voraus auf die Bedenklichkeiten der Hebronianer und anderer Halbtheologen neuerer Zeit! —

Ebenſo nennt **Wilhelm** von Poitiers in ſeiner Geſchichte des Königs Wilhelm den Papſt gleichfalls: den Lehrer der Kirchenvorſteher.

Ebenſo **Arnulph** von Mailand n) und **Bener** von Vercell. Obwohl ſonſt kaiſerlich geſinnt, können ſie doch nicht umhin, die Glaubensrichtſchnur des apoſtoliſchen Stuhles anzuerkennen. Erſterer beruft ſich hierbei auf das Vorbild **Ambroſii**. Letzterer nennt die römiſche

---

m) Baron. l. c. Buttler III. 164.
n) Hist. medial. C. 15.

Kirche die Mutter aller Kirchen, die nie durch ein falsches Dogma betrogen hat, noch von irgend einer Ketzerei betrogen wurde. "Quae aliquo pravo dogmate nec aliquando fefellit, nec aliqua haeresi unquam falli potuit." Ein solches Zeugniß, aus dem Munde eines offenkundigen Feindes des Papstes, hat gewiß volles Gewicht.

„Unerschütterlich," sagt **Anselm** von Lucca, „steht der **Papst**," licet pulsatus, licet concussus, tamen stetit immobilis; „denn Himmel und Erde werden vergehen, die Worte desjenigen aber werden nicht vergehen, der gesagt hat: Tu bist Petrus, ꝛc." o)

In gleicher Weise äußern sich die Bischöfe der Provinz **Rheims** und **Sigfried** von Mainz. „Ihnen ist der Papst der oberste Richter im Gottesreich der Kirche." p)

Noch wichtiger ist uns das Bekenntniß **Theophylact's** (†1096), Erzbischofes von Acrida in Bulgarien. Obwohl äußerlich dem griechischen Schisma angehörig, war es ihm doch unmöglich, die Wahrheit des altgriechischen und echt kirchlichen Glaubens zu verkennen, so wie der einfache Sinn der hl. Schriften ihn, wie jeden, der aufrichtig die Wahrheit sucht, dazu nöthiget. — In seinem Commentar, nämlich über die Evangelien, sagt er: q) „Dem Petrus ist die Kirche zum Unterrichte im Glauben vertraut." "*Petro Ecclesia in fide erudienda credita est.*" Das Magisterium Petri ist ihm, wie dem hl. Petrus Damian, die Glaubensrichtschnur der übrigen

---

o) Opusc. adv. Guibert.
p) Thomass. I. 111.
q) Comment. in Evang. Lucae.

Kirchen. — Theophylact erklärt sich hierüber selbst noch deutlicher in seinem Commentar, über die Worte: "Confirma fratres tuos." Der klare Sinn dieser Stelle ist, sagt Theophylact: „Weil ich Dich zum Fürsten der Jünger gesetzt, — bestätige sie," "confirma illos," „so ziemt es Dir, der Du nach Mir der Fels und das Fundament der Kirche bist. Du hast in Dir den Samen des Glaubens;" " habes recondita semina fidei," — „darum, wenn auch der Wind die Blätter abwirft, die Wurzel jedoch wird leben, und Dein Glaube wird nicht abnehmen." r)

Wir beeilen uns, diese lange Reihe der hl. Väter und ihrer Bekenntnisse zu schließen; denn bereits sind wir an das Zeitalter Gregor's VII. gelangt. Wir begnügen uns, nur einige der Hauptorgane jener Zeiten redend einzuführen, zum Beweise, daß sich die Zeitgenossen Gregor's nicht blind, sondern mit vollem und klarem Bewußtsein des einen Glaubens ihrer Väter den Aussprüchen und Ansprüchen des apostolischen Stuhles gefügt. Aus diesen erlauchten Zeugen ist einer der wichtigsten, der in der Kirchengeschichte hochberühmte Lanfranc, Erzbischof von Canterbury, Primas von England (†1089), der den Glauben Frankreichs und Englands zugleich ausspricht, und eben deßhalb ist sein Zeugniß unbefangener, also auch gewichtiger, als wenn er zu Gregor's Zeiten in Deutschland oder Italien seine Stimme zur Anerkennung der Prärogative des apostolischen Stuhles erhoben hätte. In seiner Schrift gegen Berengar sagt er: „Kein Dogma sei ja selbst bei

---
r) Marca 1. 109.

den Ketzern so unangestritten gewesen, als die Würde und das Lehransehen Petri in seinen Nachfolgern, den römischen Päpsten." — Lanfranc nennt dieses Bewußtsein gleichsam das Gewissen der Christenheit; nämlich in seiner Antwort auf die Prätension des Erzbischofes von York, welcher Lanfranc das Primat Englands abstreiten wollte, als sei die Ernennung Augustins durch Gregor den Großen zum Primas von England nur persönlich gewesen, da Gregor damals nicht ausdrücklich von den Nachfolgern Erwähnung that. — Lanfranc erwiedert: „Als der Herr dem Petrus sagte: Du bist Petrus ꝛc., hatte er auch nicht ausdrücklich der Nachfolger erwähnt, und doch waren diese Zweifels ohne mit inbegriffen; oder wie, willst du es läugnen, oder anstreiten wollen? Wahrlich dem Gewissen aller Christen ist eingepflanzt," "enim vero omnium christianorum conscientiis est inditum," daß sie den Nachfolgern Petri, wie Petrus selbst, gehorchen, vor seinen Drohungen erzittern, und dann erst die Verwaltung aller kirchlichen Angelegenheiten als gültig ansehen, wenn sie durch das Urtheil der Nachfolger Petri gutgeheißen ward." "Estque tunc demum omnium ecclesiasticarum rerum rata dispensatio, si successorum b. Petri fuerit approbata judicio." Das katholische Gewissen gibt dieser Behauptung Lanfrancs Zeugniß bis auf diese Stunde. Kein Zweifel; es ist nicht sowohl theologisches Bewußtsein, als ein gewisses katholisches Gewissen, welches auch in unserer Zeit alle gläubigen Geister zur unbedingten Unterwerfung unter die Aussprüche des heiligen Vaters beuget. „So wie Christus," fährt Lanfranc fort, „was

Er Petro gesagt, allen seinen Nachfolgern, den römischen Bischöfen gesagt, so auch Gregor, was er Augustin gesagt." Und die ganze Synode, der König Wilhelm und der Erzbischof von York konnten selbst nicht umhin, die Primatialrechte von Canterbury anzuerkennen. Eine solche Kraft hatte bloß die analogische Beziehung jener, dem Gewissen der Christen so tief eingeprägten apostolischen, unbestreitbaren Autorität. Eben dieses so klare und tief eingewurzelte, durch Jahrhunderte so oft und weltkundig erprobte Bewußtsein dieser höchsten, richterlichen, entscheidenden, absoluten Gewalt des Papstes in den höchsten, heiligsten und göttlichen Dingen war es ja, die gemacht, daß in dem Papste zu Gregor's Zeiten von Völkern und Königen der allgemeine höchste Richter, selbst in den weltlichen Dingen, geehrt wurde, wenn gleich nicht mit der Nothwendigkeit, als wie in ersteren, weil nur für diese der Primat Petri von Christus gegeben ward.

Ganz gleichstimmig mit Lanfranc äußert sich der nicht minder berühmte Anselm von Canterbury. „Da sie sich weigern, sagt Anselm, (nämlich Wilhelm der Rothe und sein Anhang), den apostolischen Dekreten, die der Papst zum Heile der Christenheit erläßt, Folge zu leisten, beweisen sie sich gegen Petrus, dessen Stelle er vertritt, ja gegen Christus selbst als ungehorsam, der Petrus seine Kirche zur Leitung anvertraut hat." Und als er von König Wilhelm zu fliehen genöthiget ward, sprach er die Bischöfe der Synode, die er einberief, also an: „Ich werde zum obersten Hirten und Fürsten Aller, zum Engel des großen Rathes eilen, und in meiner übergroßen Sorge, in seiner und der Kirche Angelegenheit von Ihm den

Rath holen, den ich befolgen werde.—Christus sprach zum seligsten der Apostel: „Petrus, Du bist Petrus und auf diesen Felsen werde ich meine Kirche bauen, und die Pforten der Hölle werden sie nicht überwältigen, .... und dir werde ich die Schlüssel des Himmelreiches geben;"— daher möget ihr alle wissen, daß ich in jenen Dingen, die Gott angehören, dem Statthalter des sel. Petrus Gehorsam; und in jenen Dingen, die der irdischen Würde meines Herrn und Königes mit Recht zukommen, demselben treulichen Beistand sowohl als Rath erweisen werde, so viel ich kann." "Quare cuncti noveritis, quod in his, quae Dei sunt, vicario Petri obedientiam; et his quae terreni Domini mei regis dignitati jure conveniunt, et fidele auxilium et consilium, pro sensus mei capacitate inpendam." Seine Schrift gegen den Irrlehrer Rosselin dedicirte er dem Papst, und legt in der Weihung derselben folgendes unumwundene Glaubens-Bekenntniß ab: „Die göttliche Vorsehung hat Euere Heiligkeit erwählt, den Glauben zu schützen, die Kirche zu regieren. Es ziemt sich demnach, daß man vor allen Andern Euere Heiligkeit darüber berichte, wenn sich etwas in der katholischen Kirche ereignet, was den katholischen Glauben gefährdet, damit durch Euere Autorität was irrig ist verbessert werde." "Ad nullum alium rectius refertur, si quid contra catholicam fidem oritur in ecclesia, ut ejus auctoritate corrigatur."

Nicht nur im Abendlande, auch im Orient erheben sich um diese Zeit noch Stimmen bezeugend den Glauben der altgriechischen Kirche, wenngleich bereits dem Schisma verfallen. So nennt **Euthymius** von Constantinopel,

der beim Kaiser Alexius Comnemus in großer Achtung
stand, den Papst in seinem Commentar in die Evangelien,
„den von Christus gesetzten Lehrer der ganzen Welt,"
"hunc orbis magistrum esse constitutum."

Wir nennen noch am Schlusse die Vertheidiger der
päpstlichen Gewalt des Zeitalters Gregor's, die während
seiner Kämpfe, für die der Kirche und ihrem Haupte göttlich gegebenen Rechte, als Sterne erster Größe erglänzen,
als da sind: Ces von Chartres, Bruno von Asti, Gobfrid
von Vendome, Rupert von Deuß. Letzterer sagt: a) „Die
römische Kirche, auf den Felsen des apostolischen Glaubens übergebaut, stand unerschütterlich, und hat sowohl
die Irrlehren von Griechenland, wie die der ganzen
Welt, widerlegt, und vom höchsten Glaubenstribunal aus
gerichtet." "Romana Ecclesia super apostolicae fidei
petram altius fundata firmiter stetit, et tam Graeciae,
quam totius orbis haereticos semper confutavit et *de
excelso fidei tribunali data sententia judicavit.*" Was
könnte Bündigeres und Herrlicheres von der Glaubensprärogative des apostolischen Stuhles gesagt werden?
„Auf Petri Nachfolger," fügt er bei, „sei die Kirche so
erbaut, daß sie gegen alle Ketzereien als undurchdringliche
Mauer dastehe, und von was immer für einer Seite der ge-
fährdete Glaube zu ihr fliehe, so reiche sie ihm tausend
Schilde und alles Waffengerüste, sich zu vertheidigen." b)

Zu den Glaubenskämpen dieser Zeit gehören ferner
Guido der Cärthäuser, Otto von Bamberg, Kanzler Kaisers Heinrich V., der berühmte Scholastiker Hugo a St.

---

a) De div. officio l. c. 22.
b) Lib. de div. off. c. l.

Victore, — **Adalbert** von Mainz, **Humbert**, Erzbischof von Lyon, und **Anselm** von Havelberg, Bischof von Havelberg in Preußen, ein eben so gelehrter, als großer Staatsmann. Er sagt in seinem Buche, welches er Eugen III. dedicirte: „Ich habe gethan, was Eure apostolische Autorität befohlen, der immer zu gehorchen, nicht nur Demuth, sondern Nothwendigkeit des ewigen Heiles ist." "Verum etiam aeternae salutis necessitate." Anselm von Preußen war nämlich von Lothar dem Kaiser nach Constantinopel gesandt, die Griechen ihrer Pflicht zu mahnen. Wir können uns auch nicht enthalten, etwas aus dessen Disputation mit der dazu in Constantinopel gehaltenen Versammlung der griechischen Bischöfe hier beizusetzen. Die Stelle ist überaus kräftig und wichtig.

Anselm sagt: „Darum ward die römische Kirche vor allen andern vom Herrn durch ein besonderes Privilegium beseliget, und ragt durch ihre Prärogative nach göttlichem Rechte über alle anderen Kirchen hinan. Während daher die anderen zu verschiedenen Zeiten im katholischen Glauben schwankten, wie die von Alexandrien, Antiochien, Jerusalem, Constantinopel, blieb die römische, weil auf dem Fels gegründet, immer unerschüttert. "Illa supra petram fundata semper mansit inconcussa." Deshalb sprach der Herr zu Petrus: „Ich habe für dich gebetet, daß dein Glaube nicht wanke," als sagte er offenbar: Du, der Du die Gnade erhalten, daß, während Andere im Glauben scheitern, Du im Glauben unerschüttert bleibest, kräftige die Wankenden und weise sie zurecht als Schirmer und Lehrer und Vater und Meister aller." "Acsi aperte ei dicat: tu, qui hanc gratiam accepisti, ut aliis in fide naufragantibus, semper in fide immobilis permaneas: alios, vacillantes, confirma et corrige tanquam omnium provisor, et doctor et pater et magister omnium."

Er weist dann den Griechen aus der Kirchengeschichte nach, daß alle Häretiker durch das Ansehen des Papstes des Irrthums überführt, verurtheilt und durch Petrus, den Fels, zermalmet wurden. "A petra fidei per Petrum destructos." „Es ist nämlich gewiß, daß die römische Kirche zwei Privilegien von Gott erhalten habe, nämlich vor allen anderen die unbefleckte Reinheit des Glaubens, und die Gewalt über alle zu richten." "Prae omnibus incorruptam puritatem fidei, et supra omnes potestatem judicandi." Wohlgemerkt — Anselm von Preußen erwähnt zuerst der Unfehlbarkeit, und dann erst des Primates des römischen Papstes. Ganz recht; denn der Papst, wie wir in der "ratio theologica" bereits nachgewiesen, kann kein Primas der unfehlbaren Kirche sein, wenn er nicht selbst unfehlbar ist. Die Griechen waren nicht im Stande, den Gründen Anselms etwas zu entgegnen. Auch die jetzigen Preußen, seine Landsleute, die nun freilich ganz Anderes reden, können nichts Gründliches Ihrem Anselm entgegnen. — In selber Zeit erhob auch Isac, Patriarch der katholischen Armenier, seine Stimme, um die Verirrten seiner Nation zu dem Glauben ihrer Väter zurückzurufen.

Und so sind wir denn bis an **Bernard**, dieses hellleuchtende Gestirn seiner Zeit gelangt; der als Kirchenlehrer die lange Reihe der hl. Kirchenväter, und mithin

auch unsere Zeugnisse aus denselben, für den Glaubensprimat Petri und dessen absolute Autorität, auf die
allerherrlichste, kräftigste Weise schließt, durch Aeußerungen,
die aus dem Munde des unerschrockensten, welthistori-
schen Mannes, von der allergrößten Gewähr sind. —
Hören wir, wie Bernard an Innocenz II. schreibt:
„Es ziemt sich, deinen apostolischen Stuhl in Kenntniß zu
setzen über die Aergernisse und Gefahren, welche das
Reich Gottes besonders in Glaubenssachen bedrohen;
denn dort hat man meines Erachtens den Abgang und
Mangel des Glaubens zu ergänzen, wo der Glaube nie
wanken wird. Das ist dessen Vorrecht; denn zu ihm
ward gesprochen: „Ich habe für dich gebetet, daß dein
Glaube nicht wanke;" und was daraus folgt, das hat
der Nachfolger Petri's uns allerdings zu leisten." "Dig-
num namque arbitror, ibi potissimum reparari damna
fidei, ubi non possit fides sentire defectum. Haec
quidem hujus praerogativa sedis. Cui enim alteri dictum est: rogavi pro te etc.; ergo quod sequitur a Petri
successore exigitur: et tu aliquando confirma fratres
tuos. Id quidem modo necessarium." „Und nun heiliger Vater," — fährt Bernard fort — „nun ist es Zeit,
daß du Deine Vollmacht und Dein Ansehen geltend
machest, Deinen Eifer bewährest, Dein Amt verwaltest;
daran wird man erkennen, daß Du Petri Stelle, dessen
Sitz Du einnimmst, vertrittst, wenn durch Deine Worte
und Deine Mahnung die Gemüther, die schwankend sind,
im Glauben bestärkt und aufgerichtet werden; durch Deinen Machtspruch und Dein Ansehen die Feinde des
Glaubens vernichtend." In seinem 131. Briefe in der

Sache Abälards schreibt Bernard: „Die Machtvollkommenheit, "plenitudo potestatis," über alle Kirchen der Welt ist durch besondere Prärogative dem apostolischen Stuhle gegeben." "Plenitudo potestatis super universas orbis ecclesias, singulari praerogativa, apostolicae sedi donata est."

Am feierlichsten aber spricht sich Bernard über die päpstliche Machtfülle, die des obersten Richteramtes im Glauben einschließend, in eben jenem Briefe aus, wo er dem Papst, seinem ehemaligen Ordensjünger, als dessen Vater, mit wahrhaft väterlicher Unbefangenheit schreibt. Er sagt: „Untersuchen wir also wer Du bist, u) wessen Person Du in der Kirche Gottes vorstellest. Wer bist Du? Der Hohe-Priester und höchste Bischof. — Du bist der Fürst der Bischöfe, der Erbe der Apostel. — Dem Primat nach bist tu Abel, — der Leitung nach Noe, — dem Patriarchat nach Abraham, — der Ordnung nach Melchisedech, — der Würde nach Aaron, — der Autorität nach Moses, — der Gewalt nach Petrus, — der Salbung nach Christus. — Du bist es, dem die Schlüssel des Himmels gegeben sind. Es sind zwar auch die Anderen Pförtner und Hirten der Heerden, doch Du um so glorreicher, je verschiedener der Name ist, den Du vor den Andern empfangen. — Auch sie haben zwar als Einzelne ihre einzelnen, ihnen bestimmten Heerden. Dir sind alle vertraut, dem Einen — die Eine. "Tibi universi crediti — uni — una." Denn nicht allein der Schafe, sondern auch der Hirten bist Du der Eine, der Hirt Aller. Denn welchem, ich sage nicht Bischofe, sondern Apostel,

---
(u L. 2. c. 8. considerat.

ſind ſo unbedingt alle Schafe vertraut? "Cui enim, non
dico episcoporum, sed etiam apostolorum sic absolute
totae commissae sunt oves." v) Welche? vielleicht
dieſes oder jenes Volkes, dieſer Stadt oder dieſes Landes?
M e i n e  S ch a f e, "oves meas," heißt es. — Wem iſt
da nicht offenbar, daß Er nicht einige, ſondern a l l e
bezeichnet habe? Jacobus, der eine Säule der Kirche
ſchien, begnügte ſich mit dem einen Jeruſalem, da er
Petro das Allgemeine überläßt. Wenn ſomit der Bruder des Herrn weicht, wer Anderer wird ſich dann in die
Prärogative Petri eindrängen wollen? "Cedente domini fratre, quis se alter ingerat Petri praerogativae?"
Andere ſind in einen Theil der Sorge gerufen, Du in
die Fülle der Macht. Der Andern Gewalt iſt auf ge-
wiſſe Gränzen beſchränkt; die Deine erſtreckt ſich ſelbſt
auf jene, die Gewalt über Andere erhalten haben. — S o
ſ t e h t  d e n n  d e i n  P r i v i l e g i u m  u n e r ſ c h ü t -
t e r t ,  ſ o w o h l  w a s  d i e  g e g e b e n e n  S c h l ü ſ -
ſ e l ,  a l s  d i e  a n v e r t r a u t e n  S c h a f e  b e -
t r i f f t." "Stat ergo inconcussum privilegium tuum
tibi, tum in datis clavibus, quam in ovibus commen-
datis."—

Wir ziehen nun aus den von H e r m a s bis B e r -
n a r d angeführten Beweißſtellen den Schluß und ſagen:
Wer immer ohne Vorurtheil dieſe geſchloſſene Reihe der
Zeugniſſe aller Jahrhunderte der Chriſtenheit bis auf
Bernard lieſt. prüft und beherziget, der kann unmöglich
an dem Glauben der Väter und der ganzen zerſtreuten
Kirche überhaupt an die Glaubensprärogative Petri in

(v Ioan. 21. 27.

feinen Nachfolgern zweifeln. Er wird und muß, wenn er
ein wahrheitsliebendes Herz hat, eingestehen, daß Lanfranc ganz recht gehabt, wenn er diese Anerkennung der
apostolischen Lehrprärogative Petri und seiner Nachfolger
das Gewissen der Christenheit nannte. Damit jedoch das,
was hier einzelne Träger der Tradition so feierlich bekennen, aus dem Munde von Hunderten und Tausenden
der versammelten Kirche zu gleicher Zeit und zwar bei den
wichtigsten Epochen der kirchlichen Angelegenheiten, in
Dingen des Glaubens, feierlicher noch, und darum um so
nachdrücklicher vernommen werde, so hören wir nun auch
die Zeugnisse der in den allgemeinen Concilien versammelten Kirche des Orients und Occidents an, und
zwar Aller.

## V.
# Zeugniß
### aller allgemeinen Concilien
#### des Morgen- und Abendlandes
#### für die apostolische Vollmacht des Papstes in Glaubens-Entscheidungen.

---

Wir sagten, das Interesse, die Zeugnisse der Väter dieser Concilien zu hören, müsse für uns noch unermeßlich wichtiger und größer sein, als die bereits gehörten; denn hier auf den allgemeinen Concilien, auch abgesehen von dem göttlichen Ansehen der allgemeinen Kirchenversammlungen, mußte es sich kund geben, was der Glaube der Kirche sei. Es lag im Interesse der Bischöfe, ihre Macht geltend zu machen, und keine Anmaßung Einzelner zu dulden; und in Einem Körper versammelt, durch alle weltliche Macht der Kaiser beschirmt, waren sie auch mächtig genug, jeder Anmaßung zu entgegnen, und ihr Recht geltend zu machen: und doch erhellet die Ausübung und Anerkennung der oberstrichterlichen Vollmacht der römischen Päpste in Glaubensentscheidungen nirgends klarer, wurde nirgends feierlicher anerkannt, als eben in diesen allgemeinen Kirchenversammlungen. Wir werden sehen, wie die Päpste jedesmal entweder vor oder in dem Concil, von demselben **unabhängig das Endurtheil in Streitfragen des Glaubens fällten.** Wir werden sehen, wie gerade die Päpste es waren, die Kirchenversammlungen zusammenberiefen, und zwar zunächst aus dem Grunde, um ihr bereits gegebenes oder zu erlassendes Urtheil kräftiger, schneller, umfassender in aller Welt zu verbreiten, wozu Concilien in ersterer Zeit bei so gefährdetem und viel verhindertem Verkehr der Menschen, gewiß das tauglichste Mittel waren, kräftigst den Umtrieben der Widersacher zu begegnen; wie Sie es waren, von deren Bestätigung alle Kraft derselben abhing, so zwar, daß ohne diese Bestätigung, die Verhandlungen auf den zahlreichsten Concilien ohne Kraft blieben, — daß endlich diese Vollmacht Petri von Niemand so feierlich und unumwunden anerkannt ward, als eben von der griechischen Kirche und ihren Concilien, in deren Interessen und Charakter es gewiß nie lag, der römischen Kirche zu hofiren. — Daß wir übrigens der bischöflichen untergeordneten Richtergewalt im Concil keineswegs zu nahe treten, wird später bei der Widerlegung der Einwürfe erhellen, wohin wir den Leser höflichst verweisen.

Hören wir also in gedrängter Kürze darüber das Entscheidendste, Wichtigste; es wird uns die Mühe gewiß nicht gereuen. Ja, gleichwie die Sonne sich am Himmel in stets vollerem Glanze und unbezweifelbarer Kraft erhebt, so sehen wir die Vollmacht des Papstes in den allgemeinen Concilien mit dem Aufgange der heiligen Kirche selbst in der Welt sich erheben, und mit derselben gleichmäßig an Kraftäußerung wachsen, wenngleich die Macht an sich, wie die Sonne an sich, stets ein und dieselbe ist, beim Aufgange so gut wie am hellen Mittag.

## Das apostolische Concilium
### von
### Jerusalem.

Wenngleich die Versammlung einiger Apostel mit den Priestern und Angesehendsten der Kirche von Jerusalem unter dem Vorsitze des hl. Petrus strenge genommen, kein eigentliches General-Concilium genannt werden kann, so verdient dieselbe doch unsere Aufmerksamkeit in hohem Grade, weil dieselbe gleichsam allen späteren Kirchen-Versammlungen zum Vorbilde diente, und bei Abhaltung derselben das Vorrecht Petri und seine Beziehung zur Kirche so auffallend klar und bestimmt hervortritt. —

Die Veranlassung zu dieser Versammlung und ihrem Ausspruch, gab bekanntlicher Weise der Streit, den judaisirende Christen, besonders in Kleinasien, erhuben, indem sie die aus dem Heidenthum Bekehrten zur Beschneidung und zur theilweisen Haltung des mosaischen Ceremonial-Gesetzes verpflichten wollten.

Petrus, Paulus, Johannes und Barnabas versammelten sich, die schwebenden Fragen mit den Aeltesten der

Kirche in Jerusalem zu erwägen, und eine lebhafte Discussion begann. Diese Redefreiheit zur Erörterung einer zu entscheidenden Frage fand auch im Laufe der Jahrhunderte bei jedem Concilium, ja bei jeder Diöcesan-Synode statt.

Da erhob sich endlich Petrus und sprach sein Urtheil, und die Apostelgeschichte bezeugt die herrliche Wirkung dieses Ausspruches indem sie sagt: „Die ganze Menge beruhigte sich im Frieden." Der Streit war entschieden. Jakobus beleuchtete noch mit einigen Bemerkungen die Billigkeit des Ausspruches Petri, und spricht sein Gutachten aus über einige wünschenswerthe Disciplinar-Vorschriften. Dieselben werden angenommen und der Erfolg der Entscheidung allen Kirchen mitgetheilt. — *)

Wir werden sehen, wie treu sich dieses Vorbild bei allen folgenden allgemeinen Concilien je nach Verhältniß der Umstände, abgespiegelt.

# I.
## Allgemeines Concilium
### von
### Nicäa.

Was das erste allgemeine Concil von Nicäa betrifft, so war es **Sylvester**, der aus Veranlassung der Umtriebe des **A r i u s** dasselbe durch **C o n st a n t i n** zusammenberief.

---

*) Apostelg. 15. Hauptst.

So berichten Sozomenus, w) und eben so das Concil von Chalcedo, x) und das sechste, allgemeine Concil. y) Unverkennbar leuchtet bei der Feier dieses Concils und aus dessen Bekenntnissen die oberste, richterliche Machtfülle des apostolischen Stuhles hervor. Bei den Verhandlungen selbst, nennt Athanasius den päpstlichen Legaten Osius, den Führer des Concils. Merkwürdig ist es dabei, daß der Papst nicht irgend einen Bischof Italiens, sondern Osius, den Bischof von Corduba, und mit ihm zwei römische Priester gesandt, die doch als Abgesandte des Papstes vor allen Patriarchen des Concils saßen. Dieselben verdammten Arius im Namen des Papstes noch vor der Synode, welchem Urtheile die Väter des Concils dann beipflichteten, und nach, von Osius ausgesprochenem Symbol des Glaubens, verschiedene Disciplinar-Anordnungen verfaßten, die sie mit allen Anordnungen des Concils an Sylvester zur Bekräftigung übersandten, ohne welche Bekräftigung Alles noch als kraftlos galt, was angeordnet ward, wenngleich es Hunderte von Bischöfen gewesen, die es verordnet. "Et acta illa irrita essent, quae praeter sententiam Episcopi Romani efficerentur; et auctoritas omnis abrogaretur iis, quae praeter Romani antistitis sententiam peracta essent." Also Sozomenus und Nicephorus. Von dieser Uebersendung zur Confirmation des Conciliums schreibt Felix III. an die Cleriker und Mönche: „Die dreihundert und achtzehn, zu Nicäa ver-

---

w) Lib. 1. C. 16.
x) Actione prima Conc. tom. I. pag. 96.
y) Act. XVIII.

sammelten heil. Väter," "sequentes vocem Domini dicentia, tu es Petrus," „folgend der Stimme des Herrn, die zu Petrus sprach: „Du bist Petrus," haben die Bestätigung aller Verhandlungen an die heil. römische Kirche gesendet." Gelasius aber, sein Nachfolger, in seinem Briefe an die Bischöfe von Dardanien z), bezeugt diese notorische Thatsache noch kräftiger dadurch, daß er sagt: „Er glaube, daß wohl kein Christ sei, der nicht wisse," "se considere nullum Christianum ignorare," „daß der apostolische Stuhl mit seiner Vollmacht und Gewalt eine jede Synode bestätige. Darum, gleichwie was der apostolische Stuhl nicht gut hieß, nicht bestehen konnte, so nahm, was dieser bestätigte, die ganze Kirche an ... So ist denn Alles in die Macht des apostolischen Stuhles gelegt, so daß, was im Concil der apostolische Stuhl bestätigte, das erhielt Festigkeit; was er zurückwies, das konnte keine Kraft erhalten." "Sicut quod Romana sedes non probaverat, stare non potuit, — sic quod illa consuit judicare, tota Ecclesia suscepit ... Totum in sedis apostolicae positum est potestate. *Hoc quod firmavit in Synodo sedes apostolica, hoc robur obtinuit; quod refutavit, habere non potuit firmitatem.*"

So sprachen Päpste, zur Zeit, wo das, was zu Nicäa geschah, noch im frischesten Andenken war.

Uebrigens bezeugen die Väter, dieses zu Nicäa und darauf zu Sardik versammelten ersten allgemeinen Concils, diese ihre Anerkennung der höchsten Machtfülle des

---

a) Ep. 13.

apostolischen Stuhles in kirchlichen Entscheidungen am Allerkräftigsten durch die Canones selbst, die sie verfaßt. Sei es auch, daß manche derselben nicht gerade von diesen zweiConcilien selbst erlassen wurden, so gelangten dieselben doch unter dem Namen der Canones des Concil von Nicäa an uns, weil bereits nach einhelliger Meinung der Historiker zu Zeiten derselben bekannt und in voller Wirksamkeit. Einer der denkwürdigsten derer ist der 39. In diesem Canon heißt es: "Ille, qui tenet sedem Romanam, caput est omnium Patriarcharum, *sicut Petrus*, ut qui sit *Vicarius Christi super cunctam Ecclesiam christianam*." Das Concilium erkennt also im Papste, **Petrus selbst**, mithin auch dessen **apostolische Vollmacht in jeder Hinsicht**. — Mit vollem Rechte konnte demnach Papst **Bonifacius I.** nicht lange darnach, in seinem Briefe an die Bischöfe Thessaliens, über die Machtfülle des apostolischen Stuhles also schreiben: „Die Gründung der allgemeinen, aufblühenden Kirche nahm ihren Ursprung von der Würde Petri, welche die Leitung derselben und deren Machtfülle in sich schließt," " in quo *regimen* ejus et *Summa* consistit." — Von seiner Kirchenverwaltung fließt wie aus einer Quelle, die aller Uebrigen. „Dieß beweisen," fährt **Bonifacius** fort, „die Anordnungen der Synode von Nicäa selbst; — weil Diese nicht wagte Demselben etwas zuzutheilen, indem Sie sah, daß Demselben nichts über dessen Gebühr gegeben werden konnte, da Sie wußte, **daß Ihm bereits Alles durch das Wort des Herrn selbst gegeben war**." "Adeo ut non aliquid *ausa sit* super eum constituere, cum videret nihil supra meri-

tum suum posse conferri: *Omnia denique huic nove-*
*rat Domini sermone concessa.*" — Kann man wohl ein
bestimmteres und feierlicheres Zeugniß von der, durch das
Concil von Nicäa anerkannten, apostolischen Machtfülle
des römischen Stuhles, verlangen?!

## II.
## Allgemeines Concilium
### von
### Konstantinopel I.

Nur das Ansehen des Papstes **Damasus**, wie der
scharfsinnige **Gerbert** bemerkt, und das der nachfolgenden Päpste allein, hatte diese Provinzial-Synode zum
Ansehen und bindenden Kraft eines allgemeinen Conciliums erhoben. **Damasus** bediente sich dieses ur-
sprünglich nur gelegentlich gehaltenen Provinzial-
Conciliums, zur kräftigeren Verbreitung seiner Glaubens-Entscheidungen gegen **Sabellius, Mace-
donius, Eunomius und Apollinaris.**

**Bossuet** selbst führt den Beweis dafür aus **Sozomenus** an, der von jenen Streitfragen berichtet,
und nachdem er das Sendschreiben des Papstes an die
Orientalen angeführt, in welchem **Damasus** unter
Bannfluch vorschreibt, was in Betreff jener Streitpunkte
zu glauben sei, beifügt: „Da somit der Streit durch das
Urtheil der römischen Kirche entschieden war, so schien

Alles beruhigt, und die Sache beendigt." "Quo facto, utpote *judicio Romanae Ecclesiae controversia terminata* — quievere, et finem quaestio accepisse visa est." Da dieß jedoch bei den Häretikern nicht der Fall war, so wollte Damasus die Umtriebe derselben durch die Mitwirkung der Synode unterdrücken. Baronius beruft sich dabei auf sehr alte Codices der Bibliothek des Vatikan, die von diesem Willen D a m a s i Betreff des Concils Zeugniß geben. a) „D a m a s u s," heißt es daselbst, „befahl das Verdammungsurtheil des M a c e d o n i u s und E u n o m i u s auch in der zweiten heiligen Synode zu bekräftigen." Uebrigens waren es die Bischöfe des Orients selbst, welche D a m a s u s anriefen, ihnen auf solche Weise durch sein apostolisches, oberstes Richteramt, als letzte und höchste Zuflucht in Glaubenssachen beizustehen. Beweis dessen, sind die oben angeführten Briefe des heil. B a s i l i u s , Primas von Capadocien, der im Namen der Orientalen, also an den Papst schreibt: „Vergeblich warten wir auf Hülfe, wenn uns nicht durch Euch der Herr Heilung sendet." "Non est quod aliunde opem expectemus, nisi per Vos, Dominus curationem miserit." „Diese Sorge verlangen wir von Euch, und Ihr werdet sie ausüben, w e n n I h r a l l e n K i r c h e n d e s O r i e n t s z u s c h r e i b e n d i e G n a d e h a b e t , u n d v e r o r d n e t , d a ß e s d u r c h a l l e K i r c h e n d e s O r i e n t s v e r ö f f e n t l i c h t u n d b e k a n n t g e m a c h t w e r d e." "Horum curam a Vobis exquirimus; eam adhibebitis, *si universis Orientis Eccle-*

---

a) Baron. ad a. 381. Nro. 19.

*siis scribere dignemini. — Omnibus Orientis Ecclesiis publicari et manifestari petimus.*" — So bezeugt B a s i l i u s, nicht nur seine Anerkennung der oberstrichterlichen Gewalt Roms in Glaubens-Entscheidungen durch definitive Rescripte, sondern auch die des ganzen Orients. Wie konnte er sonst von einer solchen Zuschrift des Papstes an die Orientalen eine so unbezweifelbare Wirkung sich versprechen? — B a s i l i u s hatte sich auch nicht betrogen. H i e r o n y m u s und G r e g o r von Nazianz, Männer derselben Zeit, gleichfalls nicht; und dergleichen päpstliche Zuschriften auch ohne Concil, hatten und haben ihre entschiedene und entscheidende Wirkung zur Unterweisung und Stärkung im Glauben bis auf diese Stunde.

Die Väter des Concils sandten ein überaus demüthiges Synodalschreiben an den Papst, und baten überdieß um Bestätigung ihrer Canones. Der Papst schrieb ihnen und lobte sie, daß sie ihre s c h u l d i g e Ehrfurcht gegen den apostolischen Stuhl an den Tag gelegt. "*Quod debitam sedi apostolicae reverentiam exhibet caritas vostra, vobis ipsis plurimum praestatis.*" Diese ihre Anerkennung der päpstlichen Autorität als oberstes Glaubens-Tribunal, erhellt in diesem Schreiben besonders noch daraus, daß sie den Papst eigens baten, noch einen gewissen T i m o t h e u s, einen Schüler des Apollinaris zu verdammen, was zu Rom ohnedieß schon geschehen war. D a m a s u s selbst in seinem Antwortsschreiben beruft sich darauf, indem er sagt: „Wir haben ja bereits ein Glaubensbekenntniß erlassen, dem Jeder beizupflichten hat, der sich als Christ bekennt. Warum verlangt ihr also, daß ich Timotheus noch einmal verurtheile?" "Jam enim semel formulam dedimus, ut, qui se *christianum* profiteatur, illud servet, — quid ergo Timothei damnationem denuo a me requiritis?" — Nur in so fern aber, sagte ich, als dieses Concil durch die Bestätigung des Papstes Kraft erhielt, hatte es auch Giltigkeit. Rom verwarf nämlich die übrigen Synodal-Anordnungen dieses Concils, wie es aus dem Briefe Gregors des Großen an die Patriarchen von Alexandrien und Antiochien, und an den Bischof Cyriakus von Konstantinopel erhellet, b) und sie blieben ohne bindende Kraft, bis Innocenz im XIII. Jahrhunderte erst unter gewissen Bedingungen dieselben bestätigte.

## III.
## Allgemeines Concilium
### von
### Ephesus.

Offenbarer und kräftiger noch in jeder Beziehung ist das Zeugniß des III. allgemeinen Conciliums. Nestorius hatte Irrthum gelehrt. Papst Cölestin, von seinen Umtrieben berichtet, verdammte dessen Lehre, und gab dem Nestorius nur zehn Tage Bedenkzeit zur unbedingten Widerrufung seiner Irrthümer. Im Wel-

---
b) Lib. VI. Ep. IV. et XXXI.

gerungsfalle war er seines bischöflichen Amtes verlustig erklärt, und Cyrill, Patriarch von Alexandrien zum Vollstrecker des päpstlichen Verdammungs-Urtheiles ernannt. a) "Aperte hanc nostram scias sententiam ut nisi ... intra decimum diem aperta et scripta confessione damnaveris, *ab universalis Ecclesiae catholicae communione te scias dejectum.*" Dieses Urtheil sandte Cölestin an Nestorius, notifizirte es den vornehmsten Bischöfen des Orients, und erließ an den Klerus und das Volk von Konstantinopel ein Rundschreiben, dem er das Urtheil Cölestin's beilegte. Wer ersieht daraus nicht, wie gewiß sich der Papst seines Rechtes in Glaubensentscheidungen fühlte, und wie anerkannt dieses Recht in der ganzen Kirche war? — Es galt ja die Lehre und Absetzung des Patriarchen der neuen Kaiserstadt, und noch hatte kein Concil gesprochen. Nestorius freilich in ketzerischer Verblendung ergab sich nicht. — Da ward das Concil von Ephesus auf Befehl, wie der Grieche Nicephorus d) selbst bezeugt, und durch die Autorität Cölestin's versammelt, jedoch keineswegs um das Entscheidungsrecht des Papstes im Geringsten zu verdunkeln, sondern vielmehr um selbes in das hellste Licht zu setzen.

„Wir befehlen euch," sagt Cölestin in seiner Instruction an seine Legaten, „die Autorität des apostolischen Stuhles unverletzt zu bewahren. — Darum, wenn es zur Untersuchung kommt, — müsset Ihr über Ihre Meinung

---

c) Hard. I. 1299.
d) Nicephorus XIV. 34.

richten, nicht aber Euch in einen Streit
einlassen." "Ad disceptationem si fuerit ventum, *Vos de eorum sententiis judicare debitis, non subire certamen.*" — Ja Er schreibt in seinem Briefe an die Väter des Concils selbst, „daß er seinen Legaten die Weisung gegeben habe, der Synode beizuwohnen, und das, was von Ihm bereits früher festgesetzt worden war, zu vollziehen." "Quae a nobis *antea* statuta sunt, exequantur," und er verbietet dem Concilium von seinen, durch dessen Legaten demselben zu übergebenden Vorschriften abzuweichen. — Hören wir, wie die Legaten Cölestin's im Angesichte aller Bischöfe des Orients, die sich zu diesem Concilium versammelten, ihr Glaubensbekenntniß aussprachen: „Kein Zweifel," sagen sie, „ja wohl allen Jahrhunderten ist es bekannt," "*nulli dubium, immo saeculis omnibus notum,*" daß der hl. Petrus, der Fürst und das Haupt der Apostel, die Säule der Wahrheit, und das vom Herrn gelegte Fundament der katholischen Kirche sei, und die Schlüssel des Himmels erhalten habe, der auch bis auf diese Zeit, und immerdar in seinen Nachfolgern lebt, und sein Gericht ausübet," "qui ad hoc usque tempus et *semper in suis successoribus vivit et judicium exercet.*" — „Der Nachfolger und Statthalter desselben, Cölestin sendet uns.... Verantwortet euch über das, was ihr bisher gethan." — Die Väter des Concils, weit entfernt diese Aeußerungen und Anforderungen auf irgend eine Weise zu beanständigen, pflichteten denselben alsogleich auf das Entschiedenste bei, und ließen dem

Kaiser selbst durch **Firmus**, Bischof von Cäsarea bedeuten, sie hätten die **Vorschrift Cölestin's** vollzogen; und in den Synodalacten erklären sie geradezu, sie seien zur Fällung des Urtheils durch die Briefe des Papstes gezwungen. Und weit entfernt sich darüber zu beklagen, erkennen sie in ihrem Synodalschreiben an den Kaiser Alles, was **Cölestin** gethan, als rechtmäßige, unabweichliche Richtschnur ihres Verfahrens an, indem sie dem Kaiser sagen: „**Cölestin hat vor unserm Urtheile bereits die ketzerischen Lehrsätze des Nestorius verdammt, und dieß durch wiederholte Briefe erklärt;** so ist denn Nestorius mit Recht verdammt, und sein Absetzungsurtheil mit Recht ergangen." Sie legitimiren also ihr Verfahren durch das Endurtheil des Papstes und nicht umgekehrt, wie dieß ausdrücklich **Theodot**, Bischof von Ancyra betheuert, da er im Concil in die Worte ausbrach: „**Daß das Urtheil der Synode gerecht sei, hat Gott der Herr durch die Briefe Cölestin's dargethan.**" "*Justam esse sanctae Synodi sententiam, demonstravit universorum Deus, per litteras Coelestini.*" In ihrem Synodalbericht an Cölestin, um Bestätigung des Concils, betheuern die Väter neuerdings, sie hätten genau dessen Vorschrift befolgt, erhebend die Glaubenskraft des apostolischen Stuhles, die ihnen Hülfe gebracht. „**Und dieß sei nichts Neues,** sagen sie, denn es ist Euch eigen, daß Ihr, weil auf solche Höhe erhoben, durch Eure Sorge die **Grundfesten aller übrigen Kirchen festiget.**" e)

e) Hard. 1. p. 1603.

— 155 —

Es überrascht demnach gar nicht, wenn Genadius selbst, Patriarch von Konstantinopel, nicht umhin konnte zu gestehen: „Papst Cölestin habe die Beschlüsse der Synode gegen Nestorius dictirt." — Und gestützt auf dieses herrliche Zeugniß des dritten Concils, konnte Papst Xistus, Nachfolger Cölestin's, an Johannes, Patriarchen von Antiochia, mit vollem Rechte schreiben: „Du hast durch den Ausgang dieser Verhandlungen nun selbst erfahren, was das heißt, mit Uns eines Sinnes sein. Der hl. Apostel Petrus theilt in seinen Nachfolgern das mit, was Er erhalten. Wer sollte es demnach wagen, sich von der Lehre desjenigen zu trennen, den Derjenige, der unter den Aposteln der Erste gewesen, selbst als Lehrer belehrte!" f) "Beatus Petrus in suis successoribus quod accepit, hoc tradidit. Quis ab *ejus se velit separare doctrina, quem ipse, inter apostolos primus magister, docuit.*"

Merkwürdig ist auch das Zeugniß, welches die russische Kirche in ihren liturgischen Büchern dem großen Papste mit religiöser Verehrung gibt: „Cölestin, der fest in Wort und That auf dem Wege, den ihm die Apostel vorgezeichnet, den Nestorius, Patriarchen von Konstantinopel entsetzte, nachdem er in seinem Briefe die Gotteslästerungen dieses Ketzers aufgedeckt hatte." g)

Noch herrlicher erstrahlte das Glaubensrecht Petri in Seinen Nachfolgern im Concil das folgt:

---

f) Conc. tom. A. p. 1251.
g) Maistre du Pape I. 91.

## IV.
## Allgemeines Concilium
### von
### Chalcedon.

Die Nachrichten von dem frevelhaften Benehmen, dessen sich Dioscorus in der Aftersynode von Ephesus schuldig gemacht; ferner die Umtriebe des arglistigen Eutyches, endlich die Bitten des Kaisers Marcian und der Kaiserin Pulcheria, bestimmten Leo den Großen, dieses Concil zu versammeln. Ueberaus merkwürdig sind die Worte des Kaisers, mit welchen er um selbes ansuchte, zum Beweise, wie durch das zu haltende Concil nichts Neues bestimmt, sondern nur das, was Leo zum Wohle des katholischen Glaubens vorhinein entscheiden würde, das sollte durch das Concil auf die zweckmäßigste Weise bekannt gemacht, und auf das Wirksamste in Ausführung gebracht werden. Das Urtheil des Papstes sehe er an, als hätte Petrus selbst gesprochen, "tamquam ab ipso beatissimo Petro cuperet declarari;" wie dieß Leo in seinem Schreiben an die Synode selbst anführt.

Auf gleiche Weise erklärt ihre Bitte, die in Dingen des Glaubens wohl unterrichtete Pulcheria. In diesem Wunsche bitten beide den Papst, den Bischöfen des Orients zu befehlen, daß sie sich versammelten. Leo that es, — Er sagte das Concil an, jedoch, wie es ausdrücklich im Creditivschreiben seiner Legaten heißt, ohne Beeinträchtigung des Rechtes Petri. "Petri apostoli sedis atque honore *jure servato*." Sechshundert und dreißig Bischöfe versammelten sich. Der päpstliche Legat Paschasinus, eröffnete die Synode mit der Erklärung: „Leo, das Haupt aller Kirchen, habe verordnet, daß Dioscorus nicht im Concil sitzen dürfe, weil er es gewagt, eine Synode ohne Autorisirung des apostolischen Stuhles zu halten, was sonst nie geschehen war, noch je geschehen dürfe." Welch ein Bekenntniß vor 630 Bischöfen des Orients! — und Alle stimmten ein, und Dioscorus mußte hinaus.

Bei der Verhandlung selbst wollte Leo, daß die Väter Sein Sendschreiben in Betreff des Eutyches, genau zur Richtschnur nähmen, und ihre Augen, bei Fällung des Urtheils, auf selbes heften sollten, mit dem Verbot, davon auf irgend eine Weise abzuweichen. — Und wie getreu und wie merkwürdig fügten sich die Väter des Concils der Vorschrift des Papstes! Es kam zur Berathung, und man las ein Glaubensbekenntniß der Väter, welches genügen sollte, Eutyches des Irrthums zu überführen. — Dieses Glaubensbekenntniß war wohl übrigens ohne Fehl, jedoch nicht genau in jenen Ausdrücken, und jenem Umfange gegeben, als Leo vorschrieb. „Diese Glaubens-Erklärung," rief man, „gefällt Allen; das ist der Glaube der Väter; wer anders glaubt, sei in dem Bann." Bereits hatte die größte Zahl der Bischöfe mit Ungestüm also gerufen, und darauf gedrungen, daß sie gegen Eutyches festgesetzt würde.

Doch die Legaten wollten nicht, und verlangten ihr Schreiben, um zu Leo zurückzukehren. Nicht nur nach dem Sinne, sondern mit den Worten Leo's sollte die Glaubensformel abgefaßt sein; und siehe, die Väter des Conciliums entsagten der von ihnen abgefaßten Glaubenserklärung, und riefen: „Wie Leo, so glauben wir; verflucht sei, wer nicht also glaubt; Petrus hat durch Leo geredet." "*Ut Leo credimus; anathema ei, qui non ita credit. Petrus per Leonem locutus est.*" Und wieder: „Eine andere Auslegung macht Niemand; anders zu erklären versuchen wir nicht, und wagen es nicht." „Es ist Uns," rief Cecropius, Bischof von Sebastopol aus, „die Form vom heiligsten Bischof Rom's gegeben; wir folgen ihr, und haben alle den Brief unterschrieben;" — und alle die ehrwürdigsten Bischöfe riefen: „So bekennen wir Alle. Es genügt, was da erklärt ist; eine andere Auslegung kann nicht geschehen!" — Wir lesen auch in den Beschlüssen dieses allgemeinen Concils folgende Worte:

„Wir haben an Petrus einen Felsen der Zuflucht, und **Ihm allein steht es an Gottes Statt durch freie Vollmacht, das Recht zu entscheiden**, vermöge der Ihm von Gott gegebenen Schlüssel; und Alles, was von Ihm definirt ist, muß als vom Stellvertreter des apostolischen Stuhles ausgehend, gehalten werden." "*Habemus Petrum petram refugii, et ipsi soli, libera potestate, loco Dei sit jus discernendi, secundum claves a Deo sibi datas, et omnia ab eo definita teneantur tamquam a Vicario apostolici throni.*" Und einstimmig riefen die Väter bei der Verdammung des

Dioscorus aus: „Der heiligste Erzbischof des großen Roms, zugleich mit dem dreimal seligsten Petrus, welcher der Fels und Damm der katholischen Kirche ist, und Jener, welcher die Grundfeste des rechten Glaubens ist, hat ihn der bischöflichen Würde entsetzt." *"Ille, qui est rectae fidei fundamentum, nudavit eum Episcopatus dignitate."*

Dieselben Väter nennen in ihrem Synodalschreiben den Papst den von Gott eingesetzten Herold der Stimme Petri; sie gestehen, „daß er für sie bei Haltung der Synode das gewesen, was das Haupt den Gliedern, und bezeugen ihre Freude, daß Gott an dem Papst einen so großen Vorsteher dem apostolischen Stuhle gegeben habe, aus welchem, wie aus einer Quelle, der Ursprung unserer Religion hervorfließt." Dieses allgemeine Concilium anerkennt somit, daß Petrus in seinen Nachfolgern erkläre und rede, und daß somit ihre Unterwerfung nicht die persönlichen Vorzüge des Papstes im Auge habe, sondern Seine Würde. Daher auch in der vierten Versammlung der Väter einstimmig ausgesprochen ward: „Wer nicht mit dem Briefe des heiligsten Bischofs Leo übereinstimmt, ist ein Ketzer." *"Qui non consentit epistolae SS. episcopi Leonis, haereticus est."* i) In der Liturgie der russischen Kirche liest man von diesem Papst am 18. Hornung: „Welchen Namen werd' ich Dir heute geben? Ich nenne Dich den vorzüglichsten Herold, und die feste Stütze der Wahrheit — den Erben des unüberwindlichen Felsens!" k)

---
i) Act. 4.
k) Maistre l. c.

## V.
## Allgemeines Concilium
### von
### Konstantinopel II.

Wir sehen, bei Gelegenheit dieses Conciliums, das päpstliche Ansehen in Dingen des Glaubens, und sein oberstes Richteramt über Kaiser und Concilium auf das Glorreichste behauptet. Vigilius nämlich von Justinian aus Italien nach Konstantinopel eingeladen, oder vielmehr gelockt, verwarf gleich nach seiner Ankunft in der Kaiserstadt Alles, was der Kaiser bisher durch sein Edikt angeordnet hatte. Dafür machte Justinian ihn zu seinem Staatsgefangenen. Doch umsonst; er brach die Kraft des Felsens nicht, sondern in voller Versammlung der höchsten Würdeträger des Reiches sagte ihm Papst Vigilius in's Gesicht: „Wisse, daß, wenn du den Vigilius gefangen hältst, du doch den hl. Petrus (er meinte seine Glaubensunerschütterlichkeit) nicht in Fesseln hältst, und daß mich Menschenfurcht nie dahin bringen wird, den Pflichten des Papstes untreu zu werden." So war es auch. Es kam zu Gewaltthätigkeiten, und Vigilius mit Hülfe des Volkes flüchtete nach Chalcedon in die Kirche der hl. Euphemia. Von diesem Asyl aus verkündete er durch eine öffentliche Urkunde "Ad universam Ecclesiam" „an die allgemeine Kirche" das Geschehene. Er erließ päpstliche Entscheidungen über die Streitfragen jener Zeit; setzte jeder Entscheidung das Anathem bei gegen Jeden, der anders lehren sollte, und obwohl wehrlos und gefangen, doch im Gefühle seiner Ihm von Gott gegebenen unantastbaren, apostolischen Vollmacht, fügt Er bei, daß, nach diesem seinem durch Autorität des apostolischen Stuhles ergangenen Urtheile, „Alles null und nichtig sei," was immer dagegen von Personen, weß Ranges und Standes, gesagt werden könne. Es ward auch dagegen Nichts von Seite, des auf Anhalten des Kaisers endlich zusammenberufenen Concils, unternommen. Im Gegentheile trotzdem, daß beinahe blos Griechen, und das unter dem so mächtigen Einflusse des feindlich gesinnten Kaisers sich versammelten, trat das oberste Ansehen des Papstes durch das Benehmen der Synode und des Papstes selbst nur noch auffallender hervor. Der Kaiser und die Väter des Concilium baten Vigil, dem Concilium zu präsidiren. Der Papst zog es vor, in seiner Einsamkeit zu bleiben, um dadurch vor aller Welt noch deutlicher zu beweisen, daß Er sein oberstes Richteramt in kirchlicher Sphäre weder dem Kaiser noch der Synode verdanke; denn obwohl in dieser Synode bei der Frage der drei Kapitel nicht vom Glauben, sondern von Personen gehandelt wurde, so hat nichtsdestoweniger 1) die Synode selbst, damit nicht ihre Beschlüsse ungültig hießen, zu zeigen gesucht, daß Alles nach dem Ausspruche des Vigilius beschlossen wurde. Auch erklärt sie, um den Mund ihrer Gegner zu stopfen, in der ersten Unterredung durch den Brief des Patriarchen an Vigi-

---

1) Siehe Gregor der Große l. 3. Ep. 37.

Ilus, daß sie die Sendschreiben des Papstes in Dingen des Glaubens wie die vier Evangelien annehme. "Professa est, Romani Pontificis quoad fidem epistolas, aeque ac *quatuor Evangelia* suscipere." Ueberdies hatten der Patriarch Menas und andere, nachdem das Edikt Justinians gegen die drei Kapitel herausgegeben worden war, zu unterschreiben sich geweigert, und feierlich erklärt, daß ihre Unterschrift zurückgestellt werden müsse, wenn der römische Papst sich in einer andern Weise äußern sollte. m) Vigilius selbst, Sein oberstes Recht gegen jeden Fall einer Anmaßung von Seite der Synode sicherstellend, erklärte Alles für ungültig, was das Concil gegen seine Constitution vielleicht entschieden haben mochte. Dieß machte dann auf längere Zeit das Ansehen des Concils selbst schwankend, und viele rechtgläubige Bischöfe in Afrika, Jllyrien, Jrland ꝛc. hatten es nicht angenommen, weil sie glaubten, demselben die ersterlassene Constitution des Vigilius vorziehen zu müssen, wie aus dem 36sten Brief des hl. Gregor erhellt. Das Concil ward als ein ungesetzmäßiges, von ihnen völlig übergangen, bis die Genehmigung und Confirmation der Päpste allgemeiner kund ward, worüber gleichfalls der heil. Gregor umständlich berichtet. n)

Dasselbe bezeugt auch der Brief Leo des II., welcher sogar in den Verhandlungen der sechsten allgemeinen Synode den Griechen gelesen ward. o)

m) Facundus. l. 2.
n) 1. B. 24. Br. 2. B. 36. Br. 3. B. 4. Br. und 7. B. 54. Br.
o) Sieh Evagrius lib. 4. cap. 37. Nicephorus lib. 17. c. 27. 28. und bei Eutychius in panopl. p. 2. lit. 27.

Gewiß ein überaus glänzender Sieg der Wahrheit und der apostolischen Machtfülle ist dieses **Feststehen des Felsen Petri in Vigilius**, und seinen Glaubensentscheidungen, besonders wenn man bedenkt, wer Justinian in seinen Anforderungen, und wer Vigilius vorhem als Günstling Justinians war, und wie das blos griechische Concil unter den vollen Schutz des Kaisers gestellt, gegen den Papst sich benahm. Es stellt die Wahrheit unserer Thesis in volles Licht.

---

## VI.
## Allgemeines Concilium
### von
### Konstantinopel III.

Papst **Agatho** war es, der auf Anhalten des Kaisers **Konstantin des Bärtigen** dasselbe zusammenberief. Agatho sandte seine Legaten mit dogmatischen Briefen an die Synode, mit dem Verbote: „**Irgend etwas zu ändern, sondern die Ueberlieferung des apostolischen Stuhles, so wie sie von den Päpsten gehalten ward, einfach nach dem von Ihm nun bezeichneten Umfange auszusprechen.**" "*Nihil profecto praesumat, augere, minuere, vel mutare, sed traditionem hujus sedis apostolicae, ut a praedecessoribus apostolicis Pontifici-*

*bus instituta est, sinceriter enarrare.*" Diese apostolische Kirche, sagt Agatho in seinem Schreiben an den Kaiser, ist niemals vom Wege der Wahrheit in was immer für einen Weg des Irrthums abgewichen. "*Haec apostolica Ecclesia nunquam a via veritatis in qualibet erroris parte deflexa est,*" dem Ausspruche derselben, als des Fürsten der Apostel, pflichtete immer die ganze Kirche mit all ihren Concilien bei. „**Dies ist die wahre Glaubensregel,**" "*Haec est verae fidei regula,*" an welche die geistige Mutter, die katholische Kirche Christi in günstigen sowohl als widrigen Umständen sich gleich kräftig hält. Und mit Hinweisung auf die Worte des Herrn, Lucas XXII. 31. 32., „**Simon Petrus, ich habe für dich gebetet, damit dein Glaube nicht wanke, und du einst stärke deine Brüder**" — fährt Agatho fort: „Euere kaiserliche Güte bedenke, daß es der Herr ist, dem wir glauben, und der von dem Glauben Petrus verheißen, daß er nicht abnehmen werde, und denselben ermahnt hat, seine Brüder zu stärken, was auch, wie wir alle wohl wissen, die apostolischen Päpste, stets getreulich gethan ꝛc. Diese **apostolische Richtschnur des orthodoxen Glaubens**, die da gegründet ist auf den festen Fels dieser Kirche des Apostelfürsten Petrus, durch dessen Huth sie stets von allem Irrthum frei bleibt, soll demnach die Gesammtzahl der Bischöfe und Priester mit dem ganzen Klerus, und den Völkern einstimmig, um dem Gott der Wahrheit zu gefallen, mit uns nach der Formel der apostolischen Tradition bekennen und verkünden."

In dem Briefe an das Concilium schrieb Agatho:
„Er habe seine Legaten an sie gesendet, damit sie ihnen seine Unterweisung, in welcher er ihnen das Bekenntniß seines apostolischen Glaubens ausgesprochen, vortragen, in Betreff dessen es ihnen also nicht gestattet ist, als von etwas noch Ungewissem zu streiten, sondern vielmehr obliege, dasselbe als gewiß und unveränderlich zu bekennen, und einfach dahin zu trachten und zu befehlen, daß eben dasselbe von Allen allenthalben gepredigt und gehalten werde." "Non tamen tamquam de incertis contendere, sed *ut certa et immutabilia, compendiosa definitione proferre*, — simpliciter observantes, ut haec eadem ab omnibus praedicari atque apud omnes obtineri jubeatis." —

Es kommen auch noch viele andere Stellen in diesem Sendschreiben vor, aus denen ersichtlich ist, daß der Papst, als **Lehrer des Glaubens** dem Concil gegenüber gestanden, und demselben die **Richtschnur** und **Weisung** seiner Aussprüche gegeben. Und die Väter des Concils, weit entfernt darin eine Anmaßung zu erblicken, feierten im Gegentheil mit noch weit stärkeren Ausdrücken die Machtfülle des apostolischen Stuhles und seiner Glaubensentscheidungen, als der Papst selbst es gethan. So als der Brief Agatho's ihnen gelesen ward, riefen sie alle dem Kaiser entgegen: „Der oberste Fürst der Apostel stritt mit uns, denn seinen Nachahmer und Nachfolger auf dessen Stuhle haben wir zum Beschützer gehabt. Es schien Papier und Tinte, und durch Agatho hat Petrus gesprochen." "Charta et atramentum videbatur, et per Agathonem Petrus loquebatur." Demetrius aber, Bischof von Prusias, rief aus: „Die von unserem heiligsten Vater Agatho, Erzbischof des apostolischen und Hauptsitzes des alten Roms, an uns gerichteten Unterweisungen, nehme ich an und umfasse ich, als vom heil. Geiste durch den Mund des heiligen und seligsten Apostelfürsten Petrus diktirt, und durch den Finger des oben genannten seligsten Papstes Agatho geschrieben." "Tamquam ex Spiritu Sancto dictatas per os beatissimi Petri Principis apostolorum ex digito beatissimi Papae Agathonis." Ja, das ganze Concil nennt denselben Brief, in der Rede an den Kaiser, von Gott geschrieben. Und in ihrem Briefe an Agatho schreibt die Synode also: „Daher überlassen wir Dir, als dem Vorsteher des ersten Stuhles der allgemeinen Kirche, was zu thun sei, der Du auf dem festen Felsen des Glaubens stehst." "Itaque tibi — quid gerendum sit relinquimus — *stanti supra firmam fidei petram*."—Sie erklären sein dogmatisches Schreiben, weil von der höchsten apostolischen Autorität ausgehend, durch göttliche Eingebung geschrieben: "Divinitus praescriptas agnovimus."

Auch der Kaiser, um die Verbreitung der Entscheidungen des Concils zu befördern, theilte dieselben seinen Reichsunterthanen durch ein Edikt mit, in welchem er als höchste Norm der Glaubensgewißheit nicht das Ansehen des Concils, sondern des apostolischen Stuhles bezeichnet, indem er von allen den Glaubensentscheidungen schließlich sagt: „So bewahret es unverfälscht der Fels des Glaubens und das Haupt der Apostel; zu diesem Bekenntnisse ermahnen wir also euch Alle." Und an

Agatho schreibt er: „Er und Alle hätten sein dogmatisches Schreiben wie Petrus in Person mit offenen Armen umfangen, als er bekannte: „Du bist Christus, der Sohn des lebendigen Gottes." Dasselbe Concil nennt Papst Damasus "fidei adamas," den „Glaubensdiamant."

---

## VII.

## Allgemeines Concilium

von

### Nicäa II.

Dieses zahlreiche, allgemeine Concil ward vom Papst Hadrian I. gegen die Bilderstürmer zusammenberufen und zu Nicäa gehalten, für welches der Papst, in seinen beiden Schreiben an den Kaiser und die Kaiserin, so wie an den Patriarchen Tharasius, die Glaubensentscheidung gab, die den daselbst versammelten Vätern als unüberschreitbare Norm ihrer Aussprüche gelten sollte, wie es laut der bisher angeführten Zeugnisse und Thatsachen der Zeitgeschichte, die Päpste seine Vorfahren vor Ihm, für die vorhergegangenen Concilien gethan. In dem einen, wie in dem andern Schreiben, die beide in der zweiten Sitzung des Concils den Vätern gelesen, und mit einhelligem Zurufe des Beifalls vernommen wurden, — erklärt Hadrian als höchste Glaubensnorm, die Tradition der römischen Kirche in den Aussprüchen der römischen Päpste, und bestimmt darauf den Glaubenssatz der Bilderverehrung auf das Entschiedenste. Er erklärt die Anerkennung dieser Entscheidung als absolute Bedingniß der Rechtgläubigkeit und kirchlichen Gemeinschaft. Als Grund davon führt er in dem einen, wie in dem andern, die Zeugnisse der göttlichen Autorität der heil. Schriften für das Vorrecht Petri an, und das Zeugniß aller Jahrhunderte, wie wir es bisher gethan. „Der Herr nämlich," schreibt Hadrian an den Kaiser, „hat Petrus Allen zum Haupt vorgesetzt, und mit diesem Vorzuge geehrt, daß er Ihm die Schlüssel des Himmels vertraute. Also erhöht, verdiente er jenen Glauben zu bekennen über dem die Kirche Christi gegründet ist. Von ihr — der römischen Kirche, entnehmen somit alle übrigen Kirchen die Glaubensdocumente."" Et ex ea caeterae Ecclesiae, *fidei documenta* sumserunt."

„Denn Er selbst, der Fürst der Apostel, der selige Petrus, der auf dem apostolischen Stuhle zuerst saß, übergab die Herrschaft seines Apostolates und seiner Hirtensorge seinen Nachfolgern, die Ihm auf diesem seinem heiligsten Stuhle ununterbrochen folgen sollen, denen Er die ganze Macht seines Ansehens, so wie sie Ihm vom Heiland gegeben ward, auf göttlichen Befehl allen seinen Nachfolgern, den Päpsten, übergab."" Quibus auctoritatis potestatem, *quemadmodum a Domino ei concessa est*, et ipse quoque contulit ac tradidit *divino jussu successoribus Pontificibus.*" — Auf gleiche Weise spricht Hadrian in seinem Briefe an Tharaflud, Patriarchen von Konstantinopel, in welchem er unter

andern also schreibt: „An unseren seligen apostolischen
Stuhl, der unter Allen das Haupt ist, will ich, daß Eure
selige Heiligkeit mit aufrichtiger Gesinnung und aus
ganzem Herzen sich anschmiege, weil Er es ist, der **unläugbar die Wahrheit erkennend, der
unbefleckte Erhalter der Religion ist.**"
"Utpote quae revera sit recte sentiens et pietatis
incorrupta conservatrix." — Beide Briefe wurden im
Concil gelesen. — Ein großer Freudenjubel erhob sich,
wie der Synodal-Bericht sagt, bei Ablesung derselben,
und als es zur Glaubens-Entscheidung im Concil kam,
fragten die Legaten ganz einfach und bestimmt, ob **Tharasius**, ob das ganze Concil den Briefen des Papstes
beipflichte, oder nicht? — Ja, oder Nein? — so lautet
ihre Frage. "Dicat nobis patriarcha Tharasius, dicat
nobis s. Synodus, si consentiat litteris sanctissimi
Papae senioris Romae, an non?" Als Grund dieser
ihrer so präcisen Frage vor dem ganzen Concil geben
sie diesen an: „denn nach einem bereits **unabänderlich** ergangenen Urtheile, "de irreformabili judicio
quaeri," weiters fragen, läßt weder die gesunde Vernunft,
noch der Glaube zu," — "nec recta ratio, nec fides si-
nit." — Und die ganze Synode antwortete: „**Wir
folgen, wir nehmen an, und pflichten
bei.**" In welch ganz entschiedener Anerkennung apostolischer Vollmacht in Glaubens-Entscheidungen die Väter
des Conciliums so erklärten, ist aus der Unterschrift derselben ersichtlich. Sie bekennen durch ihre Unterschrift
einstimmig, daß sie die Verehrung der Heiligenbilder annehmen, **gemäß der Synodalbriefe des rö-**

mischen Papstes Hadrian. Und zwar unterschrieben die Meisten mit Johannes, Bischof von Ephesus, in folgenden Ausdrücken: „Wie die Briefe des heiligsten römischen Papstes enthalten, so glaube und bekenne ich mit der Gnade Christi, unseres wahren Gottes. — Ich denke und glaube ebenso, wie Papst Hadrian; mit diesem Glauben will ich vor dem Richterstuhle Christi erscheinen." — Ganz recht, es ist ja der Glaube seines Statthalters. Besonders ist die Unterschrift des Bischofes Johannes von Thaurominien merkwürdig. Er unterzeichnete mit diesen Kraftworten: „Da die Briefe des Papstes Hadrian einem göttlichen Ausspruche gleich sind, so bekenne ich also;" "Cum veluti divinae orthodoxiae terminus sunt litterae, quae ab Hadriano missae sunt, — ita profiteor." Im Synodalbrief an den Papst, in welchem sie denselben um die Bestätigung der Akten des Conciliums anstehen, nennen sie sein dogmatisches Schreiben, eine Belehrung von Gott selbst, an sie gerichtet, "deiloquas doctrinas," und setzen bei: „So hast Du, wie das Auge dem ganzen Körper, den Weg der Rechtgläubigkeit und Wahrheit gezeigt,""sicut oculus totum corpus, ad rectitudinis et veritatis semitam ostendebas." — Als Grund dieses Vergleiches führen die Väter dieses Conciliums keinen andern an, als: „Euere Heiligkeit nimmt den Lehrstuhl Petri ein," "Cathedram Apostoli Petri sortita est Sanctitas Vestra." p)

p) Conc. tom. 7. pag. 652. et 657.

## VIII.
## Allgemeines Concilium
### von
### Konstantinopel IV.

Die Veranlassung dazu gab die Vermessenheit des ehrgeizigen **Photius**. Papst **Hadrian II.** berief es durch den Kaiser **Basilius**. **Ignatius** hatte die ganze von **Photius** ordinirte Geistlichkeit suspendirt, bis eine Entscheidung von Rom kommen würde. Zerrissenheit der Gemüther war die nothwendige Folge; und das Heiligthum des Glaubens selbst gerieth in Gefahr. Was war erwünschlicher, als eine baldige, kräftige Hülfe? Die sollte durch päpstliche Gesandte, umgeben von einer zahlreichen Synode, dem Oriente werden. — Erwägen wir, auf welch feierliche Weise sich die höchste apostolische Vollmacht im Concil selbst entfaltete, und das herrliche Zeugniß desselben für sie zu Zeiten eines **Photius!**

Zuerst befiehlt der Papst, in seinem Briefe an den Kaiser, welcher in der ersten Session des Concils gelesen ward, alle Exemplare des Concilabulums, das **Photius** widerrechtlich zu halten sich erfrechte, im Angesichte Aller zu verbrennen, daß nicht ein Jota und nicht ein Punkt von demselben, bei irgend Jemand verbleibe, wenn er nicht durch den Bannfluch, aller Rechte des Clerikats, und des christlichen Namens selbst beraubt sein will; "nec superesse apud quemlibet, nec unum jota vel unum apicem, nisi forte quis totius Clericatus, immo *totius nominis Christiani* diguitate carere voluerit," und das ganze Concil rief: „Gelobt sei Gott, der sich gewürdiget, eine Genugthuung für Eure Heiligkeit anzunehmen."

Was die Bedingungen, Erklärungen, Bekenntnisse selbst betrifft, die der Papst bei Gelegenheit dieses Concils anerkannt und festgesetzt wissen wollte, so waren dieselben in einem eigenen Libell oder Glaubensbekenntniß zusammengefaßt, und dieses mußte als Bedingniß der Versöhnung und Kirchengemeinschaft von Allen unterzeichnet werden. Es heißt unter andern in demselben: „Die wichtigste Pflicht des Heiles ist, die rechte Glaubensregel bewahren." "Prima salus, est rectas fidei regulam custodire." — „Nun kann aber der Ausspruch des Herrn unmöglich unerfüllt bleiben, der gesagt:

**Du bist Petrus, auf diesen Fels will ich meine Kirche bauen."**

„Was hier gesagt ward, wird durch die That bewährt; denn auf dem apostolischen Stuhle wurde die katholische Religion stets unbefleckt bewahrt, und die hl. Lehre gefeiert." "Haec quae dicta sunt, rerum probantur effectibus; quia in sede apostolica *immaculata est semper catholica servata religio et sancta celebrata doctrina.*" Alle Bischöfe unterschrieben dieses Glaubensbekenntniß mit folgenden Worten: „Folgend in Allem dem apostolischen Stuhle, und Seine Anordnungen haltend, hoffen wir, daß wir in jener Eurer Gemeinschaft zu sein verdienen, welche der apostolische Stuhl verkündet, **in welchem die volle und wahre Festigkeit der christlichen Religion gesetzt** i ß." "Sequentes in *omnibus* apostolicam sedem et observantes ejus omnia constituta, — *in qua est integra et vera christianae religionis soliditas.*" Die Formel der Unterschriften selbst lautete also: „Ich N. N., Bischof von N., habe dem, von mir in der Person des seligsten Hadrian, höchsten Priesters und allgemeinen Papstes erlassenen Glaubensbekenntnisse unterschrieben, und die Zeugen, welche mit unterschrieben, dazugebeten." "*Ego N. N. episcopus Ecclesiae N., huic professionis meae libello, facto a me in beatissimo Hadriano Summo Pontifice et universali Papa, subscripsi, et testes qui subscriberent, rogavi.*" Das heißt, meine Glaubensüberzeugung fußt sich nicht auf mein Dafürhalten: sondern ich glaube so, weil das Oberhaupt der Kirche so glaubt. Welch ein herrliches Bekenntniß des inneren Glaubensverbandes! — Ja wohl, — Alle, die wahrhaft glauben, — sie glauben im Glauben des Hauptes der Gläubigen.

Die in der zweiten Session zur Unterschrift zugelassenen, früher gefallenen Bischöfe, wurden eigens von den Legaten gefragt, ob sie das Libell lesen gehört, und dessen Urtheil anerkennen? Sie riefen: „Wir erkennen Euer Urtheil als von der Person des Sohnes Gottes ausgehend an." "*Judicium Vestrum tamquam ex persona Filii Dei habemus.*"

In seinem Briefe an Ignatius, der in der dritten Session gelesen ward, erklärt Hadrian seine unveränderliche Willensfassung: „Nichts gegen die göttlich

eingegebenen Entscheidungen seines Vorfahrers Nikolaus zuzulassen, weil es Entscheidungen
des apostolischen Stuhles seien, die
unabänderlich sind." — Es ward in dieser
dritten Session auch der Brief des Patriarchen Ignatius an Nikolaus gelesen, der aber erst dem
Hadrian, dessen Nachfolger, zu Händen kam, da
Nikolaus bereits mit Tod abgegangen war. In
diesem, vor dem Concil gelesenen Schreiben, erklärt
Ignatius also: „Für die Wunden des Menschen in
seinen Gliedern, gibt es Aerzte in Fülle; — für die der
Kirche hingegen hat das allmächtige Wort als durchweg
katholischen Arzt in vollster Lehrgewalt nur Einen bestellt; nämlich Deine brüderliche Heiligkeit." — "Unum
et singularem praecellentem atque catholicissimum
medioum ipse — *solus ex toto magister DEUS omnium
produxit* — videlicet tuam fraternam sanctitatem."
Deßhalb sprach der Herr zu Petrus: „Du bist Petrus,
auf diesen Felsen will ich meine Kirche
bauen!" — Und wieder: „Dir gebe ich die
Schlüssel des Himmels!" — „Dergleichen
selige Vorrechte hat er gewiß nicht für den Fürsten der
Apostel beschränkt und verordnet, sondern selbe durch ihn
Allen, die nach ihm, durch ihn oberste Hirten werden
sollten, den hl. Bischöfen der römischen Kirche übergeben. — Darum waren sie auch die Ausreißer und Ver-
tilger des Unkrautes, der sich erhebenden Ketzereien."
"Eradicatores et interemptores malorum zizaniorum
in exortis haeresibus."

Ignatius hatte übrigens durch diesen, und alle

die übrigen Ausdrücke den Päpsten gewiß keinen höhern Namen beigelegt und kein erhabeneres Lehransehen in dessen Würde gestiert, als das ganze Concil selbst, welches in seinem zweiten Canon erklärt, „daß es Nikolaus, und auf gleiche Weise Hadrian, als das Organ des hl. Geistes anerkenne." "Itaque beatissimum Papam Nicolaum *tamquam organum Spiritus s. habentes* — nec non et sanctissimum Hadrianum Papam successorem." — Wenn Dieß, nach dem Zeugnisse dieses Concils, das Lehransehen der römischen Päpste ist, wer könnte da von einer Möglichkeit des Irrthums in den Glaubensentscheidungen der Päpste reden?!

Wollen wir einen Beweis, wie hoch über sich, und unabhängig man diese apostolische Machtfülle des Papstes in Leitung der Kirche überhaupt angesehen, so giebt es in der ganzen Kirchengeschichte keinen glänzenderen, als den gerade dieses Concil gegeben. Es handelte sich um eine Dispensation, mit dem von dem eingedrungenen Photius ordinirten Klerus, auf daß derselbe nach vorhergegangener Genugthuung in Ausübung seiner Amtsübungen verbleiben dürfe. — Was geschah? Das ganze Concil, Ignatius der Patriarch, Basilius der Kaiser, Alle wünschten diese Nachsicht, und doch wagte das Concil nicht, dieselbe zu geben, sondern es wandte sich durch Ignatius nach Rom an den Papst, und bat darum flehentlichst. — Ein gleiches that der Kaiser. — Allein umsonst; Hadrian antwortete mit den merkwürdigen Worten: "Non est in nobis: est, et non est;" das heißt: „Meine von euch anerkannte, apostolische Vollmacht kennt kein Schwanken, besonders da nicht, wo die Einheit und Reinheit des Glaubens mit dieser Dispense gefährdet zu werden schien."

Dieß ist die Stimme des ganzen Orients, in seinen acht allgemeinen Concilien; dieß seine Zeugnisse, für die apostolische Vollmacht des römischen Stuhles bis in das neunte Jahrhundert. Wer könnte bei Durchgehung und Erwägung derselben an dem Glauben des Episcopates der ersten, wahrhaft rechtgläubigen, griechischen Kirche, an der obersten, definitiven und unfehlbaren Lehrautorität des Papstes, auch nur im Geringsten zweifeln? Die Päpste waren sich dieses ihres Lehransehens so klar bewußt, daß sie, wie die Geschichte dieser Concilien es nachgewiesen, die Hierarchie des ganzen Orients in aller Weise herausforderten, um zu erfahren, ob es Jemand wagen würde, diese ihre apostolische Lehrautorität zu bekämpfen oder auch nur zu bezweifeln. Und siehe, nicht eine Spur davon zeigte sich. Selbst Photius wagte es nicht dieselbe anzugreifen, wenngleich sein Stolz ihn zum Schismatiker und thatsächlich zum Ketzer machte. Wenn nachmals dieser Glaube durch das Schisma, welches der Stolz und Ehrgeiz der Patriarchen von Konstantinopel hervorgerufen, verdunkelt ward, so ging er doch nicht so unter, daß wir nicht von diesem ersten Glauben des Orients, bis auf unsere Tage, die herrlichsten Zeugnisse aufzuweisen hätten, wie wir dieselben später an seinem Platze anführen werden, und bereits im vorigen Abschnitt angeführt haben. Auch die Zeugnisse der allgemeinen Concilien, wie sie uns von nun an der Occident darbietet, bestätiget dieselbe Anerkennung von Seiten der Hierarchie der Kirche.

## IX.

# Allgemeines Concilium

vom

## Lateran I.

Es reiht sich an diese Stelle, in der Zahl der allgemeinen Concilien, das Lateranische, unter **Callyt II.** Tausend Väter umgaben den Papst in diesem Concil. Was die Gesinnungen dieser Väter betrifft, so zweifeln wohl auch die erbittertsten Feinde der päpstlichen Macht keineswegs an derselben. Diese Tausend waren Zeitgenossen Gregor's VII., dessen Zeit, diesem Coucil unmittelbar voranging, und es kann nicht anders, als uns angenehm sein, mit diesem Concil, die Zeugnisse der abendländischen, allgemeinen Concilien beginnen zu dürfen.

Während der Papst sich vorbereitete, Seinen Ausspruch in Betreff der Investitur zu thun, beteten die Väter des Concils, sangen Psalmen, fasteten, und hielten barfuß einen Bittgang, die Erleuchtung des hl. Geistes für den hl. Vater zu erflehen. — Einstimmig also mit den Vätern des letzt angeführten Concils, hielten auch sie den Nachfolger des hl. Petrus für das Organ des hl. Geistes. q) **Calixtus** entschied, und der Investiturstreit endete mit dem bekannten "Pactum Calixtinum," nicht mit einem "Pactum *Concilii Lateranensis*," sondern "*Ca-*

---

q) Conc. tom. 10. pag. 875.

*lixti,"* als offenbares Anzeichen: Wer es eigentlich war, der entschied; was auch die Worte des Kaisers bekennen, wenn er erklärt: „Ich, Heinrich, aus Liebe zu Gott und zur hl. römischen Kirche und dem Herrn Papste, und zum Heile meiner Seele ꝛc. entsage der Investitur." r)

Dasselbe erhellet aus dem, was wir bei Conrad von Ursberg, von den Aeußerungen Heinrich's, im Convent von Nordhausen lesen; und das sind Bekenntnisse "ex ore inimici," und das welch eines Feindes!

Gewiß, wie sollte man wohl an dem obersten Richteramte des Papstes, in Dingen des Glaubens und der Kirchenverwaltung zu jener Zeit gezweifelt haben, wo man in der Person und Machtfülle des Papstes, ob des innigsten Verbandes von geistlicher und weltlicher Gewalt in christlichen Staaten, auch den höchsten Richter der gekrönten, christlichen Häupter und ihrer Reiche erkannte! —

## X.

## Allgemeines Concilium

vom

### Lateran II.

Auch diesem großen Concil, gehalten unter Innocenz II. im Jahre 1139, wohnten nach dem Zeugnisse der Zeitgenossen, bei tausend Bischöfe bei. Es galt dieses

---
r) Borc. XL. 237. et 239.

Concil dem Schisma des berüchtigten Petrus Leo, den Irrlehren des Petrus von Bruis, und der Ausrottung vieler durch Nachläßigkeit der Kirchenobern eingeschlichenen Mißbräuche. Innocenz übte in diesem Concil sein oberstes Richteramt, man möchte wirklich sagen, auf eigentlich handgreifliche Weise; denn nachdem er diejenigen aus den Bischöfen, die er schuldig befand, mit Namen genannt, und eine Strafrede an sie gehalten, nahm er ihnen mit eigener Hand die Hirtenstäbe aus den Händen, die Pallien, diesen höchsten Kirchenschmuck und Anzeichen oberhirtlicher, kirchlicher Jurisdiction, von ihren Schultern, und zog ihnen selbst den Hirtenring von dem Finger ab. Die Canones, die erlassen wurden, was wohl zu beachten, sind nicht als Festsetzungen des Concils, sondern als Festsetzungen des Papstes im Concil ausgesprochen; nämlich: "Innocentius in concilio Lateranensi secundo," was von allen Constitutionen der allgemeinen Concilien zu bemerken ist, in denen der Papst persönlich präsidirte, und was, wie wir bereits oben bemerkt, nichts anders, als die Hinweisung auf sein oberstes Richteramt ist, das er in einem solchen Concil feierlich ausgeübt. —

Auf welche glänzende Weise Innocenz, sein oberstes Richteramt in Glaubens-Entscheidungen außer dem Concil in Verdammung des Abälardus vollzog, und wie feierlich mit Bernard die Bischöfe Galliens dieses sein apostolisches Richteramt anerkannt und angesehen, soll an seiner Stelle nachgewiesen werden.

# XI.
## Allgemeines Concilium
### vom
### Lateran III.

Alexander III. berief es im Jahre 1179 gegen den schismatischen Apostaten Octavian, gegen die einreißenden Albigensischen Irrthümer und zur kräftigen Hebung der Kirchendisciplin, die an vielen Orten aus Fahrlässigkeit gesunken war. Das zweckmäßigste Mittel dagegen war gemeinsame Berathung, und eine möglichst kräftige Ausführung der Anordnungen und Entscheidungen des Kirchenoberhauptes. Aus diesem Grunde beriefen die Päpste Concilien. Diesen Grund gibt Alexander III. auch ausdrücklich in seinem Einberufungsschreiben an die Bischöfe der katholischen Kirche an. „Allen Bischöfen," sagt in demselben Alexander, „liegt es zwar ob, das Unkraut aus der Kirche auszureißen; insonderheit aber dem Bischofe von Rom, weil er von Christus zum Haupte der Kirche gesetzt, und in Petrus sonderheitlich den Befehl erhalten, die Schafe des Herrn zu weiden, und die Brüder zu stärken."
Deßhalb habe er sie zu sich aus allen Gegenden einzuberufen für gut befunden, „auf daß in ihrer Gegenwart und Berathung, was heilsam sein wird, festgesetzt werde." Wohlgemerkt, er sagt nicht, daß von ihnen etwas festgesetzt würde, sondern "quarum (personarum) praesentia et consilio, quae fuerint salubria, statuan-

tur." — „So," sagt er, „werden wir mit Einer Schulter die Arche des Herrn erheben, und wie mit Einem Munde loben, Gott den Vater unseres Herrn Jesu Christi." a)

Es wurden übrigens in diesem Concil bloß Disciplinar-Canones erlassen; man fand für überflüssig, die Albigenser und Waldenser erst eigens zu verdammen, da dieß bereits durch die Päpste außer dem Concil geschah. — Das Concil anerkannte dadurch die peremptorische Vollgültigkeit derselben auch außer den Concilien. — Noch mehr: Es ward im Concil Petrus Lombardus, Bischof von Paris, angeklagt, daß er Irrthümer lehre. — Das Concil war versammelt, und doch verhandelte es diese Sache gar nicht, sondern ganz selbstständig entschied und verordnete Alexander durch ein Schreiben an Wilhelm, Erzbischof von Sens, und befahl, was von den Bischöfen Galliens dießfalls zu thun, und vor Allen zu glauben und zu lehren sei. Und die Bischöfe Galliens fragten auch nicht weiter; der Streit war entschieden, und Walter von St. Viktor, konnte seinem Gegner mit Hohn zurufen: "Qu'il cessent de croacer ces importuus sophistes, alterés qu'ils sont par le tonnerre d'une définition apostolique." — „So mögen sie denn nun aufhören zu quaden, diese unverschämten Sophisten, sie sind durch den Donnerkeil einer apostolischen Definition zermalmt." — Die peremptorische Vollmacht des Papstes ward also auch von den Zeitgenossen dieses Concils unbezweifelt anerkannt.

a) Con. Tom. 10. pag. 1508.

## XII.
## Allgemeines Concilium
## vom
## Lateran IV.

Innocenz III. berief es im Jahre 1215. — Es versammelten sich in demselben 1285 Väter, unter welchen 71 Erzbischöfe, 412 Bischöfe, mehr als 800 Aebte, nebst den Gesandten der mächtigsten Höfe Europa's. Der melchitische Patriarch der Maroniten, der sich einige Jahre vorher mit der Kirche wieder versöhnt hatte, erschien in Person, wie auch die Patriarchen von Konstantinopel und Jerusalem. Die von Antiochia und Alexandria erschienen durch Abgeordnete, — Letzterer, seine Vereinigung mit der römischen Kirche verlangend.

Auch die Canones dieses Concils sind nicht im Namen desselben, sondern des Papstes Innocenz erlassen, weil dieser persönlich präsidirte. Der Papst gab im Concil die Glaubenserklärung, verdammte das Buch und die Lehre des Abtes Joachim, — schonte jedoch seiner Person und seines Stuhles, weil dieser vorhinein schriftlich erklärte, daß er jenen Glauben fest halten wolle, welchen die römische Kirche hält, als welche nach Anordnung des Herrn die Mutter und Lehrerin aller Gläubigen sei. Aber auch das ganze Concil erkennt und erklärt im fünften Canon, in denselben Ausdrücken, die römische Kirche als Mutter und Lehrerin aller übrigen, "utpote universorum Christi fidelium *mater et magistra*," und schreibt in Folge dessen vor, daß alle Patriarchen bei ihrer Erhöhung dem Papste Gehorsam zu schwören, verbunden seien; — daß sie von ihren untergebenen Bischöfen für sich die canonische Confession, für die römische Kirche hingegen, den Schwur des Gehorsams aufzunehmen haben, "et pro Romana Ecclesia sponsionem obedientiae," — was ein offenbares Bekenntniß des Concils für das oberste, apostolische Richteramt des Papstes ist, sowohl in Dingen des Glaubens, als der Disciplin.

## XIII.

## Allgemeines Concilium

### von

### Lyon I.

Es ward im Jahre 1245 zu Lyon gehalten. Innocenz IV. berief es, und es fanden sich dabei auch die beiden Patriarchen von Konstantinopel und Antiochia, mit dem Kaiser Balduin ein. Dieses Concil war es, wo Innocenz gegen Friedrich, den Kaiser, seinen Ausspruch that. Es geht uns diese Sentenz übrigens unmittelbar zur Beweisführung unserer Thesis nichts an, als insofern, weil sich, wie wir oben erwähnt, diese damals in den christlichen Staaten anerkannte Competenz päpstlicher Gerichte in Ordnung der Weltreiche, letztlich

in der unläugbaren, höchsten Kirchengewalt des Papstes
fußte. Unmittelbarer beweiset sich auch in diesem Concil
dieselbe, weil auch dessen Canones nicht im Namen des
Concils promulgirt sind, sondern unter der Aufschrift:
"*Innocentius in Concilio Lugdunensi.*" „Innocenz
im Concil von Lyon."

---

## XIV.
## Allgemeines Concilium
### von
### Lyon II.

Dieses ungemein zahlreiche Concil wurde im Jahre
1274 zu Lyon gehalten. Gregor X. berief es, und es
erschien zum erstenmale wieder der Orient mit dem Occident vereinigt. Die Gesandten des griechischen Kaisers
Michael und der andern Höfe fanden sich daselbst ein.
Selbst der Großchan der Tartaren sandte eine Gesandtschaft an dasselbe, und die päpstliche Vollmacht wurde in
ihrer Glaubenskraft und Glaubensprärogative auf das
Feierlichste anerkannt. Dies klarer zu ersehen, ist es nothwendig zu erwägen, welche Schritte bereits vor der Synode
von den Päpsten diesfalls geschehen waren.

Das Hauptziel nämlich dieser Synode war die Wiedervereinigung der griechisch-schismatischen Kirche mit der
römisch-katholischen. Abgethan war diese Glaubensangelegenheit schon vor dem Concil; sie sollte durch selbes

nur solemnisirt werden. Denn gleich nach der ersten Anfrage des Kaisers Michael um Wiedervereinigung, sandte Clemens IV. sogleich, wie es die Päpste der ersten Jahrhunderte für die Griechen thaten, ein "Libellum professionis fidei," ein von denen, die mit der Kirche versöhnt werden wollten, vorerst zu unterschreibendes Glaubensbekenntniß. In diesem Glaubensbekenntnisse setzte Clemens IV. solche Artikel, die früher noch in keinem allgemeinen Concilium definirt worden waren; mithin gab Clemens diese Glaubensaussprüche aus ganz eigener, apostolischer Vollmacht und zwar in letzter Entscheidung; denn nur unter der Bedingung ihrer Anerkennung sollte zur Solemnisirung der Vereinigung ein allgemeines Concil gefeiert werden; — keineswegs aber, wie Clemens in seinem Schreiben an Michael, den Kaiser, ausdrücklich sagt, zu einer neuen Untersuchung und Glaubensentscheidung. "*Non autem ad praedictae discussionem vel novam definitionem fidei.*" t)

Durch diesen Akt übten diese zwei römischen Päpste jenes Recht des römischen Stuhles aus, welches Thomas von Aquin, dieses gleichzeitige hochgefeierte Licht der Gottesgelehrtheit, im Namen der ganzen theologischen Schule demselben ausdrücklich zuerkannt, nämlich ein "Symbolum fidei" zu verfassen, welches das ganze unfehlbare Ansehen des Papstes in Glaubensentscheidungen, wie von selbst erhellt, in sich begreift.

Der Kaiser mit dem griechischen Klerus unterzeichnete das Glaubensbekenntniß, ihre Abgesandten kamen nach Lyon, und erklärten vor dem Papste im Namen ihrer De-

---

t) Conc. tom. 11. pag. 940.

Legaten, sie kämen ihren vollen Gehorsam gegen die römische Kirche, und das Glaubensbekenntniß, welches sie hält, zu bekennen. u)

In der vierten Sitzung ward die, von dem Kaiser und den Archiprälaten des Orients, mit einem Eidschwure unterzeichnete Glaubenserklärung vorgelesen. Hören wir, wie in derselben das Recht Petri in seinen Nachfolgern, den römischen Päpsten, anerkannt wird. „Die römische Kirche," heißt es allda, „hat den höchsten und vollen Primat und die Obergewalt über die ganze katholische Kirche, den sie vom Herrn selbst in dem seligen Petrus, dem Fürsten und Haupte der Apostel, dessen Nachfolger der römische Papst ist, mit der Fülle der Gewalt, " "cum potestatis plenitudine" erhalten zu haben wahrhaft und demüthig erkennet." "Quem se ab ipso Domino in beato Petro, apostolorum principe, sive vertice, cujus Romanus Pontifex est successor, cum *potestatis plenitudine* recepisse *veraciter* et *humiliter* recognoscit." „Darum, so wie es Ihr vor Allem zusteht, die Wahrheit des Glaubens zu vertheidigen, so müssen die vorfallenden Streitigkeiten, durch Ihr Urtheil entschieden werden." "Sic et si quae de fide subortae fuerint quaestiones, *suo debent judicio definiri*."

Wie könnte man klarer das Recht aussprechen, das wir vertheidigen, als es in diesem von den Orientalen in einem Concil des Occidentes gesprochenen Glaubensbekenntnisse geschah. So wie es gesprochen war, stimmte der Papst sogleich mit lauter Stimme das Te Deum an, und es ward mit großer Andacht und vielen Thränen der

---

u) Rainald. ad ann. 1212—Conc. tom. 11. pag. 257

Rührung und Freude fortgesetzt und beschlossen. Der Papst war es, der im Concil den Glaubenssatz der Procession des hl. Geistes aus dem Vater und Sohne zugleich, aussprach und definirte. „Dieses Dogma," sagt Gregor im Concil in Form der Definition, „hat bisher bekannt, geprediget und gelehrt, und hält es fest, predigt, bekennt und lehrt die heilige römische Kirche, die Mutter und Lehrerin aller Gläubigen."

## XV.
## Allgemeines Concilium
### von
### Vienne.

Clemens der V. berief es, und im Jahre 1311 versammelte sich dasselbe. Das Wohl der Kirchen-Disciplin, so wie die Unterdrückung verschiedener Sekten, die auftauchten, namentlich die des Petrus Oliva, machten dasselbe erwünschlich. In seinem Einberufungsschreiben, sagt Clemens ebenso wahr, als schön, im Angesichte aller Gläubigen der Welt: „Gewiß, die römische Kirche, diese hehre Mutter der Gläubigen ist das Haupt, gesetzt von dem Herrn zur Lehrerin aller übrigen Kirchen, von welcher, wie vom Urquell, die Strömungen des Glaubens allen Uebrigen zufließen, zu deren Leitung Christi Gnade den römischen Papst als Verwalter an Seiner Statt verordnen wollte, damit durch Seinen

Ausspruch alle im Wasser der Taufe Wiedergeborenen den Unterricht und die Lehre der evangelischen Wahrheit festhielten und bewahrten, so daß diejenigen, welche in dieser Lehre den Lauf des Lebens recht vollendeten, selig, diejenigen, die davon abwichen, verdammt würden." v) "Sane Romana Ecclesia, mater alma fidelium, caput est disponente Domino Ecclesiarum omnium et *magistra*, a qua velut a primitivo fonte, ad singulas alias ejusdem fidei rivuli derivantur — ad cujus regimen voluit Christi clementia Romanum Pontificem *vice sui* deputare ministrum, ut *institutionem ipsius et doctrinam, eloquio veritatis Evangelicae traditam,* cuncti renati fonte baptismatis teneant et conservent, ut qui sub hac doctrina cursum vitae recte peregerint, salvi fiant, qui vero ab ea discesserint, condemnentur."

Die Entscheidungen und Festsetzungen dieses Concilium nehmen unter dem Namen „der Clementinen" einen eigenen Platz im "Jure canonico" ein, und zwar in Clmen mit den Verordnungen Clemens des V. vor und nach dem Concilium. Ein offenbares Zeichen, daß Clemens das Entscheidungsrecht vor und nach dem Concilium, — so wie in und außer dem Concil in gleicher Kraft und Vollmacht übte. Insonderheit erhellt diese Ausübung und Anerkennung aus der Constitution selbst "de Summa Trinitate, ac fide catholica," die in diesem Concil gegeben ward, und wo es heißt, „daß es ausschließlich der apostolischen Einsicht angehöre, in Glaubensstreitigkeiten, was zu glauben sei, zu erklären."

---

v) Conc. loc. II, p. 1522.

"*Ad quam apostolicae considerationis aciem dumtaxat, haec declarare pertinet.*" — Wir gelangen nun zu einem Concilium, dessen Verhandlungen in Hinsicht auf unsere These von besonderer Wichtigkeit sind.

---

## XVI.
## Allgemeines Concilium
### von
### Constanz.

Dieses Concilium, welches zunächst die Beendigung des großen Schisma zum Gegenstande hatte, versammelte sich im Jahre 1414 zu Constanz. Ein Umstand, der sehr wohl zu berücksichtigen, damit man nicht das, was in diesem Concil bis zur Erwählung Martins V. von den Prätendenten des Papstthums gesagt ist, als von den anerkannt rechtmäßigen Päpsten, gesagt betrachte, wie dies gewöhnlich von den Feinden der Päpste und ihrer apostolischen Vollmacht zu geschehen pflegt, auf deren Einwürfe in Betreff dieses Concils, welches sie so gern gegen die Obergewalt des apostolischen Stuhles in Glaubensentscheidungen zu mißbrauchen pflegen, wir später eigens noch antworten werden.

Hierorts führen wir nur das zum Beweise an, was unläugbar beweiset, wie das Concilium, weit entfernt, dem rechtmäßig erwählten Nachfolger Petri seine Machtfülle in Abrede zu stellen, dieselbe im Gegentheile, und namentlich deſſen definitives apoſtoliſches Lehramt in Dingen des Glaubens, feierlichſt anerkannt habe. Beweis deſſen iſt uns die, gegen die drei erſten Propoſitionen Wicliffs erlaſſene, und von dem Concil in ſeiner achten Seſſion beſtätigte Cenſur, in welcher das Concil gegen Wicliff, deſſen Irrthümer Rom bereits verdammt hatte, nach den Worten der Cardinäle, Biſchöfe, Aebte und Theologen, denen ſie die Abfaſſung der Cenſur aufgetragen, alſo erklärte: „Es iſt unmöglich, daß der apoſtoliſche Stuhl, daß die römiſche Kirche etwas feſtſetze, und für echt katholiſch halte, was nicht der wahre Glauben wäre . . . . Denn wie wäre ſie ſonſt die M u t t e r, das Haupt aller Kirchen, der man in Allem zu folgen verbunden iſt, und zu der man in allen Zweifeln und Schwierigkeiten, ſobald ſich ein Glaubensſtreit erhebt, ſeine Zuflucht nehmen muß. — Wie wäre ſie ſonſt o h n e M a k e l; wie wäre man ihr nach Gott vor Allen heiligſt zu gehorchen verpflichtet, ſo daß, w e r i h r w i d e r ſ p r i c h t, a l s K e tz e r g i l t. Wie vermöchte ſie ſonſt A l l e z u r i ch t e n, o h n e d a ß e s g e ſ t a t t e t ſ e i, d a ß i r g e n d J e m a n d ſ i e r i ch t e? Wie würde ſonſt ein Chriſt, der ihr zu gehorchen ſich weigert, d i e S ü n d e d e s U n g l a u b e n s b e g e h e n?" "Impossibile est, quod *talis sedes*, et *talis Romana Ecclesia* aliquid determinet et teneat pro fide catholica et recta, quod non esset fides recta . . . . Quomodo igitur ipsa et mater, et caput omnium Ecclesiarum, in omnibus tamquam *magistra* sequenda, ad quam in dubiis et arduis recurrendum, quando circa fidem in aliquo dubitatur? Quomodo ipsa non habebit maculam

neque rugam? Quomodo ei post Deum maxime erit
obediendum, ideo quia est mater et caput omnium Ecclesiarum ; *contra quam si quis derogando* loquitur,
*haereticus reputatur.* Quomodo valebit *omnes judicare,
de ea autem nullus judicare permittitur?* *Quomodo
Christianus, qui ei obedire contemnit, peccatum infidelitatis incurret?"* — Welch ein Bekenntniß! Wenn also
dasselbe Concil in der vierten und fünften Session von
einer Unterordnung des Papstes unter das Concil spricht,
so kann dies durchaus nicht anders, als von den schismatischen, ungewissen Päpsten zu verstehen sein. So erklärt
das Concil in der vierzigsten Sitzung durch folgenden
Ausspruch: „**Der rechtmäßig erwählte
Papst kann vom Concil nicht gebunden
werden.**" "*Papa rite ac canonice electus a Concilio legari non potest.*" — Dies bewies auch M a r t i n
V. sogleich, als er nur legitim erwählt und anerkannt
war. Er übte das Recht der Bestätigung des Concils,
ohne welche das Concil keine Gültigkeit hat; ein Akt,
der aber für sich schon Alles beweiset, was hier zu beweisen uns vorgesetzt, wie dies früher bereits in dem Abschnitt
der "*Ratio theologica*" ausführlicher nachgewiesen.

Doch noch klarer erklärte und vindicirte M a r t i n dieses oberste Entscheidungsrecht in Dingen des Glaubens
des Statthalters Christi, und noch klarer, bestimmter, bekräftigte selbst das Concil. M a r t i n V. gab in diesem Concil selbst seine Bulle heraus, durch welche die
Appellationen vom Papste an ein Concilium verdammt
wurden. „**N i e m a n d e m**," heißt es in dieser Bulle,
„**i s t e s e r l a u b t, v o m h ö c h s t e n R i c h t e r,**

nämlich vom päpstlichen Stuhle, oder
dem römischen Papste, dem Statthalter J. Ch. auf Erden, zu appelliren,
oder seinem Urtheile in Glaubenssachen auszuweichen." *"Nulli fas est, a
Supremo Judice, seu Apostolica sede, seu Romano Pontifice, Jesu Christi Vicario in terris, appellare, aut illius judicium in causa fidei declinare."*

## XVII.
### Allgemeines Concilium
### von
### Florenz.

Wir gelangen zum glänzendsten aller Zeugnisse, die
wir bisher aus dem Ansehen allgemeiner Concilien auf-
geführt. — Florenz war es, welches den rechtgläubigen Orient und Occident mit seinem Hirten vereinigte,
und wir hören da Griechen, die so lange im Schisma gelebt, mit den Abendländern eine Definition aussprechen,
die wahrlich den vollständigsten Beweis, den man verlangen kann, für das Recht Petri in seinen Nachfolgern gibt. Es ist eine Definition, wohlgemerkt —
und zwar eine Definition eines Allgemeinen
Conciliums in Dingen des Glaubens. Beherzigen wir
jedes seiner Worte: „Wir definiren, daß
der apostolische Stuhl und der römi-

sche Papst den Primat in der ganzen
Welt habe, und daß derselbe römische
Papst der Nachfolger Petri, des Fürsten der Apostel und der wahre Statthalter Christi, das Haupt der ganzen
Kirche, und daß Er der Vater und Lehrer
aller Christen sei, und daß Ihm in
dem seligen Petrus, die ganze Kirche
zu weiden, zu regieren und zu leiten
von Jesu Christo unserm Herrn die
volle Macht gegeben sei; wie dies
auch in den Verhandlungen der allgemeinen Concilien, und in den heiligen Canones enthalten ist." "*Definimus, sanctam apostolicam sedem et Romanum Pontificem in universum orbem tenere primatum, et ipsum
Pontificem Romanum successorem esse beati Petri, principis Apostolorum et verum Christi Vicarium, totius-
que Ecclesiae caput, et omnium Christianorum Patrem
ac DOCTOREM existere, et ipsi in beato Petro pas-
cendi, regendi, et gubernandi universalem Ecclesiam a
D. N. J. C. plenam potestatem traditam esse, quemadmodum etiam in gestis Oecumenicorum Conciliorum
et in sacris canonibus continetur.*" — Welch ein Zeugniß aller Zeugnisse der allgemeinen Concilien, von einem
allgemeinen Concilium für die allgemeine Kirche von
Griechen und Lateinern in Einer Definition ausgesprochen!

Man bedenke nur, was jedes Wort dieser Definition
in seinem einfachen Sinne, wie es da liegt, genommen,

sagt, und was könnte man zum Beweise unserer Thesis noch weiters verlangen? Das Concil definirt: „Der Papst als wahrer Nachfolger Petri, und als wahrer Statthalter Christi sei der Vater und Lehrer a l l e r Christen, also auch der Bischöfe. Und Ihm sei in der Person Petri, von Christo selbst, die volle Gewalt gegeben worden, die ganze Kirche, also auch die Bischöfe, zu weiden, zu regieren, zu leiten, und nicht mit irgend einer Beschränkung, sondern das Concil definirt: *plenam potestatem*, die v o l l e Gewalt sei Ihm dazu von Christo gegeben, und dies sei in den Verhandlungen der allgemeinen Concilien und der hl. Canones ausgesprochen. Man bedenke den Ausdruck, „d e r w a h r e S t a t t h a l t e r C h r i s t i;" und bedenke, daß es der hl. Geist selbst ist, den Christus an anderen Stellen, als seinen eigentlichen, göttlichen Stellvertreter seiner Kirche verkündigte: daß also der Papst, in dessen Kraft, als Nachfolger Christi nichts anderes sein, und genannt werden kann, als wie ihn das achte, allgemeine Concil genannt, nämlich: „d a s O r g a n d e s h l. G e i s t e s," dessen Wort in Glaubens-Entscheidungen das unfehlbare Wort des Geistes der Wahrheit ist, den Christus als Lehrer den Seinen verheißen, in welcher Eigenschaft das Concil den Papst anerkennt.

Fürwahr, so klar und kräftig und so unwiderstehlich beweisend ist diese Definition, daß wir, abgesehen von jedem anderen Beweisgrunde, jeden rechtgläubigen, rechtdenkenden Christen, um so mehr jeden consequent denkenden T h e o l o g e n, der aufrichtig nach dem Glauben der Kirche fragt, auffordern dürfen, diese E i n e Entscheidung des Concilliums von Florenz zu bedenken und zu beherzigen, um sicher zu sein, er werde und müsse mit uns und mit dem Concil selbst eines Sinnes sein: „Der Papst sei der von Christo gesetzte, unfehlbare Lehrer der ganzen Christenwelt," jener Lehrer und Vater der Väter, wie Joseph, Patriarch von Konstantinopel, auf seinem Todtenbette den Papst in eben dem Concil von Florenz, feierlichst bekannte, den Gott zum Glaubensbürgen Aller gesetzt, damit der Glaube Aller gewiß und sicher sei. w) — Es übriget noch zum Schlusse das Zeugniß des letzten allgemeinen Concilliums.

## XVIII.

### Allgemeines Concilium

von

### Trient.

Welches die traurige Veranlassung des in seinen Wirkungen so hoch gefeierten Concils gewesen, ist leider zu bekannt. — Es sollte, dem ganz vorzüglich das Ansehen des apostolischen Stuhles verachtenden Lutherthume, das Ansehen eines allgemeinen Concils entgegengesetzt werden. — Merkwürdig ist es gewiß, daß die Irrlehre des Protestantismus, so wie sie die Irrthümer der alten Zeit der Ordnung nach in sich aufgenommen, und so ein ganzes

---

w) Conc. tom. 13. p. 494.

Nest von Ketzereien sich bereitete, so auch ganz eigentlich sich dadurch als im Glauben irrig signalisire, daß sie mit solch maßloser Heftigkeit und Erbitterung den Fels der Wahrheit, den apostolischen Stuhl, als oberstes Glaubenstribunal, angriff, was keine Ketzerei der Vorzeit gethan. — Doch umsonst; — die hl. Kirche im Concil von Trient versammelt, sprach ihren Glauben für Petrus und seine Nachfolger, wie jedes der vorhergehenden Concilien, auf das Bestimmteste aus.

Welch einen Einfluß der römische Stuhl auf die Entscheidungen dieses Concils genommen, ist weltbekannt; — aber auch der Aerger darüber, von Seite febronianisch gesinnter Scribenten neuerer Kirchengeschichten. — Da die neue Häresie das Lehransehen des Papstes sammt dem ganzen Primat verläugnete, so war es allerdings Sache der Klugheit von Seiten der Päpste, der Debatte der Doctoren in diesem Concil das weiteste Feld zu eröffnen, und zwar durch beinahe achtzehn Jahre. — Die Irrlehrer sollten handgreiflich überwiesen werden, daß ihre Irrthümer der Lehre der ganzen Kirche zuwider seien. Allein diese Freiheit der Erörterung durfte das päpstliche Lehransehen letztlich nicht schmälern und wurde auch feierlichst durch das Concil von Trient selbst anerkannt.

Nicht in Einem, sondern in drei Dekreten, nennt dieses Concil die römische Kirche die Mutter und Lehrerin aller übrigen, nämlich: "Sess. 14. in doctr. de sacr. extr. Unctionis; Sess. 22. c. 8. und Sess. 25. decr. 2." In der 25. Session aber erklärt es feierlich, Alles und Jedes und in was immer für Ausdrücken es gesagt sein mochte, sei von diesem hl. Concil so angeordnet worden, daß in demselben stets das Ansehen des apostolischen Stuhles ausgenommen werde, und so zu betrachten sei. "Omnia et singula sub quibuscumque clausulis et verbis, declarat, ita decreta fuisse, ut in his salva semper auctoritas Sedis Apostolicae sit et esse intelligatur." — Das Concilium schreibt auch vor, daß alle Bischöfe, Primaten, Erzbischöfe und Patriarchen, ja selbst alle Doctoren der Theologie, vor ihrer Promotion ein Glaubensbekenntniß zu beschwören haben, durch welches dieselben die römische Kirche als die Mutter und Lehrerin aller Kirchen der Welt feierlichst bekennen. — Hören wir nun, wie die römischen Päpste, gestützt auf ein solches Gewicht von Autorität und Anerkennung, sich in dem Bewußtsein dieses ihres, ihnen von Gott gegebenen Rechtes außer den Concilien ausgesprochen, und dasselbe rechtskräftig außer denselben zum Heile der Kirche ausgeübt.

# VI.
## Zeugnisse
### der Päpste

durch die feierliche Berufung auf diese ihre apostolische Vollmacht in Glaubens-Entscheidungen im Angesicht der ganzen Kirche.

---

Es dürfte auf den ersten Blick wohl manchem scheinen, daß unter diesen Zeugnissen, die, der römischen Päpste, als Zeugen in eigener Sache, keinen Platz einzunehmen haben. Doch im Gegentheil, — sie haben mit vollstem Rechte ihren ganz ausgezeichneten, wichtigen, und nothwendigen Platz unter denselben, und haben ein überaus großes Gewicht. Denn Erstens ist nicht jedes Zeugniß, das Jemand für sich spricht, deßhalb schon ungültig, sonst könnte Niemand etwas für sich bezeugen. Um so weniger kann ein Zeugniß beanstandet werden, wenn es keinen neuen Rechtsstand begründen will, sondern nichts Anderes ist, als eine Berufung auf, der ganzen Welt bekannte Thatsachen des Rechts, auf "Notoria juris et facti," über ein unbestrittenes, allgemein anerkanntes Recht und den ununterbrochenen Besitzstand desselben, — besonders wenn dieses Recht kein **persönliches**, sondern das gemeinschaftliche, öffentliche Recht einer **Würde** ist, die der **ganzen Christenwelt in der ihr von Gott gegebenen Verfassung angehört.** Dieß aber eben ist bei der Glaubensmacht Petri in seinen Nachfolgern der Fall, und bei ihren Zeugnissen für dieselbe. — Sie berufen sich im Bewußtsein ihrer, ihnen von Gott gegebenen, unbestreitbaren Vollmacht, öffentlich im Angesichte der ganzen Welt bei jeder Gelegenheit in ihren Sendschreiben an die Bischöfe, an die Völker, an Kaiser und Könige, an die zahlreichsten, selbst feindlichen Concilien, auf die Vorrechte ihrer Cathedra. — Berufen sich dabei auf die göttlichen Zeugnisse der Schrift und der Tradition, auf den Glauben derjenigen selbst, zu denen sie sprachen, und handhaben ihr Recht durch Wort und That, so oft eine Anforderung an sie erging, oder Pflicht des hl. Amtes es gebot, und das rücksichtslos in Betreff ihrer mächtigsten und erbittertsten Feinde. Wahrlich, wäre dabei irgend etwas Anmaßung gewesen, so hätten ja die Päpste weit klüger gethan, ohne viele Worte ein scheinbares Recht auszuüben, als durch die pompösesten Aeußerungen die Aufmerksamkeit aller anders Denkenden und Rechtsliebenden zur Prüfung und Nichtanerkennung aufzufordern. — — Und doch war gerade das Gegentheil der Fall. —

Wir werden übrigens diesen Abschnitt der Klarheit wegen untertheilen, und zuerst die Autoritätszeugnisse der **Aussprüche** anführen, dann die der **That**, indem wir nachweisen, wie die Päpste im Angesichte der ganzen Christenwelt über dieses Ihr Recht sich ausgesprochen, und wie feierlich und rechtskräftiglich sie dasselbe jederzeit im Angesicht der ganzen Christenwelt durch die That ausgeübt. —

———

## Feierliche Aussprüche der Päpste

über ihre

### apostolische Vollmacht in Glaubens-Entscheidungen.

So wie die Religion Jesu Christi die Religion der Welt ward, und ihre Stimme erheben konnte, hören wir auch sogleich bei der ersten Veranlassung die römischen Päpste im Angesichte der Welt Ihr Ihnen von Gott gegebenes, der ganzen Christenwelt bekanntes, und von ihr anerkanntes Recht aussprechen und gegen die Rebellen der Kirche vertheidigen.

Ich sage bei der ersten Veranlassung; denn es ist gewiß höchst merkwürdig, daß in den ersten drei Jahrhunderten, wo doch die Päpste von Clemens an, ihr oberstes Richteramt in Glaubensdingen so eminent und entschieden handhabten, dennoch Niemand die Competenz desselben im Geringsten angestritten, wie wir dieß im zweiten Punkte sogleich darlegen werden. Dieß war erst dann der Fall, als die Uebelgesinnten auf die weltliche Macht sich zu stützen Gelegenheit hatten. Die Pforten der Hölle ermangelten auch nicht, gleich bei dem ersten öffentlichen Auftreten der Kirche unter dem ersten christlichen Kaiser, das Haupt, durch die Irrlehre des Arius, gestützt auf die öffentliche weltliche Macht der verführten Nachfolger dieses Kaisers gegen die Kirche und ihre Athanasien mit Hintansetzung des römischen Stuhles zu erheben. Aber auch zugleich sehen wir die Päpste Ihr göttliches, und aller Christenwelt bekanntes Recht auf das Entschiedenste behaupten.

„Wisset ihr denn nicht," schreibt Julius an die rebellischen, ketzerischen Bischöfe des Orients, die sich erfrecht, Athanasius und andere Rechtgläubige unter dem Vorwande der Ungläubigkeit und anderer Verbrechen von ihren bischöflichen Sitzen zu vertreiben: „Wisset ihr denn nicht, daß dies der allgemeine Gebrauch sei, daß man uns vorerst schreibe, damit von hier aus, was Recht ist, ausgesprochen werde." "*An ignari estis, hanc consuetudinem esse, ut primum nobis scribatur, ut hinc, quod justum est, definiri possit.*" x) „Als," sagte er: „Wenn ihr verblendet durch Irrthümer, die Wahrheit des Glaubens nicht einsehet, nämlich: Die gleich-wesentliche Gottheit des Sohnes, — so mag dies noch leichter zu begreifen sein, weil es ein Glaubenssatz ist, den man nicht sieht; — aber wie könnt ihr das, was vor Aller Augen stets geübt und beobachtet war, nicht sehen, und das Ansehen des römischen Stuhles, und sein Entscheidungsrecht so un-

---

x) Hard. I. 610.

gehen, ganz gegen den weltkundigen Gebrauch der Kirche. Julius setzte die abgesetzten Bischöfe wieder ein, und die hochfahrenden Arianer, Eusebius selbst, dieser feine Hofmann an der Spitze, und von Constantius dem Kaiser beschützt, wagten nichts dagegen zu sagen. y)

Wohl versuchte späterhin der Kaiser auf der Synode von Rimini seinen Einfluß auszuüben; doch Papst Liberius kassirte die Synode; und auf Androhung des Kaisers in's Exil geschickt zu werden, erwiederte mit apostolischer Festigkeit Liberius: "*Non diminues tu, solitudine mea, verba fidei.*" — "**Durch meine Einsamkeit wird das Wort des Glaubens nicht gemindert werden;**" als sagte Er: "Wenn ich auch allein dastehe, so werde ich doch auch allein den wahren Glauben, als Fels, den Gott gesetzt, festhalten, und die Wankenden zu stärken suchen. Er hat es auch treulich gethan, wie wir im Anhange ausführlich nachweisen werden. Ebenso erheben dessen Nachfolger ihre Stimme.

Der spanische Bischof Himerius von Tarragona hatte an den Papst Damasus über verschiedene Punkte berichtet, und um Belehrung gebeten. Siricius, Nachfolger des Damasus gab sie ihm in einem päpstlichen Schreiben mit dem Ausdrucke: "*Cum auctoritate magisterii.*" In der Kraft seiner Lehrautorität. Der Papst sagt: "Du hast uns als Haupt gefragt; wir können nicht schweigen, da die Sorge Aller auf uns liegt, die Petrus in uns trägt, von dem wir vertrauen, daß er die Erben seiner Würde schirmt und schützt. Mithin ent-

---
y) Hard. I. 112.

scheiden wir durch allgemeinen Ausspruch, was von Allen zu thun, was zu melden sei." "Quid ab universis posthac Ecclesiis sequendum sit, quid vitandum *generali pronuntiatione decernimus.*" Er trägt dem Himerius auf, die Entscheidung den Bischöfen seiner Nachbarschaft, und den gallicanischen und afrikanischen Bischöfen mitzutheilen.

Marca a) bemerkt bei diesem Schreiben, der ganze Inhalt beweise, wie Siricius die päpstlichen Entscheidungen auf eine Höhe mit den Concilien setze. Ein anderes Schreiben ist "Ad universos episcopos" gerichtet. — Siricius spricht auf gleiche Weise, und beginnt sein Synodalschreiben an die 80 Bischöfe, die sich im Jahre 386 in ein Provincial-Concil versammelten, mit diesen Worten: „Wir haben uns bei den Reliquien des hl. Petrus versammelt, durch welchen das **Apostolat** und das **Episcopat** seinen **Ursprung** hat." Er setzt alsdann seine Anordnung fest, und schließt: „Wenn irgend Jemand in Aufgeblasenheit seines fleischlichen Sinnes von dem Inhalte dieser Verordnung abzuweichen sich unterfangen sollte, so wisse er, daß er unserer Kirchengemeinschaft verlustig, und den Höllenpeinen verfallen sei." "Si quis inflatus mente carnis suae ab hac canonis ratione voluerit evagari, sciat, se a nostra communione exclusum, *et gehennae poenas habiturum.*" — Der gelehrte Fürst-Abt Gerbert a) bemerkt da mit Recht: „Wer wird wohl glauben können, daß Siricius gewagt hätte, eine solche Sprache zu führen, wenn

---

a) T. 61.
a) P. 221.

seine Vorfahrer nicht gleichmäßig ihr oberstes Entscheidungs-Recht von altersher verwaltet hätten." Wir setzen bei: Und wenn die Kirche es nicht auch allgemein und offenbar anerkannt hätte.

„Die Tradition der Väter," schreibt Papst **Zosimus** († 418) in seinem Briefe an die Bischöfe Afrikas, „hat dem apostolischen Stuhle stets die Autorität zuerkannt, daß Niemand dessen Urtheil zu beurteilen sich erfrechen darf; "*ut de ejus judicio disceptare nullus audeat;*" und dieß zwar um des Namens Petri willen;" „denn," fährt Zosimus fort: „von dem ganzen canonischen Alterthume wurde einhellig in Kraft der Verheißung Christi unseres Gottes selbst, eine solche Gewalt diesem Apostel zuerkannt, daß er, was immer gebunden, löse, das Gelöste binde, in Verleihung gleicher Machtfülle an Alle, die Erben seines Stuhles durch ihn zu sein verdienten." "Ex ipsa quoque Christi Dei promissione, ut et ligata solveret, et soluta vinciret; *par potestatis data conditio in eos, qui sedis haereditatem ipso annuente meruissent;* nec patitur aliquid *privilegii* aut aliqua titubare aura sententiae, cui ipsa sui nominis firma et nullis hebetata motibus, constituit fundamenta."—

Zosimus entschied den Glaubensstreit wirklich, und wir wissen, was der damals unter den Afrikanern lebende Kirchenvater **Augustin** darauf im Jubel den Ketzern entgegen rief: „**Rom hat entschieden, der Streit hat ein Ende.**"——Dieselbe Sprache führt Zosimus in seinem Briefe an sämmtliche Bischöfe Galliens, und an die Synode von Rimini, eine Sprache, die so entschieden das Bewußtsein des Papstes von seiner apostolischen Machtfülle ausspricht, daß Casaubon b) diesen Papst mit dem Prädikate „ein vorzeitiger Hildebrandulus" — beehrte. — Doch eben dadurch, daß man eingesteht, die Sprache Hildebrands sei bereits die Sprache der Zeitgenossen Augustins gewesen, beweiset man ja unwidersprechlich, was wir behaupten: Es sei keine Anmaßung, sondern ein angestammtes, stets ausgesprochenes und anerkanntes Recht gewesen, welches die spätern Päpste ausübten, und gegen alle Angriffe vindicirten. — — Gewiß der Nachfolger des Zosimus spricht sich nicht minder kräftig aus.

Es war dieß **Bonifacius I.** (†422.) Wir haben oben bereits die Stelle aus dem Rescripte dieses Papstes angeführt, wo er sich zum Beweise der höchsten Vollmacht des apostolischen Stuhles auf das Zeugniß des ersten allgemeinen Concils von Nicäa beruft. In gleicher Weise schreibt er an seinen Vicar Rufus in Thessalonica: „Niemals war es gestattet, was einmal vom apostolischen Stuhle entschieden war, wieder in Verhandlungen zu ziehen." Und in seinem Briefe in der Streitsache des Perigenes sagt er: „Niemand hat sich je an dem apostolischen Throne, **dessen Urtheil unveränderlich ist**, vergriffen, **der nicht selbst gerichtet werden wollte**." "Nemo unquam apostolico culmini, *de cujus judicio non licet retrac-*

---

b) Exarell. IV.

*tare, manus obviae audacter intulit, nemo in illum rebellis exstitit, nisi qui de se voluit judicari.*" c)

Wie Papst Cölestin im Angesichte des ganzen Orients und des dritten allgemeinen Concils, in der Streitsache des Patriarchen von Konstantinopel seine apostolische Machtvollkommenheit ausgesprochen, haben wir oben angeführt. „Wir befehlen euch," sagt er, „die Autorität des apostolischen Stuhles unverletzt zu bewahren; mithin, wenn es zur Erörterung kommt, dürft ihr nicht streiten, sondern müsset über ihre Meinungen entscheiden." — In dem Buche " Practeritorum sedis apostolicae episcoporum auctoritates," welches einhellig von Kritikern diesem Papste zuerkannt wird, heißt es: „Nur das ist zu befolgen, und als wahr zu bekennen, was der heilige Stuhl des seligen Apostels P e t r u s, durch die Machtverwaltung seiner Vorsteher, festgesetzt und gelehrt hat. W a s d i e s e n  A u s s p r ü c h e n  e n t g e g e n  i s t,  e r k e n n e n  w i r  d u r c h a u s  n i c h t  a l s  k a t h o l i s c h  a n." " Ea tantummodo sequi et probare profitentur, quae sacratissima beati apostoli Petri sedes per *ministerium praesulum suorum sanxit et docuit*.— Satis sufficere credimus, quidquid apostolicae sedis nos scripta docuerunt, *ut prorsus non aestimemus catholicum, quod apparuerit praefatis sententiis esse contrarium.*"

Noch wichtiger in gewisser Hinsicht ist uns der Ausspruch des Papstes Sixtus, Nachfolger des Cölestin, dessen wir zwar schon erwähnt, den wir aber hier noch einmal und ausführlicher angeben, weil er in seiner gan-

---
c) Epist. 8, 9, 10, 18.

jen Tiefe den Grund dieses Glaubensfatzes in wenig Worten völlig erschöpfend gibt. „Du haft es nun erfahren," schreibt nämlich der Papst an den Patriarchen von Antiochia, „was es heiße, mit Uns eines Sinnes sein. **Derselbe Petrus, der in seinen Nachfolgern lebt, lehrt, was er erhalten.** Wer wollte sich von der Lehre desjenigen trennen, welchen unter den Aposteln der Meister vor allen gelehrt? Nicht das Hören von einem Andern, nicht ein geschriebenes Wort hat ihn unterrichtet; er ward mit den Andern belehrt aus dem Munde des Lehrers; **den absoluten einfachen Glauben, der keinem Streite unterliegt, hat er empfangen."** "*Absolutum et simplicem fidem, et quae controversiam non haberet, accepit.*" — Xistus nimmt seinen Beweisgrund, warum man von der Lehre Petri und seiner Nachfolger nicht weichen kann, wie der gelehrte Constant d) bemerkt, daher, weil sie den einfachen absoluten Glauben aus dem Urquell, der Christus ist, empfangen und geben; sei es auch, daß sie weder mündlich noch schriftlich anders woher unterrichtet sind. D. h. nicht seine menschliche Wissenschaft, sondern sein Verhältniß zu Christus und Petrus macht den Papst in seinen apostolischen Aussprüchen zum Quell des einfachen absoluten Glaubens.

Hören wir Leo den Großen (†454). In der ersten Rede der Jahresfeier seiner Erhebung auf den apostolischen Stuhl, spricht Leo also: „In Petrus," sagt er, „ruht die Kraft Aller, und die Hülfe der göttlichen Gnade

---

d) Praef. in epist. Pontific.

ward so geordnet, daß die Festigkeit, durch Christus dem Petrus mitgetheilt, durch Petrus aber den Aposteln verliehen wird .... Wir erfreuen uns also, indem wir dem ewigen Könige Jesu Christo Dank abstatten, welcher eine so große Macht demjenigen gegeben hat, den er zum Fürsten der ganzen Kirche gemacht hat, daß, wenn irgend etwas in unsern Zeiten auf rechte Weise verhandelt wird, es durch Uns, dem Steuerruder desjenigen zugerechnet werden muß, zu dem gesagt wurde: „Du einstens bekehrt, stärke deine Brüder," und zu dem nach der Auferstehung, der Herr dreimal sprach: „Weide meine Schafe," was er auch jetzt sonder Zweifel thut, und den Auftrag des Herrn vollführt der fromme Hirt, der uns durch seine Ermahnungen stärkt, und für uns zu bitten nicht aufhört." In der Anrede, bei seiner zweiten Jahresfeier, sagt er: „Im römischen Papste fährt der selige Petrus fort, die Sorge für alle Hirten zu sein, dessen Würde auch nicht in dem unwürdigen Erben geschwächt wird."

Hören wir noch, wie Leo der Papst in seinem Schreiben an Leo den Kaiser sich in Betreff der Streitsache des Anatollus ausdrückt: „Da," sagt er, „die allgemeine Kirche, durch Erbauung jenes vorzüglichen Felsens, zum Felsen geworden ist, (also durch Petrus erst ist die Kirche felsenfest und unerschütterlich) und jener Erste der Apostel aus dem Munde des Herrn selbst gehört: „Du bist Petrus ꝛc., wer anders, als der Antichrist kann es wagen, diese unbestreitbare Wahrheit anzufechten." — Gewiß ein denkwürdiges Prädicat, das wir unseren Gegnern zur ernsten Erwägung empfehlen. „Es bleibt also die Anordnung der Wahrheit, und der selige Petrus in der erhaltenen Stärke des Felsens, verläßt die erhaltene Regierung der Kirche nicht." "*Quis est, nisi Antichristus, qui pulsare audet inexpugnabilem veritatem. Manet ergo dispositio veritatis, et b. Petrus in accepta fortitudine petrae perseverans, suscepta Ecclesiae gubernacula non reliquit.*" Andere Zeugnisse des hl. Leo kamen bereits bei Gelegenheit des vierten Conciliums vor.

Auch **Simplicius** (†483) in seinem Schreiben an Kaiser Zeno, in welchem er den Kaiser an seine Fürstenpflichten erinnert, spricht in demselben ein überaus herrliches Zeugniß für das Bewußtsein seiner apostolischen Vollmacht aus: „Es blieb," sagt er, „in dem Nachfolger auf dem päpstlichen Stuhle eben diese eine und selbe Norm apostolischer Lehre," "*haec et eadem apostolicae norma doctrinae,*" „dem der Herr die Sorge des ganzen Schafstalles aufgelegt, dem Er verheißen, daß Er ihn bis an das Ende der Welt nie verlassen, daß die Pforten der Hölle denselben nie überwältigen würden, und dem Er das Zeugniß gegeben, daß, was durch seinen Ausspruch auf Erden gebunden würde, auch nicht im Himmel gelöst werden könne." "*Cujus sententia quae ligarentur in terris, testatus est, nec posse solvi in coelis.*"

Eine dieser ganz gleiche Sprache führt **Felix III.** (†492), in seinem Schreiben an eben diesen Kaiser, der ein Spielball rebellischer Factionen war, so wie an Acacius und Petrus Fullo, der sich in das Patriarchat von Antiochia einzudrängen versuchte. — Er citirt den Ersten nach Rom, auf daß er dem hl. Petrus Rechenschaft gebe, und verdammt den Andern gleichfalls mit dem Ausdrucke: „Der hl. Petrus habe ihn gerichtet."— Alles spricht das Bewußtseln aus, „Petrus lebe in ihm und allen den Würdenträgern Petri, annoch zu Rom; und nie," schreibt er, „was immer für Gefahren die Kirche umringen mögen, werde das Urtheil Petri deßhalb etwas von seiner wirksamen Kraft verlieren." "Quibuslibet sit vallata Ecclesia periculis, *nunquam pondus vigoris sui, censura beati Petri amittat — tanto non frangitur, sed potius erudita divinitus, crescit adversis.*" e) Das haben wir in neuester Zeit so auffallend erfahren. Wer hätte sich in den Zeiten des Indifferentismus eine solche Wirksamkeit der Censur Petri versprechen mögen, als wir es gerade zu unseren Tagen erfahren haben?!

Der hl. **Gelasius** (†496) im vierzehnten Briefe behauptet: „der hl. Petrus habe einen Stuhl gesetzt, welchen Er selbst segnete, daß er von den Pforten der Hölle, kraft der Verheißung des Herrn, niemals überwältiget werde, und der Hafen aller Bedrängten sei, daß, wer in demselben eingeht, sich einer glückseligen und ewigen Landung erfreuen werde; wer hingegen denselben verachtet, zusehen möge, welche Entschuldigungen er am Tage des Gerichtes vorbringen könne." "Quam ipse benedixit, ut a portis inferi nunquam pro Domini promissione vincatur, omniumque sit fluctuantium portus, in quo, qui requieverit, beata ac aeterna statione gaudebit; qui vero contemserit, *ipse videbit, qualia genera excusationum in die obtendat judicii.*"

In seinem Briefe an den Kaiser **Anastasius** sagt

---

e) Hard. II. 112.

er: „Das ist's, wofür der apostolische Stuhl Vorsorge trifft, daß, weil er für die Welt die Wurzel ist," "quia mundo radix est," (d. h. der Mittelpunkt der Einheit des Glaubens) „das glorreiche Bekenntniß des Apostels, durch keine Hinterlist der Bosheit angesteckt und befleckt werde; denn, wenn so etwas sich ereignen würde, was Gott verhüte und von dem wir vertrauen, daß es nicht geschehen könne, — von wo aus würden wir es wagen, irgend einem Irrthume Widerstand zu leisten? Oder woher würden wir für die Irrenden eine Zurechtweisung fordern?" "Nam si, quod Deus avertat, quod *fieri non posse* confidimus, tale aliquid proveniret, unde cuiquam *resistere auderemus errori?* vel *unde correctionem errantibus posceremus?*"

Der hl. Gelasius also behauptet, daß, gesetzt ein Papst fiele in einen Irrthum im Glauben, es um den Glauben der Kirche selbst geschehen sei.

In seinem Commonitorium an den kaiserlichen Präfekt Faustus, schreibt er auf die Anschuldigung, die ihm zu Ohren kam, daß einige Hofbischöfe, sammt dem Kaiser ihn unzeitiger Härte beschuldigen, durch welche er den Kirchenfrieden störe: „Man beruft sich," sagt er, „auf die Canones, und weiß nicht, was man redet. Die Canones sind es ja selbst, welche die Appellationen der ganzen Kirche an diesen Stuhl zur Entscheidung gebracht wissen wollten, von ihm aber sei es nie erlaubt zu appelliren; mithin habe er über die ganze Kirche zu richten, er selbst sich keinem Gerichte zu stellen, und könne von keinem gerichtet werden." . . . "*Cuncta per mundum novit Eccle-*

*sia, quoniam quorumlibet sententiis ligata Pontificum, sedes b. Petri apostoli jus habet resolvendi, utpote quae de omni Ecclesia jus habeat judicandi, neque cuiquam de ejus liceat judicare judicio; siquidem ad illam de qualibet mundi parte canones appelari voluerunt, ab illa autem nemo sit appellare permissus."* · „Was zur Religion gehörig, darüber steht ausschließlich dem apostolischen Stuhl das Endurtheil zu, "*summa judicii totius.*" Sie mögen sich ihre Albernheiten selbst behalten, — "*ineptias suas sibi servent,*" — wenn sie nicht vielmehr in sich gehen und bedenken, Christi Wort sei nicht müßig, welches dem Bekenntnisse Petri verheißt, die Pforten der Hölle würden dasselbe nicht überwinden; darum befürchten wir keinesweges, daß das apostolische Urtheil entkräftet werden könne, welches Christi Wort, die Tradition der Väter, und das ganze Ansehen der Canones stützt, so daß es jederzeit die ganze Kirche richtet ıc." "*Quapropter non veremur, ne apostolica sententia resolvatur, quam et vox Christi et majorum traditio et canonum fulcit auctoritas, ut totam potius Ecclesiam semper ipsa dijudicet etc.*" f)

Als Gelasius in einer Synode im Jahre 495 sich auf dieses sein oberstes Recht in Glaubensentscheidungen berief, erschallte aus dem Munde aller anwesenden Bischöfe zwölfmal mit Beifall in dieser Synode der Zuruf: „Wir sehen in Dir Christi Statthalter;" sechsmal: „Wir sehen in Dir den Apostel Petrus!" g)

---

f) Hard. II. 894 et 905. g) Hard. II. 942.

**Papst Hormisdas** (†535), sandte jene hochgefeierte Glaubensprofession, deren wir oben im siebenten Concil erwähnt, und die mit größter Bereitwilligkeit von allen Orientalen unterzeichnet ward, in der es heißt: „Dies sei die erste Glaubensregel, an den apostolischen Glaubensfels sich zu halten, da Christi Wort nicht umgangen werden kann. Du bist Petrus, ic. — was auch die That beweiset; — folgend daher in Allem dem apostolischen Stuhl, und seine Satzungen predigend, hoffe ich in einer Gemeinschaft mit demselben zu sein ic." Diese Formel sandte Hormisdas als "conditio sine qua non" der Rechtgläubigkeit, zur Unterschrift allen Griechen, die katholisch gelten wollten, und, wie Bossuet sagt, da sie alle unterschrieben, so hat sie die Beistimmung des Orients und Occidents, mithin der ganzen Kirche! h)

Dieselbe Unterschrift im gleichen Sinne, und mit der nämlichen Entschiedenheit verlangte auch Papst **Agapet** (†536), von Justinian dem Kaiser, der dieselbe auch von seiner eigenen Hand unterzeichnet, nach Rom sandte.

Was **Vigilius** betrifft, so haben wir bereits oben gesehen, wie durchdrungen von dem Bewußtsein seiner apostolischen Vollmacht er war, und wie er dieselbe im Angesichte des feindlich gesinnten Kaisers und seiner Hofbischöfe heroisch geschützt und ausgeübt.

**Pelagius** (†560), Nachfolger Vigil's, erklärt in seinen Briefen nicht minder feierlich den apostolischen Stuhl, als das anerkannte, oberste Glaubenstribunal der Kirche. i)

---

h) Baller. de vi ac ratione Prim. XIII.
i) Baron. ad an. 666.

Auf diese Glaubensprärogative beruft sich **Pelagius** II. (†590). In seinem Briefe an die Bischöfe Istriens sagt er: „Bedenket, daß die Wahrheit nicht lügen, noch der Glaube Petri in Ewigkeit erschüttert oder verändert werden könne." "Considerate, quod veritas mentiri non potuit, nec *fides Petri in aeternum quassari poterit vel mutari.*" — „Denn da der Satan alle Jünger zu sieben verlangte, hat für Petrus allein der Herr versichert, daß er gebetet habe, und von ihm wolle er die übrigen gestärkt, — dem er auch die Sorge der Schafe, — die Schlüssel des Himmels vertraut, und auf welchen er seine Kirche zu bauen versprach, gegen welche die Pforten der Hölle nichts vermögen sollten." — Mithin hätten sie noch Zweifel, in Hinsicht der drei Kapitel, so sollen sie selbe Ihm ohne weiters eröffnen, oder selbst nach Rom kommen.

Auf diese Glaubensprärogative beruft sich **Gregor der Große**, in seinem Schreiben an die Bischöfe Galliens, k) wo dieser, seine Rechte gewiß keineswegs übertreibende Papst, also schreibt: „Wenn in Glaubenssachen sich ein Streit erhebt, oder sonst ein Geschäft von Wichtigkeit, das Urtheil des apostolischen Stuhles benöthiget, so befleißet euch, nach wohl untersuchter Sache, dieselbe zu unserer Kenntniß zu bringen, auf daß von uns das außer Zweifel gesetzte, entsprechende Urtheil gefällt werden könne." — "Si quam vero contentionem, — *de fidei causa* evenire contigerit — relatione sua ad nostram student perducere notionem, quatenus a *nobis valeat*

---

k) L. V. ep. 53, 54.

*congrua sine dubio sententia terminari.*" — Und wie Gregor auf Behauptung der Rechte des apostolischen Stuhles bestand, betheuert er in seinem Briefe nach Konstantinopel, in der Angelegenheit des Bischofes Maximus von Salona: „Früher," schreibt Gregor der Große, „bin ich bereit zu sterben, —" *polius paratus mori,*" — als daß ich die Kirche des hl. Petrus in meinen Tagen schmälern lasse. — Lange trage ich's, — "*diu porto,*" — wenn ich aber einmal mich bedacht habe, es nicht mehr zu tragen, dann gehe ich jeder Gefahr freudig entgegen." 1)

Dieß ja war die Sprache Gregor's, und ist noch heut zu Tage die seines Nachfolgers Pius, und sie ist nichts anders, als das unerschütterlich tief und fest gegründete Bewußtseyn des göttlichen Rechtes, und blieb daher auch durch alle folgende Zeit die Sprache aller Stellvertreter Petri.

So Papst Theodor, in seinem Schreiben an Paulus von Konstantinopel. — So Papst Martin, der Glaubensheld und Martyrer (†655), von dem die russische Kirche in ihren liturgischen Büchern also singt: „Du hast dem göttlichen Throne Petri Ehre gemacht, — — glorwürdigster Meister aller rechtgläubigen Lehre; — Wahrheit verkündendes Organ der hl. Gebote, der den Cyrus, Patriarchen von Alexandria, Sergius, Patriarchen von Konstantinopel, und Pyrrhus und alle ihre Anhänger ausschloß, von der Kirche Jesu Christi." — m) Welch ein Bekenntniß aus dem Munde von Schismatikern?

---

l) Baron. ad an. 605.
m) Maistre du Pape 89.

In seiner Encyclica, in Betreff der Verdammung dieser Ketzer, vindicirt Martin vor den Augen des ganzen Orients, diese seine ihm vom Herrn durch Petrus gegebene Macht, "Secundum potestatem nobis a Domino datam per Petrum apostolorum principem." — Er ermahnt die Bischöfe, daß sie, als Söhne des Gehorsams, — "tamquam filii obedientiae," — einmüthig mit heiligem Eifer, seinem, für jene Zeit nach Jerusalem und Antiochia gesendetem Vikar, beistünden. Dem Vikar selbst schärft er strenge in seinem Commissorio ein, von Allen schriftliche Glaubensbekenntnisse abzufordern, zum Beweise, daß sie mit den Lehren des apostolischen Stuhles durchaus übereinstimmten. — Mit gleicher Entschiedenheit schreibt Martin an die Afrikaner und an den Kaiser selbst, dessen Typus er verdammte. „Das Urtheil des Papstes," sagt Martin, in Betreff Viktor's von Carthago, „ist das Urtheil des Apostelfürsten Petrus, der allein und vor Allen vom Könige der Könige, Christus, Gott gewürdiget ward, die Schlüssel des Himmels zu erhalten." n)

Auf diese oberstrichterliche apostolische Macht des Primats beruft sich Papst Vitalianus in der Angelegenheit des Erzbischofs und der Suffragan-Bischöfe von Creta. Der Bischof von Ravenna nennt eben diesen Papst den auf der ganzen Welt apostolischen und allgemeinen Papst "Toto orbe apostolicus et universalis Pontifex." In gleicher Weise Papst Adeodatus (†676) in seinem Schreiben an die Bischöfe Galliens in Betreff der Exemption des St. Martinsklosters.

n) Hard. III. 764.

Wie Papst Agatho sich im Angesicht des sechsten Concils aussprach, ward bereits oben nachgewiesen. o)

Auf diesen höchsten Glaubensprimat beruft sich mit der Unerschrockenheit Martin's, Papst Gregor II. (†731) gegen den Bilderstürmer Leo den Isaurier. „Wisse," sagt er, „Imperator, über Glaubenssachen urtheilen, ist nicht Sache der Kaiser, sondern der Päpste." "Scias imperator, s. ecclesiae dogmata non imperatorum esse, sed pontificum." — Zu diesem Papst lassen die liturgischen Bücher der Russen einen Engel Gottes sagen: „Gott hat Dich berufen, auf daß Du der höchste Bischof seiner Kirche, und der Nachfolger Petri des Fürsten der Apostel seiest." Er nennt den Papst die **unerschütterliche Friedensmauer des Orients und Occidents**. — Was auch der wüthende Kaiser immer tobte und tobend begehrte, Gregor antwortete demselben mit dürren Worten: „Bekleidet mit der Macht und Obergewalt des hl. Petrus, verbleiben wir 2c."

In dem Schreiben an Pipin, welches Stephan im Namen des hl. Petrus demselben schrieb, als Zeichen, in welchem Bewußtsein das Ansehen Petri in ihm als Nachfolger lebte, heißt es: „Ich, Petrus der Apostel... der Erleuchter der ganzen Welt — "illuminator totius mundi" — bin durch Bestätigung des Herrn dazu verordnet." — Und in dem andern Schreiben an Pipin lesen wir: „Die heilige Mutter aller Kirchen Gottes und das Haupt, das **Fundament des christlichen Glaubens, die römische Kirche**." "Fundamentum fidei christianae, *Romana ecclesia*."

---
o) Siehe die Akten des Concils.

Wie **Hadrian** im Angesicht des siebenten allgemeinen Conciliums sich aussprach, haben wir oben gesagt.

Auf diese oberrichterliche Macht beruft sich **Leo III.** im römischen Concil, und vor Karl dem Großen, der selbe auch höchst feierlich anerkannte: „Vom apostolischen Stuhl — riefen alle Väter des Concilio zugleich aus, werden wir alle gerichtet, Er hingegen wird von Niemanden gerichtet." "Nam ab ipsa nos omnes judicamur — ipsa autem a nemine judicatur." p)

**Gregor IV.** (†844) nahm den Bischof Abalrich gegen seine Unterbrüder kräftigst in den Schutz als oberster einziger Richter der Bischöfe.

Auf diese apostolische Vollmacht in kirchlicher Sphäre beruft sich **Benedict III.** (†858) in seinem Sendschreiben an die Bischöfe Galliens.

Kräftiger noch spricht sich Papst **Nicolaus** (†867) aus, weil er dazu bestimmter aufgefordert war. — In dem Briefe an König Karl heißt es: „Dieser heilige und erste Stuhl, dem die Sorge der ganzen Heerde des Herrn vertraut ist, sorgt, daß in allen Theilen der Welt Alles nach Anordnung seiner Richtschnur geordnet werde." "In omnibus mundi partibus, rectitudinis suae dispositione, cuncta ordinari procurat." — Und in dem Schreiben an Karl den Kahlen und die Bischöfe der Synode von Soissons: „Ihr werdet erkennen, daß nicht nur allein von Allem, was einigermaßen in Zweifel gezogen werden, oder irgend einer Frage unterliegen könnte, sondern daß auch in Vollbringung aller sonstigen kirchlichen Geschäfte an das Haupt des Episcopats, das

---

p) Ba.⸗. III. 635.

ist, an den Stuhl des großen Petrus von euch Alles zu bringen sei." "Non solum de omnibus, quae possint aliquam recipere dubitationem vel quamcumque incurrere questionem etc."... „Die Privilegien des apostolischen Stuhles sind Schirmbedeckungen der ganzen katholischen Kirche, Bollwerke wider alle Anfälle der Bosheit; "Privilegia sedis apostolicae tegmina sunt totius Ecclesiae catholicae; munimina sunt circa omnes impetus pravitatis;" denn was Rothad (Bischof von Soissons, durch Hincmar und Karl verfolgt) heute widerfuhr, woher wisset Ihr, daß es morgen nicht Jedem aus euch widerfahren möge?" "Quod Rothado hodie contigit, unde scitis, quod cras non cuilibet eveniat vestrum?" „Und wenn es geschieht, zu wessen Hülfe werdet Ihr fliehen?" "Quod si contigerit, ad cujus confugietis auxilium? etc." — Wenngleich hier es sich zunächst um Personen gehandelt, so leuchtet doch klar durch, wo nach der Lehre Nicolaus der oberste Gerichtshof in Dingen des Glaubens zu suchen sei.

In diesem vollen Bewußtsein der absoluten kirchlichen Prärogative seiner Cathedra apostolica schrieb derselbe Nicolaus den Bischöfen des Orients, und, wohlgemerkt, im neunten Jahrhundert, also: „Was war wohl in allen allgemeinen Concilien gültig, was auf irgend eine Weise angenommen, als das, was der Stuhl des hl. Petrus guthieß, wie Ihr es selbst wisset." "Quid ratum, quid prorsus acceptum, nisi quod sedes beati Petri probavit,

15

*ut ipsi scitis.*" — „So wie im Gegentheil, allein, was Er verwarf, das allein bleibt bis jetzt verworfen." "Sicut e contrario, quod ipsa reprobavit, hoc solummodo consistit hactenus reprobatum." — Aehnliches sagt er dem Kaiser Michael, und sprach es in der allgemeinen unerschütterlichen Glaubensüberzeugung der ganzen Christenheit.

Hören wir noch, wie Nicolaus die Ehetrennung König Lothars, durch einige feile Bischöfe in einer Synode von Mainz versammelt, erlaubt, als ungültig und unerlaubt verurtheilte: „Die Synode von Mainz," heißt es in dem kirchenoberhäuptlichen Urtheile an alle Bischöfe, — „verdammen wir, kraft apostolischer Autorität." — Die daran betheiligten Bischöfe, erklärt Nicolaus ihrer Würde entsetzt, und fügt bei: „Wenn Jemand die Dogmen, Befehle, Verbote, Satzungen und Dekrete für den katholischen Glauben oder für die Kirchen-Disciplin, vom Vorsteher des apostolischen Stuhles erlassen, verachtet, — der sei verflucht." — "*Si quis dogmata, mandata, interdicta, sanctiones vel decreta pro fide catholica, et pro ecclesiastica disciplina a sedis apostolicae praeside promulgata, contemserit, — anathema sit.*"

Wie Papst Hadrian II. (†872), sich im Angesichte des achten, allgemeinen Concils und des Kaisers Basilius aussprach, ward oben gezeigt.

Auf diese Glaubensprärogative beruft sich auch Papst Johann VIII. (†882), in seinem Schreiben an König Michael von Bulgarien. — „Wir glauben," sagt er, „daß es euch nicht unbekannt sei, daß der apostolische

Stuhl des hl. Petrus nie von andern Stühlen
des Irrthums sei bezüchtiget worden;
da er es ist, der alle andern, und vorzüglich den konstantinopolitanischen, sehr oft des Irrthums rügte oder von
Irrthum befreite; oder jene, die zu folgen sich weigerten,
durch das Urtheil seines Ausspruches verdammte." — In
gleichem Sinne sagte er dem Comes Petrus: „Der König lese nur die evangelische Geschichte," — "legat rex
evangelicam historiam et videat ibi," — und sehe allda
wie vor Allen allein, während sie so und so meinten,
Christus, der Sohn des lebendigen Gottes es Petro geoffenbaret, und ihm einzeln gesagt wurde: „Ich habe
für dich, Petrus, gebetet ɪc."... „Wenn also, während
„Andere irrig meinten, Petro vorzugsweise die Wahrheit
„geoffenbaret ist, und wenn für den Glauben Petri allein
„gebetet ward, daß er nicht abnehme, so möge der König
bedenken," — "consideret rex etc." — „Für diesen
reinsten Glauben weilte der selige Petrus zu Rom, in
diesem Glauben festigte er die Kirche, und litt für
selben den Tod." — "Pro hac itaque purissima fide.
beatus Petrus Romae commoratus, in hac stabilitavit
Ecclesiam, — pro hac fide, decus mortis assumpsit
etc."... „Diesen Glauben heißt es also auch vor Allem
nirgend anders suchen, als zu Rom, wo er von Petrus
gepflegt und eingepflanzet ward.". q)

In der Kraft desselben Bewußtseins
der höchsten Entscheidungsmacht des apostolischen Stuhles in kirchlichen Dingen, schreibt auch
Stephan IV. (†891), nach Konstantinopel: „Die

---

q) Bard. IV. 16—18, 50, 64, 69, 98, 102.

heilige, römische Kirche ist gleichsam zum Spiegel und Vorbild aller Kirchen gesetzt; wenn sie also etwas definirt, so bleibt es in alle Ewigkeit fest und unerschütterlich." — "*S. Romana Ecclesia velut speculum quoddam et exemplum Ecclesiis caeteris proposita est; quae si quid definierit, id omnibus saeculis firmum inconcussumque manet.*" — r) Dem Kaiser, der dem ungeachtet seinen Wunsch, in Betreff des Photius durchsetzen wollte, antwortete der Papst: „Wir haben uns sehr verwundert, wie du so schreiben konntest;... da du weißt, daß unsere priesterliche und apostolische Würde keineswegs der königlichen Hand untergeben ist;" — "*rerum tantum saecularium curam gerere debes,*" „du hast bloß zeitliche Dinge zu besorgen.... Die Sorge der Heerde, Christi, ist uns übergeben, — und ist um so vorzüglicher, als der Himmel über die Erde erhaben ist.*" *Gregis cura vero nobis commissa tanto praestantior est, quantum distant a coelo ea quae in terris sunt.*" — Höre den Herrn, der da sagt: „Du bist Petrus *ec.*" — Mithin mahnen wir dich, daß du den Dekreten des Apostelfürsten genau nachfolgest. Die Lehre und das Priesterthum aller Kirchen hat vom Fürsten Petrus seinen Ursprung erhalten, "*Institutio et sacerdotium omnium Ecclesiarum a Principe Petro ortum accepit, per quem et nos sincerissima doctrina monemus omnes et docemus,*" — durch den auch wir in bewährtester Lehre Alle ermahnen und lehren. — Wir sind erstaunt, deine Klugheit so verführt zu sehen.... wer hat

---

r) Mard. VI. 1130.

dich zum Richter der Bischöfe gesetzt?" "Obstupescimus, dum *tuum prudentiam seductam videmus... quis te Pontificum judicem constituit?!!* a)

Auf diese apostolische Vollmacht seines Weltapostolats beruft sich **Leo** VII. (†939) in seinem Rundschreiben an die sämmtlichen Bischöfe, Könige, Herzoge, Grafen ꝛc. *per Galliam, Germaniam, Bavariam, Alemaniam.*

Dasselbe thun mit nicht minder kräftigen Ausdrücken **Agapet** II. (†956), **Johann** XIII. (†972), **Benedict** VI. (†974) in seinem Bestätigungsschreiben an F r i e d - r i ch, Erzbischof von Salzburg und apostolischen Vicarius in Noricum und Pannonien, und **Benedict** VII. (†983) in seiner Zuschrift an sämmtliche Erzbischöfe, Herzoge, Grafen und Aebte in Teutschland und Gallien, an den Herzog Heinrich von Baiern und an den Kaiser selbst, in welcher er sagt, daß alle Mitpriester von allen Grenzen der Erde die Regel und Kraftfülle ihres Amtes von dem Ministerium der römischen Kirche erhalten.

Auf gleiche Weise äußern sich **Gregor** V. (†999), ein deutscher Prinz und würdiger Thronfolger Petri. **Silvester** II. (†1003), vor seiner Erhöhung auf den apostolischen Stuhl G e r b e r t genannt, und hochberühmt. **Benedict** VIII. in seinem Schutzbrief an die Bischöfe von Burgund, Aquitanien und der Provence. **Clemens** II. (†1047) in seiner Urkunde an die Erzbischöfe von Ravenna, Aquileja und Mailand. Besonders **Leo** IX. (†1054) in seinem Urtheilsschreiben an die Bischöfe Afrikas, die nach Rom sich an den hl. Vater gewandt: „Wir freuen uns," sagt er, „daß ihr von der hl. römischen

---
a) Hard. IV. 308.

Kirche, als eurer Mutter, das Urtheil verlanget in Betreff eurer Fragen, und zum Urquell euch wenden zu müssen für nothwendig erachtet habet; .. denn alle größern und schwierigeren Streitfragen sind durch den heiligen und ersten Stuhl Petri, von dessen Nachfolgern zu entscheiden." "*Omnium ecclesiarum majores et difficiliores causae, per sanctam et principalem Petri sedem, a successoribus ejus sunt definiendae.*" Dem neuen Patriarchen Petrus von Antiochia, welcher sein Glaubensbekenntniß eingeschickt, und dabei Anfragen gestellt, antwortete Leo in derselben Weise, und setzt diese höchst kräftigen, herrlichen Worte bei: "So bekräftigen "es alle ehrwürdigen Concilien, so die menschlichen Ge-"setze, — so der Heilige der Heiligen, — der König der "Könige, — der Herr der Herrschenden, daß dort die "höchste Würde und der ehrwürdige Schei-"telpunkt der ganzen kirchlichen Ver-"waltung hervorleuchte und emporrage, "wo das Haupt der Apostel, Petrus, die "Auferstehung am jüngsten Tage erwar-"tet! Nämlich der Einzige — "*Nimirum solus "ille,*" — für den, auf daß sein Glaube "nicht wanke, der Herr versichert, daß er "gebetet habe. Welches kräftige Gebet erhielt, daß "bisher der Glaube Petri nie abnahm, und daß er auch, "wie wir glauben, auf dessen Thron in Ewigkeit nie ab-"nehmen, sondern die, in verschiedenen "Glaubensgefahren erschütterten Her-"zen der Brüder, kräftigen werde, wie "er bisher sie zu festigen nie aufgehört.

„Meine Niedrigkeit also, die deßhalb auf die Höhe des „apostolischen Stuhles erhöhet ward, daß sie, was „gut zu heißen, gut heiße,—was zu ver-„werfen—verwerfe—2c." In seinem Schreiben an den Patriarchen von Konstantinopel sagt er: „Was immer für ein Volk der Welt anmaßend von der römischen Kirche abweicht, ist nicht mehr irgend eine—sondern gar keine Kirche zu nennen." "Ut in toto orbe, quaecumque natio dissentit superbe ab ea, non sit jam dicenda ecclesia aliqua, sed omnino nulla." Was Leo in diesem Schreiben kurz berührte, erörtert er ausführlich in einer seinem Gesandten mitgegebenen Denkschrift an den Patriarchen und seinen Freund Leo von Acrida: „Nicht durch einen Engel," heißt es in dieser wahren Denkschrift, „nicht durch einen Propheten, sondern mit eigenem Munde hat der Herr der Engel und Propheten es Petro verheißen: „Du bist Petrus 2c.—Ich habe für dich gebetet." "Erit quisquam tantae dementiae?"— Wird also wohl Jemand von solcher Vermessenheit sein, der das Gebet desjenigen, dessen Wollen — Können ist, sich erfreche, in irgend einem Dinge vergeblich zu erachten? Durch welchen Ausspruch der Herr gezeigt, daß der Glaube der Brüder zu verschiedentlichen Umständen gefährdet werden würde, jedoch durch den unerschütterlichen, unabnehmbaren Glauben Petri, gleich als mit Hülfe eines festen Ankers gefestiget, und in dem Fundament der allgemeinen Kirche gekräftiget werden sollte." "Sed inconcussa et indeficiente fide Petri, velut firmae ancorae subsidio, figendum et in fundamento universalis Ecclesiae confirmandum etc."* Und auf die ganze Maſſe geſchichtlicher Zeugniſſe ſich ſtützend, fährt Leo weiter fort: „Sind denn nicht wirklich vom Stuhle des Fürſten der Apoſtel, das iſt, von der römiſchen Kirche, ſowohl durch denſelben Petrus, als durch deſſen Nachfolger alle Irrthümer der Ketzer verworfen und ausgetilgt, und der Brüder Herzen, im Glauben Petri, welcher bisher nie abnahm, noch in Ewigkeit je abnehmen wird, befeſtigt worden? —*"tam per eundem Petrum, quam per successores suos reprobata et expurgata sunt omnium haereticorum commenta, et fratrum corda in fide Petri, quae hactenus non deficit, nec usque in finem deficiet, confirmatu!"*— Von dem Menſchen denkt Menſchen was ihr wollt — *de homine sentite homines quod vultis;* aber daß irgend Jemand aus Stolz ſich etwas gegen unſern apoſtoliſchen Stuhl anmaße, dies werden wir nie zugeben; denn, wer immer das Anſehen der römiſchen Kirche zu ſchmälern ſtrebt, der hat nicht nur den Umſturz einer Kirche, ſondern der ganzen Chriſtenheit im Sinne! *"Cujus enim sustentatione alterius, respirabunt filiae a quovis oppressae, unica illa suffocata matre? cujus refugium appellabunt?"* Oder durch weſſen andere Hülfe werden die, von irgend Einem erdrückten Tochterkirchen athmen, wenn dieſe einzige Mutter erſtickt iſt? weſſen Zuflucht werden ſie anrufen?" Kirchen der ganzen Welt in unſeren Tagen, wie fühlet ihr alle ſo ſehr die Wahrheit dieser Erinnerung zu unserer Zeit mehr denn je! — Ist nicht **Pius IX.** euere einzige Zuflucht?

So **Leo IX.** an die Griechen, so dessen Nachfolger **Victor II., Stephan IX., Nikolaus II.** „Deßhalb, sagt Nikolaus in seinem Briefe an Gervasius, Erzbischof von Rheims, „deßhalb ist uns das Ministerium Petri vertraut," "quatenus errata corrigamus," „daß wir was irrig ist, berichtigen."

So **Alexander II.** in der Synode von Rom, welcher die Rechtsanwalte des Kaisers beiwohnten: „Dieses Geschäft," sagt in selber Synode der Defensor Ecclesiae Romanae, „geht die ganze Kirche an, — nicht nur den Stuhl von Rom — denn so lange dieser steht, stehen die andern auch, wenn dieser als Fundament und Basis aber fiele, muß nothwendig der Sturz aller folgen." — "Hac enim stante reliquae stant; sin haec antem, quae omnium fundamentum est et basis, obruitur, caeterarum quoque status necesse est, collabatur. — Romanam Ecclesiam solus ille fundavit, et supra petram *fidei mox nascentis erexit etc.*"

Die Folgereihe hat uns bereits an die Zeiten des großen Repräsentanten der Machtfülle Petri in seinen Nachfolgern geführt, an **Gregor VII.** — Wir können es nicht oft genug wiederholen: Eben das von aller rechtgläubigen Welt anerkannte oberste Richteramt in kirchlicher Sphäre, und besonders in Entscheidungen über Glaubensfragen und göttliches Recht, in den Nachfolgern Petri, eben diese allgemeine Anerkennung, liegt der außerordentlich höchsten Richterwürde unter christlichen Völkern, wie sie jene Zeit in dem Statthalter Christi anerkannt, zu Grunde. Dieses Letztere kümmert uns zunächst freilich nicht; wie weit diessfalls das Recht der Päpste rechtmäßig sich erstreckt habe, ist hier auch nicht in Frage, jedoch das Factum ist von unermeßlicher Tragweite, für jeden denkenden Geist, der aufrichtig nach Wahrheit sucht, bei Beherzigung der Frage, die uns hier vorliegt: „Ob nämlich die oberste Machtfülle in kirchlicher Sphäre „von Christus wirklich Petro und seinen Nachfolgern „gegeben, ob diese sich selber stets bewußt, dieselbe al- „lenthalben ausgesprochen, und ob dieselbe von kirchlicher „Seite feierlich und offen anerkannt worden sei oder „nicht." Darüber fürwahr kann kein Zweifel obwalten! Oder, welche Sophistik in der Welt wird uns dieses Gewicht von Zeugnissen umzustoßen vermögen, das wir bisher auf die Wagschale des Gerichtes gelegt!

Wir haben nicht nöthig, die Aussprüche der folgenden Päpste darüber zu vernehmen. Das ganze Bullarium gäbe dafür Zeugniß. Sehr wichtig aber und interessant ist es, daß Gregor VII. noch vor Bernard, dem letzten der hl. Väter, in dieser Reihe der Zeugen glänzt, und daß somit das Zeitalter der hl. Väter diesen Papst mit einschließt, was den Einklang und Ausspruch kirchlicher Autorität in Betreff der Rechte des Primats und kirchlicher Anerkennung glanzvoll beleuchtet, und gegen jeden dogmatischen Angriff erhebt.

Es übrigt uns, daß wir noch den zweiten Abschnitt gedrängt durchführen, nämlich mit welcher Sicherheit, Kraft und Wirkung die Nachfolger Petri, nicht nur ihr oberstes Richteramt in Dingen des Glaubens vor aller

Christenwelt ausgesprochen, sondern in welchem Umfange sie auch dasselbe durch alle Zeitläufe der christlichen Jahrhunderte ausgeübt.

---

## Definitive Ausübung,

### durch welche

### die römischen Päpste ihr oberstes richterliches, göttliches Recht in Glaubens-Entscheidungen durch alle Jahrhunderte ausgeübt, und Anerkennung der absoluten Competenz dieses Gerichtes von Seite der Kirche.

Auch in dieser Hinsicht, wie in jedem der vorhergehenden Abschnitte, tritt uns aus der apostolischen Urzeit selbst ein Zeugniß entgegen, welches gleich im Fundament das Recht, das wir in den Nachfolgern Petri behaupten, für jeden unbefangenen Denker in gründlichster Beweisführung feststellet.

Dieses erste Factum betrifft die Beilegung der Spaltungen und Glaubensstreite der Kirche von Corinth durch Clemens, Schüler und zweiten Nachfolger des hl. Petrus auf den apostolischen Stuhl zu Rom. — Um diese Thatsache recht zu würdigen, muß man bedenken, daß, als die Corinther sich nach Rom um Entscheidung wandten, in der viel nähern Kirche von Ephesus, noch der Lieblingsjünger und Apostel Johannes selbst lebte;

daß ferner mehrere andere apostolische Kirchen, als die von Smyrna und Antiochia, weit näher lagen, als die Kirche von Rom; — und dennoch wandten sich die Corinther nicht an diese, nicht an den Apostel, sondern an den Nachfolger Petri zu Rom, welcher auch in aller Kraft seiner Amtsvollmacht ein Entscheidungsschreiben erließ, welches, wie Irenäus und Eusebius sich ausdrücken, wirklich den Frieden wieder herstellte, und die zerstörte Glaubenstreue befestigte. Welch kostbare Urkunde für das in apostolischer Zeit selbst anerkannte Glaubensvorrecht der römischen Bischöfe als Nachfolger Petri! Gewiß auf der Seite der von solcher Ferne, in solchen Umständen, Entscheidung und Hülfe Suchenden, sagt Rothensee, konnte nur die Erinnerung an den Auftrag des Herrn: „Schafe und Lämmer zu weiden, — die Brüder zu stärken," und das Vertrauen auf Christi Verheißung, „daß die Glaubenstreue des für so wichtige Aufträge Ausersehenen fest stehen werde," Aufforderung und Weisung sein dort Hülfe zu suchen, wo der Beauftragte, der Geträftigte des Herrn, der Felsen, auf den er seine Kirche baute, fortlebt und fortwirkt; — dort wo der Einheits-, Mittel- und Stützpunkt gegen jede Spaltung zu finden war. — Auf der andern Seite konnte nur das lebhafte Bewußtsein der von Petrus mit seinem Stuhle geerbten Weide- und Stärkungspflicht, das kraftvolle Einschreiten des hl. Clemens leiten. — Selbst die Centuriatoren von Magdeburg, diese so erbitterten Feinde der Kirche von Rom, konnten nicht umhin, „ein oberhirtliches Einschreiten" in diesem Factum anzuerkennen. — Schmitz in seiner Dissertatio de potest. legislat. Ecolesiae, (Heidelberg, 1792) nennt das Benehmen der Corinther ganz bei dem rechten Namen, — er nennt es einen **Recurs.** — Diesen aber nimmt man zur obersten competenten Stelle, welche also bereits in apostolischer Zeit, kraft dieser Thatsache zu Rom erkannt ward. — Und wer vermag die Fügung der Vorsehung zu verkennen, die es so leitete, daß die in unseligem Schisma versenkte Kirche des Orients selbst die köstliche Urkunde aufbewahren, und daß der calvinisirende Patriarch **Cyrill Lucar** zu Konstantinopel das Werkzeug sein mußte, dieselbe im Abendlande zu verbreiten. t) — Und nun von Clemens angefangen, sehen wir bis an unsere Zeit, vom päpstlichen Stuhle aus, auf die entschiedenste und entscheidendste Weise das göttliche Richteramt verwaltet, und unter Seinem Urtheil **die Irrthümer aller Jahrhunderte, gerichtet — sinken.**

Dieses apostolische Richteramt höchster Glaubens-Entscheidung nämlich übte, wie **Clemens**, **Hygin** im zweiten Jahrhundert, in der Streitsache des **Valentin, Cerdon und Marcion** aus; — verdammte die beiden ersteren, und söhnte letzteren mit der ganzen Kirche wieder aus, und zwar ohne weitere Anfrage; wobei Bercastel bemerkt: u) „Alle Kirchen erkannten den Ausweisungsspruch des apostolischen Stuhles an, und hielten sie von der Zeit an für nichts, als Ketzer. — Der Kunstgriff auf der einen, (er meint die Umtriebe dieser Ketzer, um den Papst zu hintergehen,) und der Abscheu von der

---

t) Vergl. den Katholik. August 1825, Seite 149.
u) Barc. l. I. 142.

andern Seite, zeigen auf gleiche Weise, daß in dem Erben Petri, wie in Petrus selbst, ein Oberhirt da ist, der alle Schafe, sie mögen herkommen, woher sie wollen, (Valentin, Cerdon und Marcion kamen aus Alexandria, Syrien und Pontus,) in die Heerde aufzunehmen, oder zurückzuweisen; über den Glauben eines Jeden, der sich in der Kirche zum Lehrer aufwirft, zu richten, zu prüfen, zu genehmigen oder zu verwerfen, berechtiget ist." — Also Bercastel. — **Eleutherius**, auch im zweiten Jahrhundert, verdammte die Gnostiker. Dieses oberste, apostolische Richteramt übte **Viktor** gleichfalls im zweiten Jahrhundert gegen die Irrlehrer Theodot von Byzanz, Ebion und Artemon, verdammte ihre Lehren, und stieß sie aus der Kirche; und überall galten sie, weil von Rom gerichtet, als Ketzer.

Dieses apostolische Richteramt übte Papst **Zephirin** (†219), im dritten Jahrhundert gegen die Irrlehrer Parereas und Proclus, welche nach Rom eilten, um durch ein trügliches Glaubensbekenntniß Montan und Tertullian, und somit ihre Sekte zu rechtfertigen. — Sie wußten gar wohl, diese Häresiarchen, den Glauben der Christenwelt, daß, was Rom gutheiße, allenthalben gelte; was Rom verwerfe, gleichfalls verworfen werde; doch es schlug ihnen, wie Cerdon und Valentin, fehl. — Der Papst richtete und excommunicirte sie, und sie waren und blieben somit in den Augen der ganzen Kirche gerichtet; — **das Urtheil des Papstes galt Allen als definitiv und peremptorisch.**

Zu eben diesem Papst **Zephirin** nahm, um Aussöhnung

und Wiederaufnahme zu erholen, auch ein gewisser **Natalius** seine Zuflucht, welchen der Häresiarch **Theodor** durch Ränke und Gold bethört hatte, ihr Bischof zu sein, gegen 150 Denare monatlicher Besoldung. — Im Bußsacke und mit Asche bestreut, warf er sich dem Papste zu Füßen, bekannte reumüthig seinen Irrthum und Fehler, und bat um Barmherzigkeit und Wiederaufnahme. v) — So erkannte man von allen Seiten die Nothwendigkeit, sich vor Rom zu legitimiren, und die Ketzerhäupter, so wie die von ihnen Verführten, wußten gar wohl, und bewiesen es durch Thaten, wo, nach dem allgemeinen Christenglauben ihrer Zeit und Vorzeit, die "Principalitas potior" zu suchen sei, "unde auctoritas proexto est," wie **Tertullian** selbst bekennt; den aber leider später eben diese "Auctoritas" verdammte. — Und zu diesen Thaten erhielten sie **keine Aufforderungen von Rom**, bedurften es auch nicht; sie wußten es **anderswoher;** — kein Concilium hatte es erst festgesetzt, kein Papstbrief vorgeschrieben, keine gemeinschaftliche Verabredung eingeführt. — **Es war göttliches, durch die Erblehre der Kirche, stets offenbar und weitkundig anerkanntes Recht.**

Dieses apostolische, oberste Richteramt übte **Cornelius**, im dritten Jahrhundert, gegen **Novatus** und **Novatian**, und verdammte ihre schismatischen Irrthümer, und so waren und blieben sie in den Augen der ganzen Kirche **gerichtet.**

Deßgleichen that Papst **Dionysius.** Er prüfte und

---
v) Eusebius V. 27.

verdammte die Irrlehren des **Sabellius**, wie des
**Paulus** von Samosat, und belehrte bei dieser Gelegenheit die ganze hl. Kirche. Der Irrthum blieb, als durch
rechtskräftiges Urtheil, im Angesichte der ganzen Kirche
verdammt und *gerichtet*.

In diesem Jahrhundert schrieb auch **Porphyr**,
ein heidnischer Philosoph, gegen das Christenthum, und
neckt in seinen Schriften die Christen unter andern,
„daß **Paulus** dem Fürsten der Apostel und **seinem
Herrn**, Vorwürfe zu machen sich erdreistet habe." —
Er mußte also doch wissen, in welchem Ansehen Petri
Würde, den Christen galt, da er ihn sonst ja nicht **den
Herrn des Paulus** hätte nennen können. Dasselbe erhellet aus dem Zeugnisse des Heiden **Ammianus Marcellinus**, Schriftsteller dieser Zeit, der
in seiner Geschichte, wo er von **Athanasius** und
**Constantius** spricht, der obersten Richtergewalt des
römischen Bischofes gleichfalls ausdrücklich Erwähnung
thut.

Dieses apostolische oberste Richteramt übte Papst **Damasus** (†384), im vierten Jahrhundert gegen **Apollinaris**, **Timotheus** und **Vitalis**, und verdammte in der Machtfülle seines Amtes deren Irrthümer.
Sie waren und blieben *gerichtet*. In Kraft dieses
apostolischen Richteramtes verdammte gleichfalls **Siricius**
(†308), den Häresiarchen **Jovinian** und seine Irrlehre; — sie war und blieb *gerichtet*.

Insonderheit aber leuchtete die Ausübung dieses Rechtes in der Verurtheilung der so berüchtigten und weit
um sich reißenden Irrlehre der Pelagianer, durch **Inno-**

renz und Zosimus. — Als nämlich Pelagius und sein Gehülse Cölestius ihre Irrlehren zu verbreiten anfingen, ergriffen die Bischöfe von Afrika, im Concil von Carthago und Milevi versammelt, sogleich ihren Recurs nach Rom, und hielten um ein definitives Urtheil an. Innocenz lobte ihren Eifer. Den Bischöfen des Concils von Carthago antwortete er: „Ihr Recurs sei ein Beweis, daß sie wohl wüßten, was sie dem apostolischen Stuhle schuldeten." "Ad nostrum referendum esse approbastis judicium, *scientes quid debeatur apostolicae sedi.*" — Ausführlicher noch lautet die Antwort und Billigung an die Väter des Concils von Milevi.

„Sehr zweckmäßig," schreibt Innocenz, „berathet ihr die wissenschaftlichen Tiefen der apostolischen Würde, der es, nebst der äußern Sorge aller Kirchen, obliegt, zu beantworten, welche Meinung in zweifelhaften Dingen zu halten sei; — darin seid ihr der alten Regel gefolgt, von der ihr mit Mir wisset, daß sie von der ganzen Welt stets sei beobachtet worden." — "*Antiquae scilicet regulae formam secuti, quam toto semper orbe, mecum nostis esse servatum.*" — Diese Beantwortung nennt in demselben Schreiben Innocenz „eine gewöhnliche Beschäftigung des apostolischen Stuhles." "Inter caeteras Romanae Ecclesiae curas et apostolicae sedis occupationes, quibus diversorum consulta, fideli ac medica disceptatione tractamus."

Und die Folge dessen war, daß fortwährend die richterlichen Aussprüche und Glaubensentscheidungen Roms als Lehre-, Unterricht- und Glaubensnorm in alle Welt

ergingen, wie Innocenz gleichfalls als weltkundig
beifeßt: „wiſſend nämlich, daß durch alle Provinzen von
dem apoſtoliſchen Quell, den Fragenden die Antworten
ſtets zufließen." „Vorzüglich, ſo oft es ſich um Dinge
des Glaubens handelt, ſollen alle Brüder und unſere
Biſchöfe, nur zu Petrus, d. i., zu dem Stifter ihres Namens und ihrer Würde alles berichten, ſo wie es nun
Euere Liebden gethan, was dann durch die ganze Welt
allen Kirchen gemeinſchaftlich zu Guten kommt." "Praesertim quoties *fidei ratio* ventilatur, arbitror omnes
fratres et Episcopos nostros nonnisi ad Petrum, i. e.,
sui nominis et honoris auctorem, referre debere, velut
nunc detulit vestra dilectio, *quod per totum mundum
possit omnibus Ecclesiis in commune prodesse*." „Darum ſchließen wir in Kraft apoſtoliſcher Autorität Pelagius und Cöleſtius, als Erfinder neuer Worte,
von der Kirchengemeinſchaft aus." So war und
blieb es, und dies Alles war alle, von aller Welt ſtets
anerkannte Regel; ja von den Keßern ſelbſt anerkannte
Regel, — ſelbſt von dem ſonſt ſo ſpitzfindig unterſcheiden-
den Pelagius. Wenn je, ſo gelten hier die goldenen
Worte des hl. Gregor von Nazianz: πρᾶξις ἐπίβασις
θεωρίας. — Er wagte es nicht, gegen dieſe Autorität zu
diſtinguiren, wie es leider ſpäter andere Irrthums-Con-
ſorten, die Anhänger des neuen Anti-Pelagius,
— wir meinen die Janſeniſten mit ihren Anhängern —
thaten.

Im Gegentheil, Pelagius war nur darauf bedacht,
ſich vor Rom zu rechtfertigen, — täuſchen wollte er die
Autorität des apoſtoliſchen Stuhles durch Liſt, — ſeine

absolute Competenz stellte er nicht in Frage. — Im Gegentheil, er schließt seine Rechtfertigungsschrift mit der Erklärung: „Wenn darin vielleicht etwas minder richtiges oder unbehutsames vorkömmt, so wünschen wir es von Dir verbessert, der Du den Stuhl und den Glauben Petri hältst." — "Emendari cupimus a te, qui Petri fidem et sedem tenes." — „Wenn aber unser Bekenntniß durch das Urtheil Deines Apostolats gutgeheißen wird, nun dann wird Jener, der mich bemakeln will, beweisen, daß er selbst nicht katholisch ist; nicht aber, daß ich ein Ketzer sei." —

Auch sein Freund Cölestius, begab sich in gleicher Absicht selbst nach Rom, da er es nicht wagte, den Briefen Innocenz zu widerstehen, sagt Augustin, sondern Alles, was dieser Stuhl verdamme, auch zu verdammen versprach. w)

Katholisch, und als solcher vom apostolischen Stuhle anerkannt zu heißen, war das Streben der meisten Irrlehrer. So hatte sich auch vorher schon Priscillian mit seinen Gesellen an Damasus gewendet, "ut objecta purgaret," wie Sulpitius Severus erzählt. Damasus ließ jedoch den Ketzer nicht vor sein Angesicht. Er durchschaute seine Heuchelei. So machten es die Päpste immer, sagt Lupus. Kein Ketzer, — es sei dann er habe sich bekehrt und feierlich den Irrthum abgeschworen, — hatte je das Angesicht des Papstes gesehen. Wir wissen, daß es dem unberufenen, eigenmächtigen Kirchen-Reformator von Pistoja, bei Pius VI. eben so

---

w) Aug. l. II. de pecc. orig. cap. VII.

erging. Was Pelagius betrifft, so traf seine Rechtfertigung nicht mehr Innocentius, sondern sie gelangte an dessen Nachfolger Zosimus. Dieser ging, wie es die Wichtigkeit der Sache erforderte, mit der dem apostolischen Stuhle so ausgezeichnet eigenen Ruhe und Umsicht vor sich, und tadelte die Hitze der Afrikaner, welche sich kurz daran hielten, Innocenz habe schon entschieden. Allerdings, schreibt Zosimus an sie, müsse das Urtheil des apostolischen Stuhles in seiner Kraft bleiben; er habe aber auch nichts dagegen entschieden, sondern nur nähere Aufklärung haben wollen, indem Cölestius den Recurs an den apostolischen Stuhl genommen, zur Besserung dessen, was gefehlt sein könnte, sich erboten, und seine Ankläger vorgefordert habe, die ihm zur Last gelegten Vergehen zu beweisen. — In solchen Dingen dürfe nicht oberflächlich zu Werke gegangen werden; und nun fügt Zosimus jene klassische Stelle bei, die wir oben angeführt. Nachdem Zosimus mit Ernst und Muße alles geprüft, erfolgte die Verdammung der Irrlehre, und die erforderliche Kundgebung an alle Kirchen mit einer Machtvollkommenheit und Wirkung, über die uns Augustin das herrlichste Zeugniß gibt, das wir nur immer verlangen können. „Von Rom sind Antwortschreiben gekommen," ruft er aus, „der Streit ist entschieden." "Rescripta venerunt, causa finita est, — utinam finiatur et error." Wenn nur auch der Irrthum ein Ende hätte! x) — Nicht an der höchsten und entscheidenden Competenz liegt der Mangel, sondern an der Halsstarrigkeit, der durch Hoffart und Irr-

a) Serm. II. de verb. apost.

thum Verblendeten, liegt die Schuld, wenn nach päpstlichen
Ansprüchen noch ein Widerspruch stattfindet. „Was
forderst du denn noch für ein Examen," schreibt er an
Julian, „da dasselbe bereits von dem apostolischen
Stuhl vorgenommen wurde?" Daher gehört auch die
oben angeführte Stelle des hl. Prosper: „Papst Zosimus habe durch seine Entscheidung die rechte Hand
der Bischöfe mit dem Schwerte Petri gewaffnet!" Mit
welcher Machtvollkommenheit Papst Cölestin den Häresiarchen Nestorius bereits vor dem Concil von Ephesus gerichtet, haben wir oben schon mitgetheilt. — Es
kann nicht leicht etwas Herrlicheres und Entscheidenderes
in dieser Hinsicht geben. Dasselbe gilt von Leo und seinem dogmatischen Schreiben, von dem ebenfalls schon
oben ausführlich die Rede war.

Dieses apostolische oberste Richteramt übte Felix III.
im fünften Jahrhundert gegen Accacius, Petrus
Mogus und Julio, und verdammte ihre Irrthümer;
— sie waren und blieben — gerichtet.

Deßgleichen that Agapet in der Streitsache des An-
thimus. Das päpstliche definitive Urtheil erklärte
ihn des Patriarchats verlustig. Durch solch ein Urtheil
verdammte Johann IV. (†642) die Ekthesis des Kaisers
Heraclius; Papst Theodor IV. (†649) die Anhänger des Paulus von Konstantinopel; Leo III. den
ketzerischen Bischof Felix Urgellitanus. Sie
waren und blieben — gerichtet.

Von den peremptorischen Glaubensentscheidungen der
Päpste Hadrian I. und II., und Nikolaus war bereits
oben die Rede.

In dieser Machtfülle des obersten Stuhles verdammte Leo IX. die Umtriebe des Michael Cerularius und das griechische Schisma; — Viktor II. die Irrlehre Berengars; Gregor VII. die Henricianer; Innocenz II. die Irrthümer des Abälard, welches Urtheil, weil, wie oben bemerkt, vom Papst in Anwesenheit eines allgemeinen Concils, doch ohne Einvernehmen desselben, ausgesprochen, gewiß der evidenteste Beweis ist, wie sehr die Nachfolger Petri ihres Rechtes sich bewußt, und wie dasselbe in kirchlicher Sphäre anerkannt gewesen sei. — Merkwürdig sind in dieser Hinsicht auch die Worte Bernards, mit welcher er im Namen des ganzen Concils von Soissons y) an den Papst schreibt: „Ich halte dafür, daß man jede Beeinträchtigung des Glaubens da zu ersetzen habe, wo der Glaube selbst keinen Mangel erleiden kann — "ubi fides non possit sentire defectum." — Dieß ist die Prärogative dieses Stuhles — "haec quippe praerogativa hujus sedis;" — denn, wem anders ist es je gesagt worden: „Ich habe für dich, Petrus, gebetet, daß dein Glaube nicht wanke." Also, was darauf folgt, wird vom Nachfolger Petri verlangt: „und du einst stärke deine Brüder." Dazu ist nun die Zeit 2c." Und wieder: „Ich habe denjenigen ermahnt, dem von Gott Gewalt gegeben ward, jede abweichende Behauptung zu verwerfen, und jede sich gegen die Wissenschaft Gottes erhebende Höhe zu beugen, und jeden Verstand im Dienste Gottes zu fesseln:" "et in captivitatem redigendum omnem intellectum ad obsequium Christi." — Wohlgemerkt, eine solche bindende Kraft erkennt Bernard

---

y) Ep. 192.

mit dem Concil von Soissons und mit der ganzen Kirche seiner Zeit in den Glaubens-Entscheidungen des Papstes — "captivantem omnem intellectum in obsequium Christi." — Und der Papst in dem Bewußtsein seines Rechtes entschied mit nicht minder kräftigen Worten: „Wir," schreibt Innocenz in seinem Urtheil, „die wir, obwohl unwürdig den Lehrstuhl des hl. Petrus einnehmen, dem einst vom Herrn gesagt wurde: „Du einst stärke deine Brüder!" wir verdammen die Lehrsätze Petri (Abälardi) und legen ihm als Ketzer ewiges Stillschweigen auf." z)

In gleicher Machtfülle verdammt Eugen III. die Irrthümer Gilberts von Porret; Sixtus IV. die des Petrus Osma.

In Kraft dieser apostolischen Vollmacht verdammte Leo X., die Lehrsätze Martin Luthers, — der anfangs keineswegs gegen das Glaubensrecht Petri in seinen Nachfolgern protestirte, sondern dasselbe überaus feierlich anerkannte, bis Leidenschaft ihn dahin trieb, daß er sich selbst als unfehlbar proclamirte, weil der Papst wider ihn definirte. In seinem Schreiben nämlich, an den Papst, erklärt Luther feierlich: „Heiliger Vater! zu Deinen Füßen „hingeworfen, opfere ich mich Dir mit Allem, was ich bin „und habe; belebe, tödte, rufe, widerrufe, bestätige, ver-„werfe, wie es Dir gefällt; Deine Stimme werde „ich als die Stimme des in Dir vorstehen-„den und redenden Christus anerkennen „rc. — "Prostratum me, o Pater! pedibus tuis offero

z) Conc. Tom. 10. pag. 1022.

— 242 —

"cum omnibus, quae sum et habeo: vivifica, occide,
"voca, revoca, approba, reproba, ut placuerit; *vocem
"tuam vocem Christi in te praesidentis et loquentis ag-
"noscam, etc.*" —

Dem päpstlichen Legaten betheuerte er im Beisein Anderer: „Ich erkläre, daß ich die römische Kirche in all' meinen gegenwärtigen, vergangenen und zukünftigen Worten und Thaten verehren und ihr folgen will. — Sollte ich je was anders gesagt haben, so soll es als nicht gesagt betrachtet sein." — "*Protestor,*" — so protestirte damals der Coryphäus der Protestanten, "*protestor, me colere et sequi Romanam Ecclesiam in omnibus meis dictis et factis, praesentibus, praeteritis, et futuris. Quodsi quid aliter dictum fuerit, pro non dicto habere et haberi volo.*" — Was mögen sich Protestanten denken, wenn sie Luther auf diese Weise reden hören, und es nicht läugnen können, daß Luther so geredet?

In seiner "Resolutio propositionum," vom Jahre 1519, und anderort, a) beweist Luther den Primat Petri, wo er ganz nach katholischer Weise aus den Schriftstellen: "Tu es Petrus etc." und aus der Tradition argumentirt und behauptet: „Die ganze Welt ist darin Eins, daß die Amtsgewalt des Papstes durch diese Schriftstellen begründet werde."

Erst als seine Lieblingssätze vom Papste verdammt waren, kam der Blitz der Erleuchtung in seinen Kopf. Nun gab es mit einem Male nichts Fluchwürdigeres, als den Papst, und Alles was Dessen ist. Nun hatte er mit

---
a) Opp. Jenens. tom. V.

einem Male die Ueberzeugung, das Papstthum sei das
Reich Babylons, und die Macht des starken Jägers Nim-
rod; b) der Papst selbst, sei der Antichrist. — Indeß, so
heftig die Leidenschaft wogte, die ihn so reden hieß, war
sie doch nicht im Stande, für r u h i g e r e Stunden sein
b e s s e r e s  W i s s e n  u n d  G e w i s s e n  ganz zu
verdrängen. — Elf Jahre, nach begonnener Protestation,
konnte er nicht umhin, noch also zu bekennen: „Wir
„bekennen, daß unter dem Papstthum viel christliches
„Gute, ja alles christliche Gute sei, und daselbst herge-
„kommen sei zu uns; nämlich wir bekennen, daß im Papst-
„thum die rechte heilige Schrift sei, rechte Taufe, rechtes
„Sakrament des Altars, rechte Schlüssel zur Vergebung
„der Sünden, rechtes Predigtamt, rechter Katechismus.
„I c h  s a g e,  d a ß  u n t e r  d e m  P a p s t  d i e  w a h r e
„C h r i s t e n h e i t  i s t,  j a  d e r  r e c h t e  A u s b u n d
„d e r  C h r i s t e n h e i t,  s o  m u ß  s i e  w a h r l i c h
„C h r i s t i  L e i b  u n d  B l u t  s e i n  ꝛc." Im Jahre
1532 sagt er in seiner Schrift gegen die Sakraments-
Schwärmer: „Das Zeugniß der ganzen heiligen, christ-
„lichen Kirche, wenn wir schon nichts weiter hätten, soll
„uns allein genug sein; denn es ist gefährlich und er-
„schrecklich, etwas zu hören oder zu glauben, wider das
„einträchtige Zeugniß der ganzen hl. christlichen Kirche, so
„von Anfang her, über fünfzehn hundert Jahre, in aller
„Welt einträchtig gehalten hat! — Wer nun zweifelt,
„der verdammt nicht allein die ganze hl. christliche Kirche,
„als eine verdammte Ketzerin, s o n d e r n  a u c h  C h r i-
„s t u m  s e l b s t,  m i t  a l l e n  A p o s t e l n  u n d

---

b) De cap. Babyl. vom Jahre 1520.

„Propheten, die den Artikel: „Ich glaube eine hl. „christliche Kirche," gegründet haben; und gewaltig be- „zeugt Christus: „Sieh ich bin bei euch bis an das Ende der „Welt;" und Paulus: „Die Kirche Gottes ist eine Säule „und Grundfeste der Wahrheit."—Gott kann nicht lügen, „also auch die Kirche nicht irren." — So Luther im Jahre 1532. Als es aber darauf ankam, sich dem Urtheil des apostolischen Stuhles zu unterwerfen, und seinen eigenen Irrthümern abzuschwören, da rief er: „Es kümmert uns nicht, wenn die Päpste schreien: „die Kirche, die Kirche, — die Väter, die Väter!" — **Propheten und Apostel haben sich geirrt; — durch Christi Wort richten wir die Kirche und Apostel.**" — Sio?!

Ja nicht einmal dabei vermochte dieser Gefallene stehen zu bleiben, sondern gedrängt durch das Gewicht der absoluten Nothwendigkeit, ein unfehlbares Richteramt im Reiche Gottes anzuerkennen, und den schon nicht mehr anerkennend, zu dessen Füßen geworfen, er früher Christi Stimme zu vernehmen, betheuerte, wagte er es, seine **eigene Unfehlbarkeit**, als Glaubensnorm zu proklamiren. „Ich kümmere mich nicht," schrie Luther, als ihm Christi Wort deutlich entgegen gehalten wurde, zum Beweis der Nothwendigkeit, sich dem Ausspruch der Kirche und ihres Oberhauptes zu fügen, — „**ich kümmere mich nicht um Sechshundert Schrifttexte!**" — Hört Protestanten! — Luther kümmert sich selbst nicht um sechshundert Schrifterte! — und doch soll sie statt dem Glaubenswort des Statthalters Christi, Glaubensnorm sein? — Was hatte denn also Luther endlich für ein Glaubensprincip aufgefunden? — **Sein eigenes Wort ist es!** — „Meine Worte, — sagt er, — sind Christi Worte, mein Mund ist Christi Mund, — Ich bin gewiß, daß ich nicht irren kann." — „Wem da scheint, daß ich gegen den Gebrauch der Kirche, gegen den Ausspruch der Väter gelehrt habe, der soll wissen, daß ich mich um das Alles nicht kümmere." — Sic?

Bis dahin also muß man kommen, wenn man das Apostolat des Statthalters Christi zu verwerfen wagt! Welch ein merkwürdiger Zeuge ist somit **Luther** für den Glaubensprimat Petri und seine durchgreifende Nothwendigkeit zur Festhaltung des wahren Sinnes der hl. Schrift und des ganzen geoffenbarten Wortes! Daß die Anerkennung dessen der Glaube der katholischen Kirche sei, hatten mit **Luther**, das ganze Heer protestantischer Wortführer und Autoren stets begriffen und den Rechtgläubigen stets, obwohl mit gleichem Unrecht, zum Vorwurf gemacht. Selbst der Name **Papist**, als gleichsinnig mit **Katholik**, der von der Zeit des **Protestantismus** herstammt, und bei Protestanten, als vermeintliches Schmähwort der Katholiken, so beliebt ist, was beweiset er anders, als daß sie genau den Unterschied zwischen sich und den Rechtgläubigen der Kirche fühlen, deren Glaubensfels und Schutz Petrus, in der Person des Papstes ist, während es für **Luther** und die Seinen die pure, allen Irrthümern preisgegebene **Vernunft** ist. Sie mögen uns „Papisten" nennen, sie erinnern uns dadurch an unsere Rechtgläubigkeit, in Folge jenes Ca-

nons der Orthodoxie des großen hl. **Ambrosius:**
„Wo Petrus ist, da ist die Kirche."

Aehnliche Anerkennung der Ausübung des richterlichen Glaubensamtes der Nachfolger Petri, finden wir auch in Calvins Schriften, doch auch gleiche Hartnäckigkeit und Verblendung der Leidenschaft von seiner Seite. Uebrigens ist es für unsere nivellirende und politisirende Zeit sehr merkwürdig, was Calvin c) von der allein seligmachenden Kirche äußert: „Außer ihrem Schooß," sagt er, "ist weder Vergebung der Sünden zu hoffen, noch ein Heil;" und in seinen Briefen d) heißt es von der Unabhängigkeit der Kirche von der fürstlichen Gewalt also: „Welch ein Beispiel würden wir geben, wenn wir gestatteten, daß der Fürst Richter der Lehre sei; daß, was er verordnet, zu halten sei.... Gewiß, wenn wir dieses Joch uns auflegen lassen, so verrathen wir, durch unsere Nachgiebigkeit, das hl. Amt." Gott ließ es zu, daß an diesen Helden der Reformation sich Christi Wort bewähre: „Aus deinem Munde richte ich dich, böser Knecht!"

In Kraft dieser apostolischen Glaubensvollmacht verdammten **Pius** V. und **Gregor** XIII. die Lehrsätze des **Bajus;** sie blieben **verdammt.** **Urban** VIII., **Innocenz** X. und **Alexander** VII., die Irrthümer des **Jansenius** und seiner Sekte. **Sie waren und blieben verdammt und gerichtet.**

Es dürfte wichtig sein, da diese Irrlehre unter den letzteren Sekten die namhafteste ist, genauer die Art und Weise darzuthun, mit welcher die Päpste da ihr oberstes

---

c) Inst. l. IV, c. 1.
d) Edit. Genev. pag. 50.

Entscheidungsrecht in Dingen des Glaubens ausgeübt, und gegen die Arglist der Ketzer unerschütterlich aufrecht und geltend erhielten.

Jansenius, der selbst sein Testament mit folgenden Worten schließt: „Wenn jedoch der römische Stuhl etwas daran, (d. h. von seinem Werke,) ändern wollte, so werde ich mich als einen gehorsamen Sohn erweisen, und jener Kirche, in der ich beständig zu leben das Glück hatte, bis auf meinen letzten Lebenshauch immerdar treu verbleiben," erkannte das oberste Richteramt des Papstes an.

Da sich jedoch nach dem Tode des Jansenius dessen Irrthümer immer weiter ausbreiteten, so berichteten die Bischöfe von Frankreich, da sie selbst kein Urtheil zu fällen sich getrauten, die ganze Sache an den päpstlichen Stuhl, indem sie diesen Grund dem Innocenz X. vorlegen: „Von jeher war es in der Kirche Sitte, über wichtigere Angelegenheiten, mit dem römischen Stuhle Rücksprache zu halten, und diese Sitte muß, weil der Glaube des Petrus nie wanken wird, in Folge seines Rechtes, immerfort beibehalten werden." "Quem fides Petri nunquam deficiens, perpetuo retineri pro jure suo postulat." „Eure Heiligkeit hat es ja selbst erfahren," heißt es weiter, „welches Ansehen und Gewicht der päpstliche Stuhl bei der Unterdrückung der Ketzereien habe. Denn sogleich legte sich der Sturm; Wind und Meer gehorchten auf die Stimme Christi." Der Papst erklärte hierauf feierlich jene bekannten Sätze des Jansenius für ketzerisch, am 9. Juni 1653. Die Bischöfe von Frankreich, sobald sie davon in Kenntniß gesetzt wurden, traten zu

Paris in eine Versammlung zusammen, den 15. Juli des nämlichen Jahres, und drückten in einem Briefe dem Papste ihre Glückwünsche und ihre Freude darüber aus, was durch dessen Entscheidung zum Wohle der Kirche Frankreichs geschah. Sie sagen unter anderem: „In dieser Angelegenheit ist besonders dies beachtungswerth: daß, gleichwie auf Ansuchen der Bischöfe von Afrika, Papst Innocenz I., die Ketzerei des Pelagius verdammte, so hat Innocenz X., auf Anfrage der Bischöfe von Frankreich, die der pelagianischen entgegengesetzte Ketzerei, durch seinen Machtspruch verbannt." — „Ein solches päpstliches Urtheil," sagen sie, „habe göttliches und durch die ganze Kirche geltendes Ansehen, dem alle Christen pflichtschuldig mit Beistimmung des Geistes sich zu unterwerfen haben." " *Cui omnes Christiani ex officio ipsius quoque mentis obsequium praestare tenentur.*" Und gegen das Ende: „Indem wir nun dem Innocentius, durch dessen Mund Petrus gesprochen hat, gleichwie die vierte allgemeine Synode, Leo I., zu diesem herrlichen Triumph Glück wünschen, so reihen wir, die von ihm gegebene Entscheidung, einstimmig und mit freudigem Jubel den ökumenischen Synoden an, die in den Jahrbüchern der Kirche verzeichnet sind."

Da aber die Jansenisten, ungeachtet dieser Erklärung der Bischöfe von Frankreich, dem Urtheile des Papstes nur durch Stillschweigen Genüge leisten wollten, ward die Sache neuerdings nach Rom berichtet; es wurde ein neues Dekret bekannt gemacht, in dem das frühere bestätiget wurde, wie man nämlich sein Urtheil dem Urtheile der Kirche zu unterwerfen habe, und noch dieses beigefügt: „daß der Unterwürfigkeit, welche die Gläubigen dem römischen Stuhle schulden, keineswegs durch ein bloßes Schweigen Genüge geleistet werde." "Et obedientiae fidelium erga hanc sedem debitae, non satisfieri obsequioso silentio." Auch dieser Ausspruch ward in ganz Frankreich mit Beifall aufgenommen und überall bekannt gemacht, wie die französischen Synoden, besonders die vom 22. September 1705 bezeugen.

Ja selbst nicht wenige Gönner des Jansenius erkannten die Unfehlbarkeit des Papstes in Glaubenssachen an, denn sie unterschrieben die Eidesformel, die von Alexander VII. abgefaßt, also lautet: „Ich N. N. unterwerfe mich der apostolischen Entscheidung der römischen Päpste, und verwerfe die fünf Sätze des Jansenius, ... in dem Sinne, den der Autor damit verband, und verdamme sie und schwöre: So wahr mir Gott und diese hl. Gottes-Evangelien helfen sollen."

In solcher apostolischer Machtfülle verdammte Innocenz XI. die Sätze des Michael Molinos, Clemens IX. die Irrthümer des Paschasius Quesnell, durch die bekannte und berühmte Constitution "Unigenitus;" Pius VI. die Irrthümer der Synode von Pistoja; Pius VII. die der Kleinkirchler, oder Anhänger der sogenannten "petite eglise;" endlich Gregor XVI. die Irrthümer des unglücklichen De la Mennais und Hermes; und zwar durch die Vollmacht Seines Weltapostolats, wie der hl. Vater sich ausdrückt. — Sie waren, — sind, — und bleiben — gerichtet.

In dieser apostolischen Machtfülle des kirchlichen Lehr-

amtes richtete und verwarf in unseren Tagen Pius IX. die
Irrthümer eines G ü n t h e r und F r o s ch h a m e r. Er
that noch mehr. Sich seines Berufes als unfehlbarer
Lehrer der Menschheit in Dingen des Glaubens bewußt,
erhob sich P i u s IX. und veröffentlichte seinen berühmten
"Syllabus." Durch dieses Dokument richtete und verwarf P i u s IX. als unfehlbarer Lehrer der Gläubigen die
gangbaren und heillosen Irrthümer unserer Zeit auf dem
Gebiete einer glaubenslosen Philosophie und anmaßen-
den Scheingelehrsamkeit in den Naturwissenschaften; die
sakrilegischen Uebergriffe auf dem Gebiete der Politik;
und die Prätensionen des Freiheitsschwindels gepaart
mit den Anforderungen des Fortschrittes der sogenannten modernen Civilisation.

Allerdings fühlten sich die Feinde der Wahrheit und
der Kirche überrascht, und wie verblüfft; sie spotteten äußerlich einer solchen Kundgebung der Lehrautorität von
Seite des Oberhauptes der Kirche; allein sie fühlten und
fühlen es, wie sicher P i u s IX. sich dieses Ihm von
Gott durch Petrus mitgetheilten Entscheidungsrechtes bewußt sei, entschlossen, dasselbe zum Heile der Kirche rücksichtslos auszuüben, was immer die Gewaltigen der Erde
im Dünkel ihrer Macht und Wissenschaft dazu sagen mögen.

Am herrlichsten jedoch machte P i u s IX. von dieser seiner Prärogative des unfehlbaren Lehransehens seiner apostolischen Vollmacht Gebrauch, als Er im Jahre
1854, umgeben von zweihundert Bischöfen der katholischen Welt, das Dogma der unbefleckten Empfängniß
Mariä aussprach. Er that es ohne Beziehung auf das

Dafürhalten des Episcopates der Kirche. Er befragte zwar früher die Bischöfe, um zu erkennen, ob eine solche Glaubensentscheidung in unseren Tagen als klug und heilsam sich erweisen würde. Gestattete ja das Concil von Trient selbst jahrelange Discussionen den daselbst versammelten Gottesgelehrten, ohne dadurch etwas von seinem unfehlbaren Ansehen zu vergeben. So that auch Pius IX. Allein er verlangte keine Mitentscheidung — keine Mitunterschrift für den Ausspruch des Dogmas selbst, sondern that dies mit der ganzen Majestät unfehlbarer apostolischer Machtfülle so feierlich, wie noch kein Papst es vor Ihm gethan. Wir dürfen kühn fragen: Hätten wohl die zweihundert gegenwärtigen Bischöfe es gewagt, trotz all dem, was bis auf den 8. Dezember 1854 sich zutrug, den Satz der unbefleckten Empfängniß Mariä im Angesichte der Werke eines Thomas von Aquin und Bernard, und in Abwesenheit von ungefähr sechshundert Bischöfen, als Glaubenssatz auszusprechen, und jeden Andersgesinnten als Ketzer zu verdammen? Pius erhob sich und that es. Und siehe! alle Bischöfe der ganzen Welt, und die ganze Christenheit mit ihnen bekennt nun diese Lehre als Glaubenssatz mit der ganzen Glaubenskraft des Papstes selbst. Wir fragen: War Pius IX. sich seiner unfehlbaren Lehrgewalt bewußt — und hat die Kirche dieselbe anerkannt? Kein Zweifel; das Dogma ist und bleibt — e n t s ch i e d e n.

Und wer wollte es wagen, nach Aufzählung aller der bereits durch achtzehnhundert Jahre sich aneinander reihenden Zeugnisse zu sagen: Pius IX. habe seine apostolische Machtfülle überschritten! Nein, Alle, die wahrhaft Schafe der Heerde Christi sind, — die kennen die Stimme des Hirten, den Christus selbst ihr gesetzt, und folgen ihr, wie die Heerde Christi durch achtzehn Jahrhunderte ihr gefolgt, und folgen ihr mit jener Anerkennung, mit der die Christenwelt stets die Glaubensprärogative und apostolische Vollmacht, in den Nachfolgern Petri, zur Leitung der Heerde Christi auf die wahre Weide des göttlichen Wortes, stets anerkannte, wie wir dies nun summarisch in den folgenden zwei Abschnitten, in Betreff der gelehrten und gekrönten Welt, und im Gesammtglauben der christlichen Völker, nachweisen wollen.

# VII.
# Anerkennung

**der apostolischen Vollmacht des Papstes in Glaubens-Entscheidungen von Seite der theologischen Schule, nämlich der Gelehrten und Universitäten, seit den Zeiten der heiligen Väter.**

---

Bernard, dieses glänzende Gestirn am Himmel der Kirche, schließt die Reihe der hl. Väter, im zwölften Jahrhundert. An dieses patristische Zeitalter schließt sich das der hl. Schule, nämlich das der Gottesgelehrten und Universitäten an, die nun freilich nicht als unmittelbare Zeugen der Ueberlieferung und Erblehre der Kirche auftreten, wohl aber als Zeugen der Anerkennung, was die Kirche ihrer Zeit, nach der Erblehre der christlichen Vorwelt seit jeher geglaubt, und was sie selbst als wohlunterrichtete Theologen als göttlich gegebenes Recht anerkannt haben. Sie sind somit mittelbare Zeugen für die Zeugnisse der christlichen Vorwelt, die wir angeführt, und unmittelbare Zeugen ihrer Mitwelt, also doch im Zusammenhange mit den angeführten Zeugnissen, Zeugen des ersten, stets einen und desselben Glaubens der Kirche aller Zeit.

An ihrer Spitze erglänzt das größte Genie theologischer Tiefe, das nächst Augustin auf Erden erschien, nämlich Thomas von Aquin, — dieses wahre Wunder, nicht nur göttlicher, sondern auch menschlicher Wissenschaft, dessen Aussprüche ihm mit Recht den Namen eines Engels der Schule erwarben.

Hören wir, mit welcher Präcision sich Thomas über den Glaubensprimat der Nachfolger Petri, über die höchste Autorität ihrer Entscheidungen und über deren absolute Nothwendigkeit für die zu erhaltende Einheit des Glaubens ausspricht.

In seiner "Summa Theologiae," e) wo er von der Abfassung eines Glaubenssymbols handelt, sagt er: „Seiner (des Papstes) Autorität steht es zu, letztlich zu bestimmen, was ein Glaubenssatz sei, damit selber von allen mit unerschütterlichem Glauben festgehalten werde. — Dieß aber kömmt der **Autorität des Papstes** zu, zu dem alle wichtigeren Fragen der Kirche gehören. Daher der Herr zu Petrus gesagt, den er zum Papst gesetzt: „Ich habe für dich gebetet, daß dein Glaube nicht wanke." Und Ursache dessen ist, weil **Ein Glaube in der ganzen Kirche sein muß**, nach jenem Ausspruche an die Corinther: „saget Alle Eins und dasselbe;" was aber unmöglich Statt haben könnte, **wenn nicht ein vorfallender Glaubensstreit durch denjenigen entschieden würde, der der ganzen Kirche vorsteht, auf daß so von der Kirche sein Urtheil fest gehalten werde."** — "*Quod*

---
e) Summa S. Thomae 2. 2. q. 1. a. 10.

*servari non posset, nisi quaestio fidei exorta determinetur per eam, qui toti Ecclesiae praeest, ut sic ejus sententia a tota Ecclesia firmiter teneatur.*" Und f): „**Die Kirche kann nicht irren, weil Jener, der in Allem erhöret ward wegen seiner Würde, Petro gesagt: Ich habe für dich gebetet, daß dein Glaube nicht abnehme.**" —

Wohlgemerkt, so redet Thomas gegen die Griechen, wo jede Uebertreibung durchaus nicht am Platze, ja höchst gefährlich gewesen wäre; und doch sagt Thomas in dieser Schrift den Griechen in's Angesicht, und konnte es ihnen, da ihre Väter ja mit andern Worten es den Päpsten oft selbst in Concilien zugerufen. — Er sagt: „**Gleichwie Christus vom Vater das Scepter der Kirche aus Israel hervorgehend, über alle Herrschaft und Gewalt erhalten, so daß alle sich Ihm beugen: so gab er auch Petrus und seinen Nachfolgern auf volleste Weise die vollste Gewalt, und keinem andern hat er (Christus) seine Gewalt, so wie dem Petrus, voll gegeben.**" "*Sic et Petro et ejus successoribus plenis-simam potestatem plenissime commisit, ut etiam nulli alii quam Petro, quod suum est, plenum ipsi dedit!!*" Bündigeres kann zur Feier der apostolischen Machtfülle des Papstes in jeder Beziehung gar nicht gesagt werden.

Ganz auf dieselbe bestimmteste Weise erklärt sich der gleichzeitige, gleichfalls höchst theologisch gebildete Lehrer

---

1) P. 3. q. 25. art. 1.

der Kirche und Fürst der Schule, Bonaventura. Er sagt in seinem "Hexameron" g): „Wie die Sonne unter den Planeten, so hat allein der Papst die allgemeine Machtfülle über alle Kirchen." — "Solus summus Pontifex universaliter, sicut sol super planetas, habet plenitudinem potestatis super omnes Ecclesias." — Wohlgemerkt, Bonaventura sagt nicht, „wie die Sonne unter den Sternen, sondern unter den Planeten, welche ihr Licht von der Sonne haben." "Fiat applicatio."

Er sagt in diesem Bilde nichts anders und nicht mehr, als was die alte Zeit in den so oft angeführten Ausdrücken, „Urquell und Wurzel," gesagt, wenn sie von der Beziehung des apostolischen Stuhles und seiner Lehre zu den übrigen Kirchen der Welt redet. Er spricht sich aber in scholastischer Form noch bestimmter aus in seiner "Summa Theologiae," h) wo er lehrt, daß der Papst nie und nimmer irren könne, vorausgesetzt, daß er als Papst entscheide, und die Meinung habe durch seine Entscheidung die ganze Kirche in Dingen des Heiles zu belehren. — Bedingnisse, welche alle Doctoren der Schule bis auf unsere Zeit stets festgehalten, und bis an das Ende der Zeit stets festhalten werden, und festhalten müssen, weil sie in dem Begriff der Glaubensprärogative der Nachfolger Petri eingeschlossen sind, die nicht als Privatpersonen, sondern als Oberhaupt der ganzen Kirche, und zwar in dieser Hinsicht als Lehrer der ganzen Kirche,

---

g) Serm. 21.
h) S. Bon. Summ. Theol. I. a. 2. D. 2.

zum nothwendigen Wohl der Glaubensfestigkeit, vom Herrn selbst im Glauben befestiget sind. — Diese Grundbeziehungen der gegebenen Macht, bestimmen auch die Grundbedingnisse ihrer Gültigkeit und Kraft. Nämlich als Papst, und mit dem Willen, die ganze Kirche in Dingen des Heiles zu belehren.

Ja nur dann und in so fern; — und diese Bedingnisse entfernen alles, was immer einseitige Auffassung unseres Satzes von Seiten gewisser Theologen und Nichttheologen Anstößiges und Bedenkliches haben könnte.

Daß aber die Gelehrten der ganzen heiligen Schule von Thomas und Bonaventura bis auf unsere Zeiten, ungeachtet zeitweiliger Umtriebe feindlich Gesinnter, welche seit den Wehen des großen Schisma zu Zeiten des Concils von Constanz, so manche unlogische Geister für einige Zeit blendeten, stets auf das Bestimmteste diese Wahrheit vertheidigt, festgestellt und ausgesprochen; dafür bürgen alle Bibliotheken der Welt, und wir haben Kürze halber nur nothwendig, die Namen und Werke aller dieser Lehrer und Kirchenschriftsteller von bewährter Autorität zu nennen, um die nothwendige Begründung unserer Behauptung in dieser Hinsicht festzustellen, und dem Leser die Uebersicht derselben vor Augen zu führen. Nur hie und da, wo besonderes Interesse es verlangt, wollen wir Stellen dieser Autoren ausdrücklich anführen.

Wir nennen aus der Reihe dieser Gelehrten, welche die Unfehlbarkeit des Papstes in Glaubens-Entscheidungen seit Thomas bekannten und lehrten: Johann von

Paris in seinem Werke: "De regia potestate et papali." Augustinus Triumphus in seiner "Summa de potestate ecclesiastica." — Durand von Pourçain in seiner Schrift "De origine jurisdictionum, seu de ecclesiastica jurisdictione." — Petrus Palubanus in seinem Werke "De potestate ecclesiastica." — Petrus Bertrandus in seinem Werke "De origine et usu jurisdictionum, seu de spirituali et temporali jurisdictione." — Alvarus Pelagius, Bischof von Sylves, in seinem Buche "De planctu Ecclesiae." — Joannes Turrecremata in seiner Rede "De summi Pontificis et generalis concilii potestate," und in seinem Buche: "De ecclesia et ejus auctoritate." i)

Ja selbst griechische Schriftsteller reihen sich an diese Gelehrten, und geben uns ein merkwürdiges Zeugniß, der niemals, selbst nicht im Orient unter den Griechen, völlig erloschenen Anerkennung dieser apostolischen Glaubensprärogative des römischen Stuhles. Ein solcher Glaubenszeuge ist der griechische Mönch Manuel Cale-

---

i) Wir können nicht umhin hier auch des merkwürdigen Schreibens des in jenen Tagen (1374) berühmten Petrarca an den Papst zu erwähnen, wo dieser scharfe Sittenrichter seiner Zeit den Papst mit diesen Worten zur Ausübung seiner oberhirtlichen Sorge in Ermahnung und Lehre, Unterricht und Strafe, aufruft: „Ihr," schreibt er, „ist nicht nur die Kirche von Rom, sondern die ganze Kirche vertraut.... Ich läugne nicht — ich beschränke nicht deinen Sitz... wo immer Christus recht verehret wird, da zweifle und läugne ich nicht, daß auch dein Stuhl sei..." Da wäre also auch nach Petrarca der Papst nirgends Ausländer, wo Christus anders, wahrhaft verehret wird. „Nein," fährt Petrarca fort, „nur das Weltmeer ist deine Gränze. O erster Hirt und Bischof der allgemeinen Kirche! Warum weilest Du an den Ufern der Durance, indeß der Brüderevent, Cypern, Rhodus, Achaja, Erirus, der ganze Orient, ja die ganze übrige Welt deine Sorgfalt, deinen Schutz anrufen?" — Derselbe Petrarca nennt Urban V. den Stellvertreter der Sonne der Gerechtigkeit. — (Barcastel XVI. ?c.)

c a s in seinen vier Büchern "contra errores Graecorum."
Er sagt in seinem vierten Buche: „Niemals mangelten
unter uns, aus jenen, die etwas zu bedeuten schienen,
Männer, welche mit der römischen Kirche einstimmen, die
Trennung von ihr als unvernünftig, und als gegen die
Gesetze und die Theologie unserer Väter geschehen, be-
trachteten."

Ferner **Joseph**, Bischof von Modon, **Bessarion**
und **Georgius Scholarius** — alle drei Griechen
und Schriftsteller zu Zeiten und aus Veranlassung des
Concils von Florenz. Letzterer sagt in seiner Apologie des
Concils von Florenz den hartnäckigen Schismatikern ins
Angesicht: „Der Papst ist der Nachfolger **Petri** des
Fürsten der Apostel, der Statthalter Christi selbst, **d e r
Vater und Lehrer aller Christen**. Und wahrlich,
wer könnte dies auch läugnen, **da Christus so klar,
und alle Doktoren offenbarer, als wenn
der Donner dröhnte, eben dieß behaup-
ten.**" "*Hoc profecto quomodo quis iudiciari possit,
cum apertissime Christus et omnes doctores manifestius,
quam si tonitru insonaret, hoc ipsum vociferantur.*"
Und wahrlich, ist es nicht ein übermächtig gewaltiger Donner von Stimmen, der aus dem Munde dieser hundert
und tausend von Zeugen in den bisher angeführten Zeugnissen uns durch alle Jahrhunderte entgegenhallt, insonderheit aus dem Munde der Concilien und der heiligsten
Bischöfe;— und wie viele Blitze fallen im schmetternden
Strahle der Wahrheit auf alle dagegen gerichteten Meinungen zermalmend nieder!

Dieselbe Ueberzeugung sprechen, gestützt auf das Ansehen,

besonders griechischer Väter, drei andere Griechen derselben Zeit aus, nämlich **Abraham** von Creta in seiner Vorrede der, aus dem von griechischen Notaren geschriebenen Exemplar des Concils von Florenz, verfaßten Uebersetzung. — Desgleichen **Philotheus**, Patriarch von Alexandrien in seiner Antwort auf die ihm vom Papste überschickte Unionsurkunde, und **Georg von Trapezunt**, ein griechischer gelehrter Laie. Wir können uns nicht enthalten, eine Stelle dieses Mannes, weil er ein Grieche, und in den Fächern des Wissens, so wohl bewandert war, daß Erasmus ihn "Vir de re literaria meritus" nennt, ausdrücklich ihrer eigenthümlichen Kraft wegen anzuführen. Er sagt in seiner Epistola ad hieromonachos Cretenses: „Petrus allein hat von Christus unmittelbar die Schlüssel des Himmelreiches empfangen; die Päpste haben sie mittels Nachfolge, von Petrus erhalten. Sonach haben alle Bischöfe, die von der römischen Kirche getrennt sind, alle, die mit dem höchsten Bischof nicht in Gemeinschaft stehen, diese Schlüssel des Himmelreiches nicht. Umsonst werden sie und ihre Anhänger rufen: „Herr, Herr, mach uns auf!" „Ich kenne euch nicht," werden sie zur Antwort erhalten. — **Nie wird diese Kirche vom Irrthum unterjocht werden**; sie die erste von allen, durch welche alle übrigen nur Eine und Dieselbe Kirche ausmachen. Sollet ihr etwa daran zweifeln, so höret Jesum Christum der da sagte: „**Du bist Petrus** ꝛc." Ja wohl, „**höret Jesum Christum, so werdet ihr auch Petrum und Christum selbst in seinem Stellvertreter hören**."

Nicht minder klassisch ist die Argumentation eines andern Griechen dieses Jahrhunderts, nämlich des Johannes Plusiadenus, Erzpriesters zu Konstantinopel. In seinem "Dialogus pro Synodo Florentina" schreibt er gegen seine schismatischen Landsleute also: „Christus will Ordnung in seiner Kirche; deßhalb machte er den hl. Petrus zum Ersten seiner Apostel, und gab dessen Nachfolgern eben darum mit demselben Primat, auch dieselben Rechte. Woher Er diese Rechte über die Kirche habe? Vom Ausspruche dessen, der da sagte: "Pasce oves etc.; tibi dabo claves." Hierauf gründet sich seine Gewalt zu befestigen, zu prüfen, zu regieren, zu corrigiren, was zum Glauben gehört." "*His auctoritatem habet confirmandi, examinandi, dirigendi et corrigendi, quae ad fidem pertinent.*" Die Griechen, die so mit Plusiadenus und ihren griechischen Vätern bekennen, hören darum nicht auf, Griechen und Orientalen zu sein; sie hören aber auf schismatisch und irrig zu sein, und gehen in die Wahrheit des Glaubens ein; sind dann Kinder der wahren Kirche, katholische Griechen, wie die katholischen Aethiopier, Syrier, Armenier aufhörten, eutychianische, nestorianische Aethiopier, Syrier, Armenier zu sein, sobald sie dem Irrthume entsagt, und das Glaubenswort der katholischen Kirche durch ihren Anschluß an den Stuhl Petri ungetrübt umfingen.

Den apostolischen Glaubensprimat der Nachfolger Petri bekennen und lehren ferner mit den Doctoren dieses Jahrhunderts der tiefgelehrte Spanier Alphonsus Tostatus, Lehrer zu Salamanca und darauf

Bischof von Avila, ein Mann, von dem Wharton sagt:
k) "Nulla humanae scientiae materia ipsi inaccessa.
Vir stupendae memoriae, incredibilis diligentiae ac
rari plane judicii," „der in zweiundzwanzig Jahren mehr
geschrieben, als ein Anderer beinahe in seinem ganzen
Leben aufmerksam lesen kann." l)

Ausführlicher noch und ex professo, der hl. Canonist
Joannes Capistran in seinem Werke "de dignitate ecclesiae," das er gegen die Hussiten, und "de Papae et concilii dignitate," welches er gegen die Anmaßungen der Baselenser geschrieben.

Deßgleichen der hl. Antonin. Das Ansehen dieses großen Lehrers ist zu groß, als daß wir umhin könnten, dessen eigene Worte darüber anzuführen. Er sagt:
„Wenn gleich der Papst als Privatper-
son irren kann, kann er doch in Dingen
des Glaubens nicht irren, wenn er als
Papst entscheidet." m) Und wo Antonin
von Dogmen des Glaubens und der Moral handelt,
verdammt dieser Lehrer den Gegensatz sogar als ketzerisch.
Er sagt: "Dicere, quod in hujusmodi Papa erraret,
esset haereticum." n)

Ferner Joannes Nauclerus in seinem Werke
"De monarch. eccl." bekämpft in demselben besonders
die Appellationen vom Urtheilsspruch des Papstes an ein
Concil. Ein Mißbrauch, der von den Kirchenrebellen
erst seit dem Concil von Konstanz, in Folge des unseli-

---

k) Cave, Sarc. synod.
l) Elect trifft Commentar in cap. XVI. S. Matthaei.
m) S. Antonin p. 4. lit. 8. c. 3. §. 4.
n) P. 3. lit. 12. c. 8. §. 3.

gen Schisma in Schwung kam. Eine Antastung des
päpstlichen Glaubensprimats und dessen oberstrichterlichen
Würde, die in dem Concil von Konstanz selbst durch
M a r t i n V. verdammt ward. N a u c l e r u s nennt
dergleichen Appellationen lächerlich, und schließt mit Recht
seine Argumentation dagegen mit diesen Worten: "Tot
sacris ecclesiae decretis canonibusque veluti divinis S.
Spiritus oraculis rite consideratis, justoque ratiocinio
theologicaeque sapientiae trutinatis, examine, quam
*juste anathematis gladium contra provocantes a pontifi-
cis judicio ad futurum concilium, a sedis apost. praesu-
libus evaginatum fuisse, credere debemus.*" M e l c h i o r
C a n u s nennt dergleichen Appellationen "*Fenestra
maxima ad obedientiae jacturam et verae pietatis per-
niciem.*" Hingegen gehören die A p p e l l a t i o n e n
a n  d e n  r ö m i s c h e n  S t u h l  v o n  w a s  i m m e r
f ü r  e i n e m  C o n c i l i u m,  z u r  a l l g e m e i n e n
P r a x i s  u n d  K i r c h e n d i s c i p l i n  a l l e r  Z e i -
t e n — was aber offenbar die Anerkennung des oberstrichterlichen Amtes im Papste aussagt. Dieses lehrt und
vertheidigt C a j e t a n in seiner Schrift "De auctoritate Papae supra Concilium." F r a n c i s c u s F e r -
r a r i e n s i s in seinem Commentar über des hl. T h o -
m a s Schrift "Contra gentes."

Auch der berühmte E r a s m u s von Rotterdam un-
terwarf seine Schriften dem Papste als höchstem Glaubensrichter. Man sehe seine Briefe an Bischof C h r i -
s t o p h von Basel, an M o r u s, an B e d a, F a b e r,
M e l a n c h t o n, an die Schweizer ꝛc. Er nennt in
denselben den Papst: Statthalter Christi, Oberhaupt der

Kirche, den Gesalbten des Herrn, der nach Gott die größte Macht habe, die einem Sterblichen auf Erden zukömmt; den ersten Prediger des Evangeliums. — Sehr viel zwar thaten die Reformatoren, um ihn den Ihrigen beizuzählen,—doch vergebens. Wie gut Erasmus Luther und dessen Treiben aufgefaßt, erhellt aus dessen Schreiben an Melanchton. Er sagt in demselben: „Luther legt Alles übel aus, er übertreibt Alles, und erregt, indem er Mißbräuche abstellen will, Aufruhr und Empörung." „Sie glauben viel geleistet zu haben, wenn sie einigen Mönchen die Kutte ausgezogen und einigen Priestern Weiber gegeben haben. Thut wohl Luther etwas, das sich mit der Frömmigkeit besser verträgt, wenn er dem Volke vorschreit: „Der Papst sei der Antichrist, Priester und Bischöfe seien Götzendiener." Mit einem Worte, das alte Evangelium hat die Menschen gebessert, das neue verderbt sie nur." Wir bemerken hier, wie eben der Einfall Luthers, den Papst den Antichrist zu schelten und als solchen dem Volke vorzubilden, der offenbarste Beweis von der allgemein geübten höchsten Amtsgewalt des Papstes in der Kirche derselben Zeit sei; denn nur so konnte Luther einen blendenden Schein für seine Verläumdung finden. Hätte der Papst nur irgend eine Gewalt noch in der Kirche über sich anerkannt, welchen Schein hätte wohl Luther für seine Crimination gefunden, „der Papst sei der Antichrist."?

Mit Kraft vertheidigte den Glaubensprimat der römischen Päpste auch der Engländer Reginald Paale im Jahre 1558, und belehrte mit großem Erfolg seine Landsleute von dem Verderben, ihres unter Heinrich

VIII. gemachten Schisma. Wollte Gott, diese Wirkungen wären auch eben so dauerhaft gewesen. Bündiger noch that es der im theologischen Wissen so tief begründete, aber auch als gründlicher Philosoph, Historiker und Philolog mit Recht hochgefeierte Melchior Canus. Wir führen die Worte des Gelehrten selbst an, weil sein Werk "De locis theologicis" als ein so besonnenes Werk die Anerkennung der ganzen gelehrten Welt mit Auszeichnung erhalten hat. Melchior Canus sagt im 6. Buche c. 7 et. 8 also: „Wer da läugnen wollte, daß dem römischen Bischofe dieselbe Gewalt zu binden und zu lösen zukomme, die wir glauben, daß Christus sie Petro gegeben, der würde mit allem Fug und Recht als Ketzer gelten. Mithin wer die Festigkeit Petri, seine Brüder zu stärken, den Nachfolgern Petri abläugnen wollte, der ist gleichfalls als Ketzer zu erklären. „Doch ich will," sagt er, „dem Urtheile der Kirche nicht vorgreifen."

Mit Recht sagt Canus, er wolle jedoch dem Urtheile der Kirche nicht vorgreifen; denn nur derjenige, der läugnen wollte, was die Kirche bereits mit bestimmten Worten definirt hat, ist Ketzer, und darf von Jedem als Ketzer gebrandmarkt werden. — Nun aber hat die Kirche wohl den Primat, nicht aber Seine speciellen, in diesem bereits eingeschlossenen Rechte explicite definirt. Denn die Kirche definirt nur nothgedrungen durch hartnäckigen, und zugleich die Rechtgläubigkeit der Uebrigen, unmittelbar gefährdenden Widerspruch, so daß man von dergleichen Definitionen in seiner Weise sagen kann, was Paulus von den Wundern sagt, nämlich: "*Signa gentibus,*" so sagen wir, "*Definitiones haereticis,*" Wunder für die Ungläubigen, — Definitionen für die Ketzer. Dem treu und kindlich gläubigen Herzen genügt der Kirche Wort als Mutter und Lehrerin, wenn es auch nicht unter Bannfluch gesprochen wird, wie dies bei gegenwärtigem Artikel der Fall ist. Die Kirche, sage ich, hat bis jetzt nur definirt, daß der römische Bischof wirklich der Nachfolger Petri und Statthalter Christi sei, das Haupt, der Vater und Lehrer aller Christen, der in Petro von Christo die volle Gewalt erhalten hat, die ganze Kirche zu leiten und zu regieren. Wer dies läugnen, und den Papst nicht in allen diesen Beziehungen anerkennen wollte, gewiß, der ist und bleibt ein Ketzer. Allein, wer den Papst so anerkennend denselben doch nicht, als für sich unfehlbar ausspricht, und anerkennt, der stößt wohl gegen eine unläugbare Wahrheit des Glaubens an, so wahr und gewiß alle die göttlichen und menschlichen Zeugnisse sind, die wir dafür angeführt; allein er verstößt sich gegen keinen Artikel des Glaubens, das heißt, gegen keinen definitio, präcis mit diesen Worten unter Anathem ausgesprochenen Glaubenssatz der Kirche; — er zerreißt also wohl, wenn er hartnäckig und wohlbewußt gegen die bindende Gewalt der Schrift- und Traditionszeugnisse sich sträubt, den innern Verband des Glaubens; indeß so lang er nach der Definition der Kirche den Papst als Doctor und Lehrer der ganzen Kirche anerkennt, dem er zu gehorchen durch göttliches Gebot verpflichtet ist, bleibt er im äußern Kirchenverband Katholik, auch wenn er im Herzen gegen unsere Thesis sündigte, und darf von Niemand als Ketzer verurtheilt werden.

Man wird da vielleicht freilich entgegnen: Das ist aber doch wohl alles Eins, — sagen müssen: Der Papst ist der Lehrer aller Christen, und somit der unfehlbaren Kirche, wie es die Kirche selbst im Concil von Florenz definirte, oder sagen "Er ist unfehlbar;" denn daß die Kirche selbst unfehlbar sei, ist ein Glaubensartikel, also muß wohl auch ihr Lehrer unfehlbar sein. Wir antworten: Für den consequenten Denker gilt dieß freilich Eins; — allein für das Gericht über Andere gilt dieses nicht alles Eins — und es hat dießfalls ein sehr großer, wichtiger Unterschied Statt. Denn der Andere darf nicht von uns als Ketzer gebrandmarkt werden, und verfällt auch, so lange keine Definition erfolgt, wegen seines Irrthums in keinen Kirchenbann. — Wie gesagt, definirt und anathematisirt die Kirche nur dort, wo offenbare Hartnäckigkeit ihr entgegentritt, und Gefährdung der Rechtgläubigkeit in ihrem innersten Grunde — wir meinen eine Hartnäckigkeit, mit der auch die *Fides implicita* nicht mehr fortbestehen kann. — So lange dieß nicht Statt hat, und der Streit und Widerspruch mehr im Worte, nicht aber im Glauben selbst liegt, tolerirt die Kirche dergleichen auf solche Weise geführte Disputationen, um größere formelle Spaltungen zu verhüten.

Wer die Kirche dießfalls tadeln wollte, müßte Gottes Langmuth auch tadeln, welcher die Schwächen der Menschen erträgt, um eben durch solche Langmuth den Fehlenden zu seiner Zeit zur Erkenntniß und Buße zu bringen. — Auch die Kirche erreicht diesen Vor-

theil durch Gott den hl. Geist erleuchtet, in Betreff der
nicht formell schuldbaren Irrthümer ihrer formell glau-
benstreuen Kinder, während sie zur Unzeit entscheidend
Tausende in Trennung und Ketzerei gestoßen hätte. —
Dergleichen Irrthümer verschwinden mit der Zeit von
selbst vor dem Licht der Sonne der Wahrheit, die in Ihr,
durch das Ihr von Gott geoffenbarte Wort stets siegend
leuchtet: wie die aufdampfenden Nebel vor dem mächtig
strahlenden Lichte der Sonne.

Vielleicht ist dieß gerade bei der Wahrheit, die wir hier
theologisch und historisch begründen und vertheidigen,
mehr als bei irgend einer andern der Fall. Einige Jahr-
zehende sind es zurück, wo diese Nebel der Vormeinung
gegen diese Glaubensprärogative des Primats am Aller-
dichtesten — und das besonders in Deutschland, aus
bekannten Ursachen des Febronianismus, und seiner Aus-
geburten, sich aufschichteten; und siehe, wie schwin-
den sie nun vor unsern Augen mit flie-
hender Eile! — Beinahe kein katholischer Denker,
der nicht auf die Bahn der hl. Väter und Lehrer der
rechtgläubigen Vorzeit einlenkt, ohne daß man sich dießfalls je verketzert hat. Dieß zur Beleuchtung des Gegenstandes hier beigefügt, fahren wir nun fort in der Aufzählung der anerkennenden Lehrer der hl. Schule. —
Dergleichen sind nebst den bereits aufgezählten: Bel-
larmin "De Rom. Pont." o) — Cardinal Orosius "De irrefragabili Rom. Pont. auct. in definien-
dis fidei controversiis." — Franciscus, Erzbischof
von Rouen in seiner "Apologia pro catholicis ad

---

o) Bell. de R. P. l. iv. c 2.

Jacobum Britaniae regem." p) — **Gabriel Abbaspineus**, Bischof von Orleans, in jene Worte Tertullians "Episcopus Episcoporum."—**Cardinal Gotti** "De vera Ecclesia J. Ch." q) — **Milante**, Bischof von Stablum " Exerc. 19 supra Prop. 29." — **Fenelon**, Erzbischof von Chambray in seinen "Instruct. pastoral." Dieser so edle und allseitig gebildete Bischof und Staatsmann! — **Jacobus Serry** "Dissertatio de Rom. Pont. "Falli et fallere nescio." — **Petrus Camus**, Bischof von Belly, und dessen Freund, der gelehrte und heilige **Franciscus von Sales**, in seinem Werke, das im Manuscript zu Rom in der Bibliotheca Chigiana aufbewahret wird, und in seinen Briefen.

Ferner vertheidigen diese Thesis in gründlichster Weise **Antonius Charles** "In tractatu: de libertatibus Ecclesiae Gallicae." r) — **Cölestinus Sfronbati** "Regale sacerdotium." — **Chartier** "De infallibili et suprema auctoritate SS. Pontificum." — **Bosevinus** "Tom. 4. do Concord." — **Troila** "L 6. de S. Pontifice." — **Petrus Matthäi** in seiner "Summa Const." — **Duval** "De suprema Potestate Rom. Pont." — **Cabassutius** "Notitia Concil." — **Petitbier** "Dissert. sur le Concil de Constance." — **Thyrsus Gonsalez**, "De Rom. Pontificis Infallibilitate." — Desgleichen die hochgefeierten Theologen **Sotus**, **Suarez**, **Ricenus**

---

p) l. 1. cap. 1. et 2.
q) Tom. l. a. 11.
r) Lib. 10.

de Lyra, Spondanus, Thomassinus,
Joannes Buteanus, Charmes, Domini-
cus Bannes, Berti, Mansi und Roncag-
lia und andere unzählige Dogmatiker bis auf die neueste
Zeit, so daß Sardagna mit Recht diese unsere Thesis,
als eine allgemeine Lehransicht der hl. Schule bezeichnen
konnte "Tom. 3. contr. 7. d. inerrantia Rom. Ponti-
ficia." — Wir nennen aus neuerer und neuester Zeit
namentlich die vortrefflichen Autoren, nämlich Ma-
machius "Antiq. Christ. et in lib. contra auctorem
opusculi "Quid est Papa?" — (Die bekannte Schmäh-
schrift des Eibel.) — Zacharia in seinem Anti-
febronius, und das klassische Werk der Brüder
Ballerini "De vi ac ratione Primatus." Der hl.
Alphons Liguori in einer eigenen Abhandlung
„über die Unfehlbarkeit des Papstes in Glaubens-Entscheidungen." — Ferner Devoti, Erzbischof von Kar-
thago in seinem "Iustitutionibus juris eccl. edit. Rom.
1824. Tom. I." — Maistre in seinem Werke "Du
Pape." Muzarelli in seinem Werke "Auctor.
Rom. Pontif. etc." Perrone: "Praelectiones
Theologicae de Summo Pontifice," und endlich Ca-
pellari (später Papst Gregor XVI.) in seinem
Buche: "Triumfo della Santa Sede."

Als Erblehre der hl. Schule, wie der gesammten
Christenheit erweiset sich dieses Bekenntniß auch nebst
dem Zeugniß der aufgezählten Gelehrten noch durch
das Zeugniß ganzer Universitäten. Bis an die Zeiten
des Conciliums zu Constanz war unsere Thesis die
einzige, die man in der theologischen Schule aller Uni-

verstälen vertheidigte. Wir führen zum Beweise dessen die Zeugnisse der Sorbonne selbst an, als Haupt und Organ aller Uebrigen, wie dies Erasmus mit folgenden Worten bekräftiget: „Gleichwie der apostolische Stuhl unter allen Kirchen der Welt den Vorrang einnimmt: so die Sorbonne unter den Universtälen." Gewiß ein gewaltiger Vergleich. "Parisiensis academia semper in re theologica non aliter principem tenuit locum, quam Romana sedes christianae religionis principatum; hactenus multum ponderis habuit haec vox: sic judicat facultas theologica Parisiensis." Hören wir also, wie diese Facultät von Alters her in Betreff der Glaubensprärogative Petri geurtheilt habe.

Im Jahre 1330 verdammte diese Facultät den Satz des Marsilius Paduanus, welcher behauptete, der Papst sei nicht unfehlbar. — Im Jahre 1324 bekannte eben diese Sorbonne, vereinigt mit der Kirche von Paris unter dem Vorsitz des Erzbischofs Stefan feierlich folgender Weise: „Die römische Kirche ist Mutter, Muster und Lehrerin aller Gläubigen im festesten Bekenntniß Petri des Statthalters Christi begründet, welcher, zur allgemeinen Regel, die Gutheißung der katholischen Wahrheit zusteht, die Verdammung der Lehren, die Erklärung der Zweifel, die Bestimmung dessen, was zu halten, und die Vernichtung der Irrthümer." — Wir wollen es noch einmal mit den Worten der Sorbonne und Kirche von Paris selbst sagen, es ist dieses Glaubensbekenntniß für unsere Zeit gar zu wichtig: "Romana Ecclesia fidelium omnium mater est et magistra in firmissima Petri Vicarii Christi confes-

*sione fundata, ad quam velut ad universalem regulam, catholicae veritatis pertinet approbatio, et reprobatio doctrinarum — declaratio dubiorum, determinatio tenendorum, et confutatio errorum."*

Eben diese Sorbonne bekannte durch Petrus de Alliaco, der das Wort im Namen derselben vor Clemens VII. führte: „Dieß ist der Glaube, den wir in der katholischen Kirche gelernt; sollte in demselben etwas weniger richtig oder nicht vorsichtig genug gesetzt sein, so bitten wir, daß es durch Dich verbessert werde, der Du den Glauben Petri und seinen Stuhl besitzest. — Denn es ist uns nicht unbewußt, sondern wir halten es festiglich und zweifeln keineswegs, daß der hl. apostolische Stuhl jene Cathedra Petri ist, auf welche die Kirche gegründet ist; ... von welchem Stuhl und Person Petri, die auf selbem ruht, gesagt ist: Petrus, ich habe für Dich gebetet, daß dein Glaube nicht wanke."
*"Non ignoramus, sed firmissime tenemus et nullatenus dubitamus, quod S. Sedes apostolica est illa Cathedra Petri supra quam fundata est Ecclesia — de qua sede et persona Petri in eadem sedenti dictum est: Petre, rogavi pro te, ut non deficiat fides tua."* a)

Im Jahre 1534 verdammte dieselbe Sorbonne die Sätze des Johann Moranbus und Marcus Antonius de Dominis, welche die Unfehlbarkeit des Papstes läugneten. t) Auch der hochgefeierte Petrus de Marca, dieses glänzende Gestirn der galli-

---
a) Vide J. 4. hist. univ. Paris. ad an. 1387 p. 127
t) Siehe Duval und Nauclerus p. 4. l. 8. C. 6.

canifchen Kirche des 17. Jahrhunderts, bezeugt von seiner
Zeit, daß, sowohl die Facultät von Paris, als alle
übrigen Universitäten der Welt die Unfehlbarkeit des Papstes lehrten. u) — Dasselbe bezeugt auch Petitbier, in seinem "Tract. de
auct. et infallibilitate S. Pontif." v)

Wie es aber gekommen sei, daß nach dem Jahre 1682
in Frankreich diese Einhelligkeit für längere Zeit gestört
ward, darüber im Anhange. Eine Abnormität, die übrigens der Autorität der ältern und spätern französischen
Schule so wenig Eintrag thut, als der Febronianismus
der Autorität der deutschen und übrigen Universitäten,
welche bis dahin einstimmig die Glaubensprärogative des
apostolischen Stuhles defendirten. So erklärte die Hochschule von Löwen im Jahre 1544 feierlich gegen Luther:
„Man hat festen Glaubens zu bekennen, daß eine wahre
katholische Kirche Christi auf Erden ist, und zwar eine
sichtbare, welche von den Aposteln gegründet bis auf
unsere Zeit fortbestehend erhält und aufnimmt, was
immer vom Glauben und von der Religion gehalten hat,
hält, und halten wird, — der Lehrstuhl Petri,
über den die Kirche von Christus erbaut
ist, daß sie in dem, was Glauben und Religion betrifft, nicht irren kann." "Firma
fide credendum est, unam esse in terris veram atque
catholicam Christi Ecclesiam eamque visibilem, quae
ab apostolis fundata in hanc usque aetatem perdurans

---
u) Vide Stephan. Baluzi in Comp. ejus vitae, libris de concordia prae-
fixo. —
v) C. 15. §. 5.

retinet et suscipit, *quidquid de fide et religione tradidit, tradit et traditura est, cathedra Petri, supra quam a Christo est fundata, ut in iis, quae fidei sunt et religionis, errare non possit."* —

Taper, Kanzler der theologischen Facultät zu Löwen w) bemerkt ausdrücklich, daß erst seit den Zeiten des Concils von Constanz und Basel, Mißklang unter den Gelehrten und Schulen zu entstehen begann. Der Ausdruck dieses Concils: „daß Ihnen Jeder, sei Er auch päpstlicher Würde, zu gehorchen habe," — welches sich nur auf die Prätendenten des päpstlichen Stuhles bezog, hatte ihre Köpfe verwirrt. Gerson selbst läugnet es durchaus nicht; er sagt: „Wer immer vor dem Concil von Constanz und Basel das Gegentheil gelehrt hätte, der wäre als Ketzer bezüchtiget oder verdammt worden." *De Pot. Eccl. Consid. II.* — Gleiches bezeugen Duval und Bannes. Doch auch diese einzelnen Störungen erscheinen nur als ephemere Ausnahmen. Die Autorität der Gelehrten und der hohen Schule für die Anerkennung der Wahrheit des apostolischen Rechtes in den Nachfolgern Petri, blieb und bleibt, trotz dieser theilweisen Discessionen in einigen Ländern, durchaus unbeschadet und in ihrer Kraft, da die Masse wahrhaft und namhaft Gelehrter in allen Ländern, selbst in den dunkelsten Perioden letzterer Zeit, dennoch stets mit gleicher Ueberzeugung der Lehre aller Vorwelt treu blieb, und bei Gelegenheit, ihre Ansicht deutlich genug kund gab. Beweis dessen sind uns auch die Aeußerungen der theologischen Facultäten von Köln

---

w) Tract. theol. N. 6. et 7.

und Salamanca, in ihren Sentenzen gegen die Irrsätze
des M. A. de Dominis, und besonders die öffentliche Lehre aller Universitäten bis in das 18. Jahrhundert. Von den Universitäten des 18. Jahrhunderts
bezeugt dies Sardagna und Turnell, x) welcher
letzterer als Gallicaner, dießfalls gewiß ein ganz unzwei-
deutiges Zeugniß gibt.

Ein Gleiches läßt sich von den katholischen Universitäten des 19. Jahrhunderts theils behaupten, theils erwarten; denn diese folgen dem Einflusse der Gelehrten
ihrer Zeit, und auf welche Seite diese sich neigen, haben
wir oben bereits angedeutet. Viele derselben lesen bereits
aus solchen Werken und Heften ihre Vorlesungen der
Theologie, welches dieses Glaubensrecht des apostolischen
Stuhles feierlich und unumwunden aus dem Munde der
hl. Väter und der theologisch gebildeten Vorwelt bekennen;
oder sie geben wenigstens, wenn sie sich auch nicht so
präcise ausdrücken, mit Liebermann doch klar zu
verstehen, auf welcher Seite sie stehen. — Allerdings kann
der Glanz der Wahrheit einer geoffenbarten Lehre für
einige Zeit selbst im Bewußtsein der Gelehrten verdunkelt werden: doch gewiß und bald erstrahlt dieselbe durch
die ihr innewohnende siegreiche Kraft, und leuchtet dann
noch um so klarer und offenbarer vor aller Welt Augen.
Man denke an die Tage des Arianismus und selbst der
Reformation. Das gilt nun auch ganz besonders von
der Anerkennung der unfehlbaren Autorität des apostolischen Stuhles. Wir rechnen zu den Stimmen, die
sich von Seite theologischer Wissenschaft unserer Tage er-

---

x) Tom. 1. Theol. specul. p. 81.

heben, und derselben Zeugniß geben vorerst die des Episcopates unserer Zeit als die officiellen Repräsentanten der hl. Schule, besonders da, wenn sie vereinigt mit den Gottesgelehrten ihrer Diözesen in Synoden von ihrer Glaubensansicht Zeugniß geben. Wir nennen in der Reihe derselben hier aus neuester Zeit die Synodalschreiben der Provinzial-Concilien von Rheims (1849), von Tours (1849), von Avignon (1849), von Toulouse (1850), von Aix (1850), von Bordeaux (1850), von Alby (1851), von Bordeaux (1853). Diese Synoden feiern mit den eigenen Worten der ersten Concilien der christlichen Vorzeit die unfehlbare Glaubensprärogative des Oberhauptes der Kirche. Die Synode von Amiens (1853), verbietet sogar in den Seminarien der entgegengesetzten Meinung zu erwähnen, da dieselbe offenbar von unkirchlichem Geiste zeige.

Mit den Aeußerungen des Episcopates und der Gottesgelehrten von Frankreich in unseren Tagen, stimmen auch die Aeußerungen des Episcopates in anderen Ländern der katholischen Welt vollkommen überein. Man lese darüber die Synodalacten der Provinzial-Synoden von Köln und Utrecht (1862 und 1865). Beide Synoden erklären, daß päpstliche Glaubensentscheidungen irreformabel seien. Eben so entschieden drücken sich die Synoden von Kolozsa in Ungarn (1863) und die von Irland (1850) und Westminster aus (1852).

Besondere Epoche aber machte in dieser Beziehung der Hirtenbrief des Cardinals von Mecheln und der des Cardinals Manning von England. Die Bischöfe von Italien, Sicilien und Spanien führen dieselbe Sprache, wie die "l'unita catolica" vom Jahre 1857 nachweist. — Und selbst über den Ocean erschallt das Glaubensbekenntniß der Kirche von Brasilien und der Vereinigten Staaten, die mit dem Episcopat der alten Welt in nicht minder klaren und glühenden Ausdrücken ihre Anerkennung dieser Prärogative des hl. Stuhles in ihren Concilien ausgesprochen. Besonders seit Pius IX. seinen "Syllabus" durch eine Encyclica veröffentlichte, erhob sich eine Reihe von Gelehrten, die für die Vertheidigung der unfehlbaren Lehrautorität des Papstes in die Schranken traten.

Wir nennen aus diesen Dr. Manning, Erzbischof von Westminster, in seinem Werke: "The temporal Mission of the Holy Ghost," und in seinem Hirtenbrief über die Unfehlbarkeit des Papstes; Dr. Murray in seinen dogmatischen Abhandlungen; Dr. Ward in seiner Controverse mit Dr. Reyder im "Dublin Review" vom Jahre 1867 und 1868; Dr. Schrader "De Unitate Romana"; J. Ries und andere französische Väter der Gesellschaft Jesu in mehreren Dissertationen bezüglich Syllabus. P. G. Schneemann, gleichfalls aus der Gesellschaft Jesu, in den klangvollen „Stimmen von Laach." Endlich die Gelehrten Gury, Perrone und Dr. Torst und die Aufsätze in der "Civilta catolica."

Wir schließen die Summe dieser theologischen Autoritäten unserer Tage mit der feierlichen Erklärung der 500 bei der Säcular-Feier Petri in Rom anwesenden Bischöfe.

Da heißt es in der von Bischöfen des Orients und des Occidents verfaßten Adresse an den hl. Vater: „Bei der heutigen Säcular-Feier betrachten wir die Festigkeit dieses Felsens, auf dem der Herr den Bau der Kirche gegründet hat. Seit 1800 Jahren steht unter so zahlreichen Widerwärtigkeiten inmitten der beständigen Angriffe so vieler Feinde, der L e h r st u h l des hl. Petrus — die L e h r k a n z e l der Wahrheit, "organum veritatis," der Mittelpunkt der E i n h e i t, fest und unerschütterlich im sturmbewegten Lebensmeere, wie ein sicherer Leuchtthurm da, der mit seinem Licht die Fahrt leitet, und den sicheren Hafen des Heiles zeigt. Von diesem Glauben geleitet, haben wir vor fünf Jahren (am Pfingstfeste 1852) vor Deinem Throne schriftlich und mündlich bekannt, daß uns nichts höher gelte, und mehr am Herzen liege, als das zu glauben, was Du glaubst und lehrest, und das als irrig zu verwerfen, was Du als irrig verwirfst. — Dir folgen wir, und bekräftigen noch einmal vor aller Welt, was wir damals gesagt: Du bist für uns der Meister der gesunden Lehre — der Mittelpunkt der Einheit, Du, des Volkes nie erlöschende Leuchte. Du bist der Fels und das Fundament der Kirche, das die Pforten der Hölle nie überwältigen werden. W e n n D u  s p r i c h st, h ö r e n  w i r  P e t r u s; w e n n D u e n t s c h e i d e st, g e h o r c h e n  w i r  C h r i st o!"

Können Bischöfe, die so bekennen, glauben, der Papst könne in Dingen des Glaubens Irrthum lehren?!

Nein, es ist keine Gewalt w i d e r  G o t t, sagt Paulus, und eben so wenig gegen die W a h r h e i t, und gegen die Evidenz einer im Lichte des Glaubens consequenten Vernunft. Ihre Anerkennung ist im kirchlichen Verband, auf einen Felsen gegründet, den keine Gewalt der Welt und Hölle je aus dem Grunde zu heben im Stande ist.

Selbst diejenigen Gelehrten, welche heute die Unfehlbarkeit des Papstes in seinen Glaubens-Entscheidungen nicht ausdrücklich dociren, wagen es doch nicht, das Gegentheil zu behaupten, sondern führen einfach die Für- und Gegengründe an.

Indeß **praktisch** erkennen auch sie mit uns die Wahrheit unserer Thesis an, und das oberste Entscheidungsrecht in Dingen des Glaubens, mit dem Christus den Primat Petri bekleidet hat; denn Keiner würde es wagen, einen vom Oberhaupt der Kirche verworfenen Satz zu lehren; und doch wäre es ja gerade dann die heiligste Pflicht seine Stimme zu erheben, wenn ein Papst sich irrte! Da schweigen, wäre Heuchelei.

Wir wenden uns nun zum letzten der Zeugnisse, um den Beweis für den Gesammtglauben der Christenwelt aller Zeiten an die Glaubensprärogative des apostolischen Stuhles zu liefern.

# VII.
## Anerkennung
**der höchsten apostolischen Vollmacht des Papstes in Glaubens-Entscheidungen von Seite der Fürsten und Völker.**

Wir schließen dem Zeugnisse der gelehrten Welt noch ein nicht minder kräftiges an, nämlich das der **Völker der ganzen Christenheit**, und zwar aus dem Munde ihrer **Repräsentanten**, nämlich ihrer Regenten und Fürsten. — Auch ein Zeugniß von überaus großem Gewicht! Denn wenn von Seite der gelehrten Welt das Ansehen der Wissenschaft das Zeugniß derselben wichtig macht, so setzt die Macht und Unabhängigkeit der Fürsten, als Repräsentanten der Völker, deren Zeugniß gleichfalls überaus hoch, und adelt es mit dem Gepräge der unbefangensten Glaubensüberzeugung, das sie in Ihrem und ihrer Völker Namen gesprochen. In dieser Anerkennung von Seite der Fürsten und Völker leuchtet uns wirklich eine ganze Welt von Zeugen entgegen; und man nenne uns ein Dogma, welches so oft und feierlich in der Kirche Gottes ausgesprochen wurde, als eben die Anerkennung der apostolischen Vollmacht des Papstes in Glaubensentscheidungen, wie wir sogleich sehen werden.

Wir treffen da sogleich in den ersten Zeiten des chriftlichen Namens auf ein höchst merkwürdiges Dokument, in der gewiß ganz völlig parteilosen und so merkwürdigen factischen Anerkennung der päpstlichen, oberstrichterlichen Entscheidung in kirchlichen Dingen, in dem Ausspruch des, wenn gleich heidnischen Kaisers Aurelian. Der irrlehrige Paulus nämlich, zu Antiochia, durch den Ausspruch einer Synode seines Sitzes entsetzt, wollte dem substituirten Domnus die bischöfliche Wohnung und Kirche nicht räumen. Da wandten sich die Väter dieser Provinzial-Synode an den damals dort anwesenden Kaiser Aurelian um Unterstützung, zum Vollzug ihres Ausspruches. Und der Kaiser, obwohl Heide, that den Ausspruch: „Die Wohnung und Kirche sei demjenigen einzuräumen, welchem vor Allen der Bischof von Rom selbe zuerkennen würde." So offenkundig war also selbst den Heiden die oberstrichterliche Gewalt des Bischofs von Rom in den kirchlichen Angelegenheiten der Christen! Der Kaiser wollte in parteiloser Gerechtigkeit die Sache vor dem ihm genügend bekannten christlichen, höchsten Entscheidungstribunal geschlichtet wissen. — Dies kann um so weniger bezweifelt werden, wenn man bedenkt, daß das Bittgesuch von einer Synode, die mehr als siebenzig Bischöfe zählte, an den Kaiser gelangte. Was konnte denselben wohl abhalten, das Urtheil so vieler einheimischen Bischöfe vollziehen zu lassen, wenn ihm nicht das höchste Gerichtsforum des Bischofs von Rom bekannt gewesen wäre? —

Ja, so groß ist das Gewicht, welches aus ernster Beherzigung dieser Thatsache entspringt, daß es schismatische Griechen gab, welche aus diesem Erlaß des Kaisers Aurellian den Ursprung des Primats der Bischöfe Roms selbst ableiten zu müssen glaubten. Ein solcher Schismatiker war Leo, Erzbischof von Acrida in Bulgarien, ein feuriger Photianer, der sich über dieses Factum also voll Galle und Unwillen ausdrückt: "Ille autem ea, de quibus contendebant, sese non intelligere affirmans ad episcopum Romanum causam adferre jussit... Idcirco videbatur ei primas dedisse et in omnium tyrannidem Pontificatum asseruisse." y) — Welch ein "$\H{υ}στερον$ $πρότερον$," da ja der Ausspruch des Kaisers die Prärogative des römischen Bischofs offenbar als bereits anerkannt voraussetzt, unmöglich aber dieselbe erst von Ihm kommen konnte, am wenigsten da, wo es sich gerade um Schlichtung eines erbitterten Streites handelte; sondern, wie Bossuet richtig bemerkt: „Die dem Kaiser bekannte "Praxis christianorum," — die aber auf dem, in selber gleichfalls allgemein anerkannten Rechte des Bischofs von Rom fußte,"—bestimmte seine weise Entscheidung. z)

Wenn nun ein heidnischer Kaiser ein solches merkwürdige Zeugniß factischer Anerkennung gab, so werden wir uns nicht wundern, wenn im Glauben weit besser unterrichtete Fürsten in solcher Menge es, und auf so entschiedene Weise durch alle Jahrhunderte gethan, seit Constantin dem Großen, und Ersten christlichen Kaiser.

---

y) Lupus. Scholia. VIII. 103.
z) Boss. discours sur l'hist. univ.

Conſtantin nennt, in ſeinem Schreiben an die Biſchöfe von Arles, das Urtheil der Entſcheidung Roms, in der Streitſache der Donatiſten, "coeleste judicium," „ein himmliſches Urtheil," — und klagt über die Blindheit dieſer Sektirer, „die nach einem ſolchen Urtheil an ihn einen Recurs ergriffen hätten, der in dergleichen Angelegenheiten gar kein Recht der Entſcheidung habe."

Dieſes oberſte Entſcheidungsrecht erkannte der, wenn gleich ſonſt durch arianiſche Irrthümer geblendete Sohn Conſtantins, nämlich Kaiſer Conſtantius; daher ſeine wiederhohlte, obwohl ſtets fruchtloſe Bewerbung um die Beiſtimmung des Biſchofs von Rom.

Es fiel auch ſtets allen pragmatiſchen Geſchichtſchreibern und allen ſonſt tiefer denkenden Geiſtern ſehr auf, warum der erſte chriſtliche Kaiſer ſogleich ſich um eine andere Reſidenz umſah, und Rom verließ; nämlich Conſtantin der Große, der Konſtantinopel erbaute; und wie auch nach der Theilung des Reiches, die occidentaliſchen Kaiſer dennoch nicht in Rom, ſondern in Mailand, Ravenna und andern Städten reſidirten. Sie fühlten ſich nämlich durch das oberſtrichterliche Anſehen des Papſtes in göttlichen Gerichten in ihrer Sphäre als bloß irdiſche Gewalthaber zu ſehr gedrückt und verdunkelt.

Dieſes oberſte apoſtoliſche Entſcheidungsrecht anerkannte in den Nachfolgern Petri, Gratian, der Kaiſer (†383). Darum drang er vor Allem auf die Glaubensgemeinſchaft mit dem apoſtoliſchen Stuhle, als kräftigſte und einzige Garantie gegen häretiſche Umtriebe,

19

unter den Völkern seines Reiches. Er erließ dießfalls ein eigenes, kaiserliches Edikt, in welchem er auf diese Glaubensgemeinschaft aller Völker seines Reiches mit dem apostolischen Stuhle bringt. a) — Der Probierstein, ob irgend Jemand rechtgläubig sei, war diesem Kaiser, wie er es bei so vielen Gelegenheiten aussprach: "amplectere doctrinam Damasi," — „daß er die Lehre des Papstes Damasus bekenne." — Dem härelischen Prätendenten des Patriarchalstuhles von Konstantinopel sagte Gratian in das Angesicht: „Ich wundere mich, wie du so unverschämt der Wahrheit widerstehen kannst, da du doch weißt, daß Damasus ic." — "Miror, te tam impudenter resistere veritati, cum probe scias, Damasum etc." — In gleicher Anerkennung wandte sich Theodosius der Große, bei allen vorkommenden Anlässen nach Rom, als dem Sitze des oberstrichterlichen, kirchlichen Forums. So in der Angelegenheit des Flavianus, und in jener des Nectarius. b)

Als solchen erkennt auch Kaiser Honorius den Gerichtshof des Papstes, in seinem Schreiben an Kaiser Arcadius. c) — Diesen Glaubensprimat und dessen apostolisches, oberstes Entscheidungsrecht bekannte überaus feierlich Kaiser Valentinian, in seinem Schreiben an Theodosius den Jüngern. — „Diesen von unsern Ahnen erhaltenen Glauben," schreibt Valentinian, der abendländische Kaiser, an den griechisch-römischen Kaiser, „den müssen wir mit aller ihm

---

a) Cod. Theod. l. XVI. tit. I. cap. II.
b) Buttler XVIII.
c) Baron. ad a. 407.

gebührenden Andacht vertheidigen, und die Würde des, dem seligen Apostel Petrus eigenthümlichen Ansehens, in unseren Zeiten unverletzt bewahren; dadurch nämlich, daß der Bischof der seligen Stadt Rom, dem die erste Vorzeit die Herrschaft des Priesterthums über Alle gab, Gelegenheit und Freiheit habe, über den Glauben und die Priester zu richten." "Quatenus beatae Romanae civitatis Episcopus, cui principatum sacerdotii, super omnes, antiquitas contulit, *locum habeat et facultatem* de fide et sacerdotibus judicare." — Dies nennt V a - l e n t i n i a n "*a nostris majoribus traditam fidem.*" „Aus dieser Ursache," fährt der Kaiser fort, „hat der Bischof von Konstantinopel an denselben durch Bittgesuch appellirt, in Betreff des Streites, der des Glaubens wegen entstanden," "propter contentionem, quae orta est de fide." — Was V a l e n t i n i a n hier privatim schrieb, sprach er bei einer andern Gelegenheit durch ein feierliches Edikt an seine Völker aus. Der Papst rief die zeitliche Hülfe des Kaisers gegen die Halsstarrigkeit des Bischofs von Arles an, der sich Rechte über seine Mitbischöfe anmaßte, die ihm nicht gebührten. Es erfolgte ein kaiserliches Edikt an den Praefectus praetorii Galliarum. — „Alle orthodoxen Kaiser von C o n s t a n t i n an," sagt das Edikt, „waren tutores und protectores sedis apostolicae;" darum verordnen wir sowohl für Gallien, als alle andern Provinzen, "ne quid contra consuetudinem veterum," daß nichts gegen den alten Gebrauch, ohne Autorität des ehrwürdigen Mannes, des Papstes der ewigen Stadt, unterfangen werde, sondern daß ihnen Alles als G e s e tz gelte, was immer das An-

sehen des apostolischen Stuhles festgesetzt hat, oder festsetzen wird," "*sed illis omnibusque pro lege sit, quidquid sanxit vel sanxerit apostolicae sedis auctoritas.*" —
Es sollten die Satzungen Roms auch als kaiserliche Gesetze gelten. Welch ein Unterschied mit der Erfahrung
neuerer Zeit! —

Und was nun folgt ist besonders denkwürdig: „Es
wäre zwar," sagt Valentinian, „der Ausspruch
des Papstes durch Gallien auch ohne unsere Sanction
gültig; (also ohne Placet,) denn was könnte wohl nicht
in der Kirche, die Autorität eines solchen Hohenpriesters?"
— "*Et erat quidem ipsa sententia per Galliam etiam
sine nostra sanctione valitura; quid enim tanti pontificis auctoritati, in Ecclesia non liceret?*"— Es sollte
nur Böswilligen auch weltlicher Seite ein Damm gesetzt
werden. — "*Sed nostram quoque praeceptionem haec
ratio provocavit, ne ulterius cuiquam alteri liceat prae-
ceptis Romani antistitis obviare.*" — Noch herrlicher aber
gab Valentinian in diesem Edikt gleich im Eingang
den Beweggrund seines christlich-kaiserlichen Einflusses
zur Aufrechthaltung und Durchführung päpstlicher Anordnungen, mit diesen, wahrlich Gold und Ceder würdigen Worten, da er sagt: "*Tunc enim Ecclesiarum pax
ubique servatur, si rectorem suum agnoscat universitas,*"
— „dann wird der Friede der Kirchen überall bewahret,
wenn Alle insgesammt ihren Regierer anerkennen." —
Was Cyprian mit andern Worten, die wir oben angeführt, so kräftig vor Ihm gesagt, nämlich: „Nirgend
anderher sind Ketzereien und Spaltungen entstanden,
als weil man dem Einen Richter an Christi Statt,

nicht jederzeit pflichtgemäß gehorchen wollte." — Wie bestimmt und feierlich diese oberstrichterliche Entscheidungsgewalt des Papstes, Kaiser Marcian und die berühmte staatskluge, und im Glauben tief begründete Pulcheria, bei Gelegenheit des allgemeinen Concils von Chalcedon, anerkannt, haben wir bereits oben angeführt.

Justin der Kaiser, schreibt durch seinen Minister und Nachfolger auf den Thron, Justinian an den Papst: „das halten wir für katholisch, was uns durch Eure Antwort kundgegeben werden wird." "*Hoc enim credimus esse catholicum, quod Vestro responso nobis fuerit intimatum, etc.*"

So thaten und sprachen Kaiser, die noch vor Gregor dem Großen gelebt, also noch in den, auch von Protestanten anerkannten Jahrhunderten des reinen Glaubens der katholischen Kirche; und reden so an die Päpste, die noch bürgerlich ihre Unterthanen waren, und von denen sie zeitlicher Weise nichts zu fürchten hatten; um so weniger im Orient, wo im Gegentheile die Kaiser Unterstützung genug von Seite intriguanter und ehrsüchtiger Bischöfe zu hoffen hatten, besonders von den, mit dem alten Rom eifernden Bischöfen der Residenz ihres neuen Roms. — Es liegt also das vollste Gewicht des Beweises in diesen Zeugnissen kaiserlicher Anerkennung für den Glauben derselben und der ihnen anvertrauten Völker, an den Glaubensprimat des Papstes und dessen obersten, höchsten Gerichtshof zu Rom.

Wir möchten doch wissen, wie Fürsten, die jetzt nicht mehr so reden, nicht mehr so glauben, nicht mehr zu Rom pflichtgemäß anfragen, sondern den Aufforderungen des Papstes selbst zu widerstehen wagen, wie solche meinen können, sie hätten den Glauben der Fürsten, Könige und Kaiser der ersten Christenheit und seien somit wahre Kinder der wahren Kirche Christi, wie jene erlauchten gekrönten Häupter es waren, die mit Constantin und selbst mit dem Gothenkönig Theodorich so genau die Sphäre ihrer Gewalt kannten, und die der Kirche und ihres Oberhauptes in ihrer ganzen Fülle respectirten!

Justinian, später Kaiser, schrieb an Papst Hormisdas ganz theologisch richtig: „Die Einheit der hl. Kirchen stammt aus der Lehre und der Autorität Eures Apostolats." "Unitas ss. Ecclesiarum per doctrinam et auctoritatem apostolatus Vestri provenit." d)

Er publicirte selbst sein Glaubensbekenntniß durch ein feierliches Edikt nach der denkwürdigen Formel des Papstes Hormisdas. Dem Patriarchen Mennas sagt er bei dieser Gelegenheit: „Wir leiden es nicht, daß etwas von dem, was die Kirche betrifft, nicht Sr. Heiligkeit berichtet werde, da Er das Haupt aller Priester des Herrn ist, und hauptsächlich, weil, so oft Ketzer erschienen, dieselben durch den Ausspruch und das Urtheil dieses ehrwürdigen Stuhles gedemüthiget worden sind." "Vel eo maxime, quod, quoties haeretici pullularunt, et sententia et recto judicio illius venerabilis sedis coerciti sunt." e) — Dem Papste Johann II. schrieb er gleichfalls: „Euren apostolischen Stuhl und Eure Hei-

---

d) Beller. de vi. ac rat. Prim. p. 208.
e) Cod. de Summ. Trinit. L.

ligkeit verehrend, beeilen wir uns, alles, was die Kirche betrifft, sogleich zur Kenntniß Eurer Heiligkeit zu bringen." "Reddentes honorem apostolicae sedi et vestrae sanctitati, omnia, quae ad Ecclesiarum statum pertinent, festinavimus ad notitiam deferre vestrae sanctitatis." — Der Papst, in seinem Antwortschreiben, lobt die gläubige Gesinnung und Handlungsweise des Kaisers, gibt ihm jedoch zu verstehen, „daß solch ein Benehmen auch heilige Pflicht gewesen sei," daß er, unterrichtet im kirchlichen Verfahren, die dem römischen Stuhle gebührende Achtung bewahre, und dem Alles unterwerfe, und zu Seiner Einheit Alles führe, zu dessen Stifter, d. i., zu dem Ersten der Apostel, der Herr sprechend, befohlen: „Weide meine Schafe, 2c." Auch dem Papst Agapet schickte Justinian das Glaubensbekenntniß, in welchem es heißt: „Folgend in allem dem apostolischen Stuhle, und was von ihm festgesetzt ist, verkünden und versprechen wir alles dieß unverbrüchlich zu beobachten." "Sequentes in omnibus sedem apostolicam, quae ab ea statuta sunt, praedicamus ac promittimus, ista inconcusse servare." — Wenn übrigens Justinian in seinem Benehmen gegen Vigil zu vergessen schien, was er hier so feierlich bekannte, so thut dieß seinem Glaubensbekenntnisse keinen Abbruch; sondern richtet nur seine Inconsequenz und politisirende Stimmung. Ja selbst die Heftigkeit, mit der er von Vigil eine Beistimmung erzwingen wollte, zeigt, wie nothwendig er dieselbe erachtete, ohngeachtet das fünfte, allgemeine Concil in seinen Bischöfen, ihm größtentheils zu Gebote stand. Indeß, Justinian wußte zu gut, daß, so lange der Papst entgegen sei, keine Concilliar-Entscheidung bindend wäre. Diese oberste und apostolische Vollmacht des römischen Stuhles anerkannte und bekannte auch Kaiser **Phokas** so feierlich, daß **Luther** und die Centuriatoren eben so lächerlich von ihm das Papstthum und seine kirchliche Machtfülle datirten, als **Leo von Acrida** es vom Kaiser **Aurelian** ableiten wollte.

In Folge ihrer Glaubens-Ueberzeugung wendeten sich **Childebert**, König der Franken, in seiner Legation an Papst **Vigil**; **Athelbert**, König von England, in seiner Legation an **Bonifaz IV.** Ob wohl ehrliche Engländer, die nun nicht mehr mit Rom in Verbindung sind, meinen können, den Glauben ihrer Väter und der Könige ihrer erlauchten Vorzeit zu haben, wenn sie dergleichen historische Thatsachen erwägen. — Wir denken nicht. Der Papst in seiner Antwort und den gegebenen Bestimmungen sagt: „Wenn Jemand aus euren Nachfolgern, es seien dies Könige, Bischöfe, Kleriker oder Laien, die Anordnungen des apostolischen Stuhles zu verletzen es wagen sollte, so soll er dem Anathem des Fürsten der Apostel, Petrus, und aller seiner Nachfolger verfallen." "*Quas ea decreta, si quis successorum, regum, sive episcoporum, clericorum, sive laicorum irrita facere tentaverit, a principe Apostolorum Petro et a cunctis successoribus suis, anathematis gladio subjaceat etc.*" f) Könige von England, Bischöfe, Kleriker, Laien, hört ihr, wie vor mehr als elfhundert Jahren die Nachfolger Petri zu euren Vätern sprachen; meint ihr wohl, daß ihr annoch den Glauben derselben besitzet?!

---
f) Hard. III. 844.

Wie **Athelbert**, so bekräftigen auch die Könige **Oswin** von Northumberland und **Egbert** von Kent ihren Glauben an das oberste Entscheidungsrecht des apostolischen Stuhles, durch ihren Gesandten **Wighard**, den sie in ihren Namen und im Namen der ganzen Kirche von England an den Papst abgeschickt. Bald darauf sehen wir **Ceadwalla** und andere brittische Fürsten, wie die Könige **Kenred** und **Offa**, nach Rom persönlich wallfahrten, dem heiligen Vater ihre Ehrfurcht als Söhne der Kirche, die er als Haupt regierte, zu bezeugen, und mit ihm die Angelegenheiten der Kirche, deren Oberhirte er ist, in Bezug auf ihre Kirche in England, zu verhandeln.

Diesen obersten Gerichtshof kirchlicher Entscheidungen bekannte g) feierlich Kaiser **Constantinus Pogonatus** in seinem Schreiben an Papst **Agatho**, dem dann dieser Papst jene hochfeierliche Antwort gab, die wir bei Gelegenheit des sechsten Concils angeführt.

Kaiser **Anastasius** sandte sein Glaubensbekenntniß, wie mehrere seiner Vorgänger nach Rom, und verkündigte so feierlich und öffentlich, wo er den Quell und das höchste Tribunal in Dingen des Glaubens demüthigst anerkenne.

Auch Offas Nachfolger **Kaulph**, König der Mercier schickte eine feierliche Gesandtschaft nach Rom in seinem Namen und im Namen seiner Bischöfe und Herzoge. In dem Sendschreiben heißt es: „Ich halte es für billig, Deinen heiligen Befehlen das Ohr unsers Gehorsams demüthig zu neigen, und das, was von uns zu thun Dir

---

g) Bar. ad ann. 696.

dünkt, mit allem Eifer zu erfüllen." "Opportunum arbitror, tuis sanctis jussionibus aurem, obedientiae nostrae humiliter inclinari et quae nobis sequenda tibi videantur, toto nisu implenda."

Pipins Verehrung gegen den heiligen Stuhl ist bekannt. Der Zuschrift der Kaiserin Irene und ihres kaiserlichen Sohnes an Papst Hadrian, haben wir bei Gelegenheit des siebenten, allgemeinen Concils gedacht.

Mit welcher Ehrfurcht der Anerkennung des apostolischen Stuhles, als oberstes, höchstes Kirchentribunal, Karl der Große hinsichtlich der Macht der römischen Päpste erfüllet war, beweisen dessen Capitularien, h) und die, wenn nicht von ihm selbst, so doch in seinem Geiste geschriebenen, von ihm gut geheißenen sogenannten karolinischen Bücher. — Im ersten Buche derselben i) heißt es also: „Dieser apostolische Stuhl also mit geistigen Waffen des heiligen Glaubens ausgerüstet, und vom Quell des Lichtes erleuchtet, widerstand allen Ungeheuern von Irrlehrern, und reichte allen Kirchen der Welt den Becher der reinen Lehre." — Darauf nach Anführung des Beispiels Hieronymi, welcher sich an Papst Damasus wandte, auf daß er entscheide, was zu glauben sei, heißt es weiter also: „Was in der Regel wir gesagt, und durch das Beispiel bewiesen, alle katholischen Kirchen zu beobachten haben, daß sie nämlich von jener nach Christus die Hülfe zur Stärkung im Glauben verlangen, welche keine Makel noch Runzel hat, und

---
h) L. 67. VII. 364.
i) C. 6.

die frechen Häupter der Irrlehren niedertritt, und die gläubigen Geister im Glauben bestärket, von deren Gemeinschaft unsere Kirche sich nie getrennt, sondern stets durch apostolische Unterweisung unterrichtet von Jenem, von dem alle gute und vollkommene Gabe ist, u. s. w." **Dieß der Glaube und das Bekenntniß Deutschlands in den Tagen Karls des Großen!**

Denselben ererbten Glauben, dieselbe kindliche Ehrfurcht und Anerkennung gegen den apostolischen Stuhl als höchstes kirchliches Tribunal bewies **Karls Sohn, Kaiser Ludwig der Fromme.** Beweis dessen ist seine bekannte Constitution: "Ego Ludovicus etc." —

Wie richtig Er überhaupt seine Stellung zur Kirche erfaßt, und der kaiserlichen Macht selbst, beweiset seine Anrede an die Väter der Synode von Tionville und sein Capitular vom Jahre 823.

„Weit entfernt," sagt Bossuet in seiner gefeierten Rede "de l'Unité etc.," „der Kirche Gesetze vorzuschreiben, sagte vielmehr Ludwig der Fromme zu den Bischöfen: Mein Wille ist, daß ihr durch unser Ansehen unterstützt, ausführet, was eure Amtsgewalt erfordert." „Würdige Worte," fährt Bossuet fort, „der Herren dieser Welt, die es zu sein nie mehr verdienen, als wenn sie der von Gott eingeführten Ordnung Ehrerbietung verschaffen."—Bossuet belegt, was er behauptet, mit noch mehr königlichen Capitularien. — Insonderheit aber leuchtete diese Anerkennung in der Legation hervor, die Ludwig an den heiligen Vater mit den Akten der zu Paris versammelten fränkischen Bischöfe sandte, wo er in seinem Schreiben an Papst E u g e n ausdrücklich beifügt, er thue dies nur, um der Sache der Kirche nach Möglichkeit förderlich zu sein — nicht aber sich irgend ein Lehramt anzumaßen, sondern im Gegentheil, um dem heiligen Stuhle zu erkennen zu geben, daß er zu Allem bereit sei, was die Nothwendigkeit oder der Wille des heiligen Stuhles verlange."

Von L u d w i g an, der die Theilung des Reiches durch den päpstlichen Stuhl bestätigen ließ, blieb es dann Sitte, daß die römisch-, fränkisch und deutschen Kaiser das Reich selbst, nur mit Beistimmung, Gutheißung und Krönung durch den Papst, verwalteten. Und nicht nur die r ö m i s c h e n K a i s e r, sondern auch die Könige so vieler andern Reiche, als die von E n g l a n d, P o l e n, U n g a r n, C r o a t i e n, S c h w e d e n und D ä n e m a r k haben ihre Krone nicht anders, als durch die Hände des Statthalters Christi erhalten und garantirt wissen wollen. Ohne hier die politische Rechtsfrage dieser Sache zu berühren, erinnern wir immer nur an die Grundlage dieser dem heiligen Vater zuerkannten zeitlichen Rechte über Scepter und Kronen christlicher Potentaten der Welt. Nimmermehr, hätten diese Mächtigen und Fürsten dem Nachfolger Petri als Statthalter Christi eine solche Primatie und oberstrichterliche Gewalt in ihren Rechts- und Territorialfragen zugestanden, wenn nicht der überirdische Glanz göttlicher und in Streitfragen des Glaubens unfehlbaren richterlichen Autorität und kirchlich obersten Regierungsgewalt des Papstes, sie gleichsam diese Unterordnung, als das Ideal, der zum Heile der Welt göttlich geordneten und mithin untergeordneten Gewalten, und als die wünschenswertheste, und dem gesellschaftlichen Völker-Verbande convenirendste Rechtsverwaltung hätte erkennen lassen. — Maistre weiset dies trefflich nach. Und daß diese so merkwürdige Thatsache wirklich für die Ruhe und das Glück der Völker, bei Beobachtung von billigen Grenzen, gewirkt hatte, und stets noch segenreicher gewirkt hätte, verkennt selbst Voltaire nicht.

Wir wollen diesen in unserer Sache gewiß ganz parteilosen Mann einige Augenblicke selbst reden lassen. In seinem "Essai sur les moeurs" nämlich, führt er den König von Dänemark an, dem im Jahre 1329 der Papst sagte: „Ihr wisset, das Königreich Dänemark ist nur von der römischen Kirche, der es Tribut bezahlt, abhängig; nicht aber vom Reiche." Er führt hierauf Beispiele derselben Art an, und schließt mit der Bemerkung, daß alle Fürsten und Könige der Christenwelt jener Zeit den Papst als ihren auch zeitlichen Ober- und Schiedsrichter ansahen, daß aber dieß keineswegs zum Weh, sondern zum Heile der Welt gewesen sei, und so verblieben wäre, wenn Uebereinstimmung ohne Leidenschaft stets gewaltet hätte. Es heißt nämlich in seinem "Essai sur l'histoire générale" also: „Das Interesse des Menschengeschlechtes erheischt einen Zügel, welcher die Fürsten zurückhalte, und das Leben der Völker sichere. Dieser Zügel der Religion hätte durch eine allgemeine Uebereinkunft in den Händen der Päpste liegen können. — Diese obersten Bischöfe hätten, indem sie in weltliche Händel, nur um sie beizulegen — sich gemischt, — indem sie die Könige und ihre Völker an ihre Pflichten erinnert, ihre Verbrechen ihnen verwiesen, und die Excommunication für die großen Fehler aufbewahret hätten, stets wie Ebenbilder Gottes auf Erden betrachtet werden können 2c." — Welch ein Bekenntniß aus dem Munde eines so erbitterten Papst- und Kirchenfeindes!

Uebrigens war Uebereinkunft gar nicht einmal nothwendig, war auch nie getroffen, und hatte doch Statt; weil sie durch den Eintritt der Völker in die christliche Kirche selbst gegeben ward. So bald diese in dem Nachfolger Petri den obersten Richter in göttlichen, dem Menschen anvertrauten Dingen erkannten — vertrauten sie denselben auch das oberstrichterliche Ansehen in ihren höchsten zeitlichen Interessen, besonders so fern sie die Ersteren in ihrer Sphäre mitberührten.

Einen sehr auffallenden Beweis dafür haben wir an David, Kaiser von Aethiopien im sechszehnten Jahrhundert. In seiner Zuschrift an den Papst im Jahre 1524 drückt er seinen Schmerz darüber aus, daß er höre, daß auch christliche Fürsten mit einander Krieg führten. — Er bittet daher den Papst mit folgenden Worten: „Ich bitte Dich, heiligster Vater, warum erwirkst Du nicht, daß die christlichen Könige, Deine Söhne, die Waffen ablegen, und wie es Brüdern ziemt, friedlich unter sich sind, da sie Deine Schafe sind, und Du ihr Hirte bist." So klare und consequente Begriffe hatte dieser

Monarch, wenn gleich nach moderner Sprache: Barbar, von der Stellung des Papstes zu christlichen Potentaten! Grund dessen aber war die Anerkennung der höchsten richterlichen Macht des Papstes in göttlichen Dingen; denn er redet den Papst in diesem Schreiben mit folgenden Worten an: „Gerechter Herr, heiliger Vater, Haupt aller Priester..... wachsamster Besorger der Seelen, Lehrer des Glaubens, und Feind jener Dinge, die das Gewissen verlegen! O glücklicher Vater! Ich gehorsame Dir ehrfurchtsvoll, da Du der F r i e d e Aller biß, Alles Gute verdienst; so ist es billig, daß Alle Dir Gehorsam leisten." "Juste Domine, Pater sancte, qui es caput pontificum omnium... vigilantissimus supra animas curator, magister fidei, earumque rerum hostis, quae conscientiam offendunt! O felix Pater, ego tibi reverenter obedio, cum sis pax omnium, et cuncta bona merearis: ita aequum, ut omnes tibi obedientiam praestent." — Ein Bekenntniß, welches uns lichtvoll zeigt, was die Kraft einer ungetrübten, gesunden Menschenvernunft auch in Ungebildeten in der Kraft christlicher Logik vermag! — Sollte sie in Gebildeten weniger vermögen?

Wir kehren zu unserer chronologischen Folge zurück. Diese oberstrichterliche Gewalt erkannte und bekannte im Jahre 868 höchst feierlich Kaiser Basilius. Als das päpstliche Urtheil über Photius erging, willfahrte der Kaiser mit den Worten: "*Obscurare judicio Romanae Ecclesiae, necessarium diximus.*" — Er schrieb dem Papst, das Urtheil sei vollzogen worden, und verlangte dessen Dekrete und Urtheil zur Schlichtung, der aus den

Umtrieben des **Photius** entstandenen Wirren der orientalischen Kirche, "de quibus decretum et judicium mittere, sanctitatem vestram poscimus." In dem Circular zur Einberufung der Bischöfe im Namen des Papstes zum achten Concil, nennt er die Päpste „**unerschütterliche Säulen der Kirche**."

So lange Kaiser **Karl der Kahle** durch **Hincmar** sich leiten ließ, erschwerte er wohl mehrere Male das Einschreiten des apostolischen Stuhles — doch sobald ihm die Augen aufgegangen waren, bekannte und handelte er gleichfalls im Geiste Karls des Großen. b)

Diese oberstrichterliche Lehrgewalt des Papstes, bekannte **Alfred der Große** von England. Sein Vater, König **Ethelwulf** hatte ihn vom Papste zum Könige salben lassen. — Er erhielt vom Papste verschiedene Privilegien für seine Hochschule in Orford. — Es ist überhaupt die Thatsache des Einflusses der päpstlichen Autorität zur Errichtung der Universitäten aller Vorzeit, ein gleichfalls eclatantes Zeugniß für die öffentliche und landesherrliche Anerkennung des Einflusses, den der Oberhirte der Kirche auf die Reinheit des Glaubens und der Lehre zu nehmen habe, als Erster und Höchster Lehrer der Christenwelt in Dingen des Glaubens; ohne welche Glaubensbegründung es auch wirklich keine geordnete, volle und fruchtbare Wissenschaft gibt.

Diese oberstrichterliche päpstliche Vollmacht in kirchlichen Entscheidungen ward von Seite der Fürsten gleichfalls auf der Synode, die zu Ingelheim angeordnet ward, und der mit **Otto**, König der Deutschen, auch **Ludwig**

---
b) Lupus VIII. 51.

von Frankreich beiwohnte, unter dem Vorsitze der päpstlichen Legaten feierlich anerkannt. — Dasselbe gilt von Edgar, König von Britanien. i)

In demselben Sinne schreibt Hugo Capet, der neue König von Frankreich, (in der Sache Arnulphs von Rheims,) an den Papst, mit den Bischöfen seines Reiches: "Statuite, qui vices apostolorum tenetis, quid de altero Juda fieri debeat, — neo judici Deo excusationem praetendetis, si nobis quaerentibus, formam judicii dare volueritis." — Die Bischöfe des Concils sagten in ihrer Zuschrift: "Adesto Pater ruenti Ecclesiae... sentiamus in Vobis alterum Petrum, defensorem et corroboratorem christianae fidei." — Und wieder in einem zweiten Schreiben an den Papst schreibt König Hugo: „Dieses sagen wir in vollster Aufrichtigkeit, auf daß Ihr wisset, daß wir und die Unsrigen Euer Urtheil keineswegs umgehen wollen." — "Hoc ex integro affectu dicimus, ut intelligatis, nos et nostros, vestra nolle declinare judicia, etc." k) Ja, wenn man immer mit solcher Aufrichtigkeit handelte! —

Dieses oberste Entscheidungsrecht erkannte in den Nachfolgern Petri auch der Thronfolger Hugo's, König Robert; und nicht minder entschieden Otto II. Wir haben oben angeführt, welch ein Memorandum darüber Abbo von Fleury l) an Ersteren ergehen ließ.

Besonders glänzend und feierlich ist die Anerkennung der apostolischen Machtfülle des Papstes

---

i) Barrari 1. B. v.
k) Hard. VI. 730.
l) Rs. 3. Edit 125.

durch **Heinrich II.**, in seiner Bestätigungs-Urkunde der Territorial-Besitzungen des römischen Stuhles. **Bossuet** selbst beruft sich darauf, in seiner Rede: "de l'Unité." — Auch noch ein anderer Zug im Leben dieses Kaisers ist interessant. Der Kaiser nämlich gewahrte, daß zu Rom, bei dem öffentlichen Gottesdienste das "Credo in unum Deum," nicht gesungen ward, wie er dieß in andern Kirchen zu hören gewohnt war. — Er fragte die römischen Priester um die Ursache, und erhielt die Antwort: „Weil die römische Kirche niemals durch Ketzerei befleckt ward, sondern nach der Lehre Petri, in der Festigkeit des katholischen Glaubens unerschütterlich verharre." "Quod Romana Ecclesia non fuisset aliquando ulla haeresi infecta, sed secundum Petri doctrinam in soliditate catholicae fidei, permaneret inconcussa." m)

Nicht minder entschieden und feierlich ist das Bekenntniß **Canuts**, Königs von England, Dänemark und Norwegen, in seiner Zuschrift an die Bischöfe und Magnaten des Reiches.

Die gläubige Gesinnung der Könige von Polen seit **Casimir I.**, und ihre ehrfurchtsvolle Unterwerfung betreffend die Entscheidungen des apostolischen Stuhles, ist weltbekannt.

König **Heinrich** von Frankreich ließ auf den Rath der Bischöfe eine Synode zu Paris gegen Berengar halten, welchen die Bischöfe verurtheilten; aber auch **Bruno**, Bischof von Orleans, der sich seines Archidiaconus annahm, wollte man richten; doch dem widersetzte sich **Theoduin**, Bischof von Lüttich, in einem

---

m) Baron. ad a. 1114.

Schreiben an König **Heinrich**. „Euern Bischof,"
mahnt er in selbem den König, „kann Niemand richten,
als der apostolische Stuhl;— der König möge also warten, bis er von Rom aus eine Befugniß und Gewalt
dazu erhalten habe, in der Sache **Bruno's** etwas vorzunehmen." "Donec accepta sedis Romanae audientia, damnandi (hoc est, bemerkt **Coffart** dabei,
audiendi et cognoscendi) potentulem habeatis." — Der
König erkannte des Papstes höchstes Tribunal und kehrte
zurück in den Bereich der Grenzen seiner königlichen
kirchlichen Beziehung untergeordneten Macht.

Feierlich sind auch die Bekenntnisse **Heinrichs** III.
und Königs **Ferdinands** von Spanien an Papst
**Viktor** II., **Eduards**, Königs von England an
**Leo** IX. und **Nikolaus** II. In der Zuschrift an
Diesen sagt **Eduard**: "Summo ecclesiae universalis patri Nicolao, Eduardus Anglorum rex, debitam et
subjectionem et obedientiam! Justum judicamus apud
vos velut ad solidam petram accurrere." n) Diesem
gleichstimmig sind die Bekenntnisse und Zuschriften der
Könige **Heisa**, **Solomon** und **Ladislaus** von
Ungarn, **Sueno's** und **Erichs** von Dänemark, Königs **Boleslaw** von Polen, **Wratislaw** von
Böhmen, des Czars **Demetrius** von Rußland, Königs **Angir** von Mauritanien, des Herzogs **Demetrius** von Croatien, Königs **Michael** von Slavonien und **Philipps** von Frankreich. o)

---

n) Hard. VI. 1275—1653 und Baron. ad ann. 1074—1092.
o) Selbst die Abhängigkeit der Wahl des Papstes von der kaiserlichen Einwilligung ward nun so präzisirt, als wäre die Nichtbeachtung ein förmliches Wahl-

In den Zeiten des großen Kampfes zwischen Papst und Kaiser, der darauf folgte, ward die kirchliche Autorität des Papstes als höchstes Tribunal in Dingen des Glaubens, von den Feinden des römischen Stuhles höchstens nur in der Hitze der Leidenschaft mit angegriffen — nie das Gegentheil förmlich vertheidigt — oft bei besonnener Ruhe ausdrücklich die Glaubensprärogative der Nachfolger Petri feierlich anerkannt, wie dies aus dem Zeugniß Beneri von Verceil, des eifrigen Anhängers Heinrichs IV. und Feind des Papstes, oben nachgewiesen ward.

Als in der Synode von Quedlinburg ein Anhänger Heinrichs den Satz bestritt, daß das Urtheil des Papstes irrefragabel sei, widersprach ihm die ganze Synode einhellig, und ein Laie sprach zu diesem Cleriker, nämlich Cunibert von Bamberg: "Non est discipulus super magistrum—quis hoc vicario S. Petri denegare potuit, quem omnes Catholici pro Domino et Magistro venerantur." Und eben so bestimmt heißt es von eben dieser Synode weiter: "Prolata sunt in medium decreta Sanctorum PP. de primatu sedis apostolicae, quod nulli unquam liceat ejus judicium retractare, aut de ejus

<small>Universalis. — So als unter Alexander II. der kaiserliche Sachwalter den Satz geltend machen wollte: „Ohne Einwilligung des Kaisers dürfe kein Papst gewählt werden, wenn er rechtmäßiger Papst sein solle;" erwiederte der römische Defensor: „Die Päpste Stephan, Sixtus, Cornelius, Silvester, Clemens und Petrus selbst, seien ohne kaiserl. Zuthun doch wohl gewiß rechtmäßige Päpste gewesen?! und fragte dann, welcher christliche Kaiser, selbst als es deren schon gab, zu der Wahl der Päpste Damasus, Innocenz, Zosimus, Leo, Nicolaus, Cölestin, Bonifarius, Anastasius ihre Einwilligung gegeben? — Nur Convenienz und Zeitumstände hätten manchesmal eine arbitrariale Mitwirkung nothwendig gemacht, ohne einen Rechtsgrund zu geben; was auch der kaiserliche Sachwalter zuzugestehen genöthigt war.</small>

judicio judicare; quod de totius synodi publica professione laudatum et confirmatum est."

Selbst Heinrich IV. in Augenblicken von Besonnenheit und Reue erkannte und bekannte, daß Alles, was er in kirchlichen Dingen ohne Autorität des Papstes gethan, nur Anmaßung und Sünde gewesen sei. „Zerknirscht und in uns gekehrt," schreibt er an Gregor den Papst, „bekennen wir euch, Vater, unsere Sünden, und klagen uns an, hoffend, daß wir durch eure apostolische Autorität absolvirt ꝛc." — "Compuncti et in nos reversi peccata nostra Vestrae paternitati nos accusando confitemur, sperantes, ut apostolica vestra auctoritate absoluti etc." Er fordert den Papst auf, die Kirche von Mailand, die er in Irrthum geführt habe, durch apostolische Amtsvollmacht auf den rechten Weg zurückzuführen, und dann ad caeteras corrigendas, auctoritatis suae sententia zu schreiten. p)

Heinrich V., betheuerte gleichfalls, hinsichtlich der Entscheidung des apostl. Stuhles seine Unterwerfung in kirchlichen Dingen, und insonderheit des Glaubens. "Primo quidem," heißt es bei Konrad von Urs berst nach dieses Kaisers Worten: „Erstlich verdamme ich die Ketzerei meines Vaters, und bekenne meine Ehrfurcht gegen den Papst, Bischof des apostolischen Stuhles, der sie verdammte." "Primo quidem haeresim (patris) anathematizans, apostolicae sedis pontifici, debitam profiteor reverentiam etc."

So lauten die Aussprüche der gekrönten Häupter der Christenheit bis an die Zeiten eines hl. Bernard,

p) Mart. l. c. 1219.

nämlich bis in das zwölfte Jahrhundert. Die gläubigen Fürsten und Völker der darauf folgenden Jahrhunderte bis auf unsere Tage huldigten und huldigen derselben Glaubensprärogative des hl. Stuhles, und erkennen den Ausspruch desselben als das oberste Tribunal der kirchlichen Lehre an.

So that selbst **Heinrich** II. von England, der gezüchtigte Mörder des hl. **Thomas** von Canterbury.

Ueberaus schön und herrlich ist auch die Antwort **Ludwigs** VII. von Frankreich an den Kaiser. Standhaft wies er die Bewerbungen **Friedrichs** des Kaisers, für den von ihm creirten Gegenpapst ab; und als **Friedrich** ihm durch seinen Kanzler bedeuten ließ, Ihm dem Kaiser, als Advokaten der römischen Kirche stehe es zu, über die Rechtmäßigkeit der Päpste zu entscheiden, und der König von Frankreich habe sich dieser Entscheidung zu fügen, gab **Ludwig** lächelnd zur Antwort: „Wie doch der Kaiser so eitles und fabelhaftes Zeug ihm sagen lassen könne? Weiß der Kaiser denn nicht, daß Jesus Christus dem seligen Petrus, und durch ihn allen seinen Nachfolgern, seine Schafe zu weiden übergeben habe?— Hat er dies nicht im Evangelio von demselben Sohne Gottes selbst, dem Fürsten der Apostel sagen gehört?— (Joan. XXI.) Wie? sind die Könige von Frankreich oder irgend ein Gewaltiger davon ausgenommen? Gehören die Bischöfe meines Reiches nicht zu den Schafen, die der Sohn Gottes dem seligen Petrus vertraut hat?"—
"An ignorat imperator, quod D. J. Ch. S. Petro et per eum universis successoribus ejus oves suas pascendas commisit?... ecquid sunt hi Francorum reges vel

aliqui praelati excepti? an episcopi regni mei non sunt de ovibus, quas filius Dei b. Petro commisit?" — Welche Anerkennung sollte nicht Friedrich der Rothbart, der geistlichen Machtfülle des Papstes, so oft ihn, die über ihm schwer gewordene Hand des Herrn dazu nöthigte. Aufrichtiger und treuer that es dessen Sohn Heinrich VI.

Wir können auch nicht umhin, die Worte anzuführen, mit denen die Königin, Mutter Richards Löwenherz an den Papst schrieb: „Gelobt sei Gott, der einem Menschen eine so große Macht gegeben, daß kein König und Kaiser und kein Fürst sich der Sphäre derselben entziehen kann." „Der Fürst der Apostel herrscht annoch vom apostolischen Throne, und es gibt da noch eine Handhabung des Gerichtes. So zieht dann das Schwert Petri; das Kreuz Christi überragt die kaiserlichen Adler, und das Schwert Petri das des Constantin." Es ist dies das Glaubensbekenntniß Englands jener Zeit. "Occidentalis ecclesia supplicat vobis, quem constituit Deus supra gentes et regna in *omni plenitudine potestatis*.... Nonne Petro apostolo et in eo vobis a Deo omnis potestas committitur? — Benedictus Deus, qui talem dedit hominibus potestatem! *non rex, non imperator aut dux a jugo vestrae jurisdictionis eximitur*.... Principes apostolorum adhuc in apostolica sede regnat, et in medio constitutus est judiciarius rigor. *Restat, ut exeratis gladium Petri. Christi crux antecellit Caesaris aquilas, gladium Petri gladium Constantini.*" Daß doch diese Sprache der Mutter Richards Löwenherz wieder die Sprache der Königinnen von England würde! —

Auf gleiche Weise bekannte Kaiser Balduin in seinem Schreiben "ad omnes ubique christianos." So der König der Bulgaren in seiner Legation an den Papst. So Kaiser Philipp, welcher an den Papst also schrieb: "Cum enim nos pie credamus, J. Ch. b. Petro claves regni coelorum comnisisse, et jus ligandi et solvendi tradidisse, scimus et protestamur, quod vos, qui in locum suum cum *plenitudine potestatis* successistis ,etc." Die übrigen deutschen Fürsten in ihren Mitschreiben an den Papst sagen unter andern: „Durch göttliche Anordnung und nicht durch menschliche Entscheidung ist Rom — einst der Mittelpunkt des Aberglaubens — nun der Mittelpunkt des Heils." — In gleicher Weise bekannte Petrus von Arrogonien in seinem Krönungseide. So König Johann von England in seinem Schreiben an den Papst. So Philipp II. von Frankreich. z) So König Heinrich von Norwegen im J. 1241.

Merkwürdig ist auch als öffentliches Bekenntniß des südlichen Deutschlands das, was man im sogenannten Schwabenspiegel über die Rechtsgewalt des Papstes über die Christen liest. Es heißt dort: „Der „Bapst der soll an Gottes statt richten.... Seid nun „Got des Friedens Fürst ye heißt: so ließ er zwei „Schwert auff Ertreich da er zum Himmel fur, zu „Schirm der Christenheyt. Die befalch Got sanct Peter „beide, eines vom weltlichen Gericht, das ander vom „geistlichen Gericht, das weltlich Schwert des Gerichts „das leyhet der Bapst dem Kaiser." — Im Sachsen-

---

z) Spond. ad an. 1213. Berc. XIII. 266.

spiegel liest man Aehnliches. — Daß beide darüber nur das öffentliche Gewissen ihrer Zeit aussprachen, ist außer Zweifel und erhellt besonders aus dem Eingeständnisse eines Mannes, dessen Zeugniß Niemand als für den Papst parteilich zurückweisen wird. Wir meinen Kaiser F r i e d r i ch II. In seinem Edikte gegen die Häretiker sagt er diese merkwürdigen Worte: „Die Ketzer... suchen die Schafe von der Sorge Petri, dem als guten Hirten dieselbe zur Weide vertraut wurden, zu trennen." — Mitten unter seinen weltlichen Streitigkeiten mit dem Papst schrieb er an die Könige von Frankreich und England: "Nostrae catholicae fidei debito suggerente, manifestissime fatemur collatam a Domino, Antistiti Romanae Ecclesiae *plenariam in spiritualibus potestatem*." — „Eingedenk unserer katholischen Glaubenspflicht bekennen wir offen, daß dem Bischof der römischen Kirche vom Herrn die Machtfülle in geistlichen Dingen übergeben worden." — In seiner Apologie aber wegen Brechung seines Friedensvertrages bedient sich Friedrich dieses zwar nicht originalen, aber in seinem Munde gewiß merkwürdigen Vergleiches, der auf das Glaubensbewußtsein dieses Fürsten hinweist. F r i e d r i ch sagt: "In exordio nascentis mundi Dei providentia in firmamento coeli, duo statuit luminaria, majus et minus;... quae duo sic ad propria officia offeruntur, ut... unum alterum non offendat, immo quod superius est, inferiori suam communicet claritatem. A simili aeterna provisio... duo voluit esse regimina, sacerdotium scilicet et imperium, unum ad cautelam, reliquum ad tutelam, ut homo....

duobus retinaculis fraenaretur et sic fieret pax orbi! etc." —

Wir nennen ferner in der Reihe der Fürsten noch **Ludwig den Heiligen**, und dessen Sohn **Philipp den Kühnen**. Beide beugten sich in kindlicher Ehrfurcht vor der Majestät des hl. Stuhles, anerkennend in demselben das höchste Tribunal der Kirche. — Gleiche Anerkennung äußeren in ihren Legationen, die Könige von Slavonien, Servien, König Ludwig von Ungarn, c) die Fürsten von Bosnien, d) Kaiser Carl IV., in seinem Krönungseide persönlich vor dem Papste; und Kaiser Johann Paläologus I., in seinem Glaubensbekenntniß, das er zu Rom gleichfalls persönlich abgelegt. Ebenso Kaiser Johann Paläologus II., in Person auf dem Concil von Florenz. e) Ja ganze Völker des Orients, durch eigene nach Rom gesandte Delegaten, legten in der feierlichsten Weise, diese ihre vollste Anerkennung an den Tag.

So sprach Abt Andreas, bevollmächtigter Delegat des Patriarchen der Eutychianer von Egypten, Aethiopien 2c. den Papst in einer öffentlichen Anrede im Namen der Völker, die er repräsentirte, also an: „Du bist Christus," sagte er, „und sein Statthalter, Du bist Petri Nachfolger,

---

c) Baron. ad a. 1307.
d) Spond. ad a. 1308.
e) Sehr merkwürdig sind auch die Beinamen, die der Sultan von Egypten dem Papste Innocenz III., in seinem Schreiben gibt. Er nennt ihn: "Universalis loquela christianorum, manutenens "adoratores crucis, judex populi christiani." Raynald, ad a. 1247. Nat. Alex. XV. D. — Einstimmig mit dem Zeugniß dieses Türken ist das des Abul feda, Fürst von Hamamat, und arabischen Geschichtschreibers, in seinem Werke: „Kurze Geschichte des Menschengeschlechts."

und Vater und Haupt der ganzen Kirche, dem die Schlüssel gegeben sind, das Paradies zu schließen und zu öffnen. Du bist der Fürst der Könige, und der Erste der Lehrer." — " Es Christus et ejus vicarius, — Es Petri successor et pater, caput et doctor Ecclesiae universalis, cui datae sunt claves claudendi et reserandi paradisum. Tu princeps regum et maximus es magistrorum;"... „alle Kirchen aber, welche von dem ersten Fundament und von der Mutter und Lehrerin der römischen Kirche getrennt worden sind, die hat Gott den Völkern zum Spott und den Heiden zum Raub gegeben!"

Gleich kräftig und denkwürdig, weil Nachklänge früherer Vorzeit des Glaubens der orientalischen Kirche, sind die **Bekenntnisse** der Delegaten der Syrier, Chaldäer und Maroniten im 15. Jahrhundert. — Der Abgeordnete der Aethiopier sagt, in seiner Anrede an den Papst: „Wir glauben nicht, daß ein Volk sei, welches mit mehr Glauben und Andacht den römischen Papst verehrt, als wir Aethiopier. ... Immerdar war es bisher beobachtet, daß, bei dem Anblick der Gesandten von Rom, das Volk jedes Alters und Geschlechtes, in gedrängter Menge, die Füße derselben zu küssen, und einen Theil ihrer Kleider als Relique herabzureißen sich bemühet, woraus zu entnehmen, welch hohe Meinung unsere Landsleute von der Heiligkeit des römischen Bischofes haben." — „**Der ganzen Welt ist es offenbar, daß Alle, die von Dir und der römischen Kirche sich losgerissen, zu Grunde gegangen seien.**" —— „Unser Abt wird Dir darthun, wie dem Kaiser von Aethiopien nichts so sehr am Herzen liege, wie er nichts brünstiger verlange, als sich mit der römischen Kirche zu vereinigen und Dir zu Füßen zu sinken. So groß ist bei ihm der Name der Römer und der Glaube der Lateiner."

Der Abt Nikodemus drückte seine hohe Freude, über die vom Papste gewünschte, und vom Kaiser verlangte Vereinigung, mit großem Jubel aus, und sagt: „Darum bist Du auf den großen Stuhl des Apostel Petrus gesetzt, welcher das Haupt aller bischöflichen Stühle ist, auf daß Du alle Schafe Christi weiden könnest ɾc. — Du also sorge, daß alle Zerstreuten zur Einheit gelangen, und der Glaube Aller Einer sei." — "Ut sit omnium fides una."

Es ist bekannt, daß in der Folge auch die japanesischen Fürsten öfter ihre Legaten nach Rom sandten, mit dem Ausdrucke der vollsten Anerkennung des Papstes, als obersten Richter der Christenheit. — Im Jahre 1585 kamen in solcher Legation, vier königliche Prinzen in Person nach Rom.

Im Occident lassirte Ludwig XI. die "Sanctio pragmatica," wie es Papst Pius II. verlangte, weil sie der Machtfülle des apostolischen Stuhles zu nahe trat. "Tibi," schreibt Ludwig an den Papst, "et beatissimi Petri Cathedrae consentimus et jungimur. Itaque sicut mandasti pragmaticam ipsam... pellimus, dejicimus, stirpitusque abrogamus." — Kein Zweifel, der Satan, der jeden Glaubenssatz angriff, der unterließ es nicht, besonders den Glaubensprimat Petri, als Unterpfand aller übrigen Glaubenswahrheiten und aller Glaubensverbindung, anzufallen und zu erschüttern; doch

überwältigen konnte er die Anerkennung desselben von
Seiten der Fürsten und Völker eben so wenig, als das
göttlich gegebene Recht selbst.

Noch im Jahre 1474 sehen wir Christiern, König von Dänemark, in Rom zu den Füßen des Papstes, in Betheurung seiner vollen Anerkennung der Würde Petri, in der Person des Papstes. — Ein Gleiches that Karl VIII. von Frankreich. — Auch Heinrich VII. von England bekennt in seinem Schreiben an den Papst unumwunden dessen "plenitudo potestatis," und als er seinen Thron bestieg, suchte er seine Rechte auf die Krone aus einer Bulle Innocenz VIII. darzuthun. Es ward schon öfter erwähnt, was aus diesem Ergebniß mittelbar für ein kräftiges Argument für das oberstrichterliche Ansehen des Papstes in kirchlicher Sphäre folge.

Uebrigens kann wohl Niemand bestimmter sich über die apostolische Macht des Papstes und dessen höchste Glaubensprärogative aussprechen, und dieselbe feierlicher anerkennen, als Heinrich VIII. selbst gethan, der England vom apostolischen Stuhl, und somit von der wahren Kirche Christi losgerissen und durch seinen traurigen Abfall bewies, wie weit Leidenschaft den Menschen gegen besseres Wissen und Gewissen zu ziehen im Stande ist. Er begehrte vom Papst die Erlaubniß, Luther's Schriften zu lesen, um sie zu widerlegen, und dedicirte die Widerlegung dem Papst, als oberstem Richter der Lehre. Ein Bekenntniß, das er mit dem Buch dem Kaiser und allen Königen und Fürsten Europa's zusandte. Er sprach dadurch nur jene Ueberzeugung des Glaubens aus, die bisher Alle seine Vorfahren mit England und den Völkern des ganzen Erdballs bekannt. — Heinrich selbst ist es, der dieses Ansehen der gläubigen Fürsten und Völker, Luther entgegenstellt. Er schreibt in seinem Artikel "de indulgentia:" „Kein Feind des Papstes kann es läugnen, daß die ganze Kirche den Glauben des römischen Stuhles, als Mutter und Herrn erkenne und verehre.... Selbst die Indier, durch Land, Meer und Wüste so weit entfernt, unterwerfen sich doch dem römischen Papst. — **Wenn der Papst nicht durch göttliches Recht und menschliche Anerkennung zu dieser Machtfülle gelangt ist; nun denn, so mag Luther sagen und angeben, wann er zu deren Besitz gelangt ist. Der Ursprung einer so unermeßlichen Macht kann doch nicht dunkel sein, besonders, wenn sie inner den Schranken menschlicher Erinnerung enthalten ist.**" "Dicat Lutherus, quando in tantae ditionis irrupit possessionem! Non potest obscurum initium esse tam *immensae potentiae*, praesertim, si intra hominum memoriam nata sit!!" — Am Schluß der Schrift beschwört H e i n r i c h alle Christen ihre Ohren abzuwenden von den Verläumdungen, die L u t h e r gegen den Papst ausstoße, und die nur Mißverstand und Schisma herbeizuführen im Stande wären.

Wenn also H e i n r i c h späterhin anders sprach und sich selbst die "plenitudo apostolicae potestatis" sacrilegisch zuzueignen anmaßte, so war dies nicht mehr der Glaube und das Verfahren seiner Ahnen, noch der Geist gläubig treuer Anerkennung der Constitution und Staatsverwaltung Englands bis auf jene Zeit, — nicht mehr Frucht des seit Gregor, in diesem Lande so herrlich blühenden und fruchtbaren Glaubens, — sondern Neuerung, Abfall und Irrthum, bis zum Untergang des Glaubens in diesem, einst dem apostolischen Stuhle so kindlich treu ergebenen Lande; wie dieß durch ein so überaus gewichtiges und herrliches Zeugniß der hochgefeierte Staatskanzler von England Thomas Morus, vor dem Parlament dieses Landes für alle Folge der Zeit so feierlich, als Held und Martyrer bekannte! —

In seinem peinlichen Verhör sagt Morus seinen Richtern mit standhaftester Entschiedenheit frei in das Angesicht: „Die oberste Leitung der Kirche kann kein weltlicher Fürst durch irgend ein Gesetz an sich reißen; denn dieß ist ein Recht des römischen Stuhles, welches von unserem Heilande selbst, nur dem hl. Petrus und den Bischöfen von Rom, seinen Nachfolgern, verliehen wurde. — Dieß Königreich, welches nur ein Glied und kleiner Theil der Kirche ist, hat kein Recht, ein besonderes Gesetz zu erlassen, das von dem allgemeinen Gebote der ganzen christkatholischen Kirche abweicht." — In der That, wichtige Worte für unsere Zeit! — und noch wichtiger und treffender sind die, die nun folgen: „Jenes Statut," sagt Morus, „ist gegen den Eid, den der König in freier Willensmacht bei seiner Krönung abgelegt hat. England handelt Unrecht, dem römischen Stuhle den Gehorsam zu versagen, wie ein Kind, das den Eltern den Gehorsam aufkündet."

Daß aber Morus dieß in vollster, wohlgeprüfter

Glaubens-Ueberzeugung sprach, betheuert er mit folgenden Worten: „Als ich des Königs Absicht wahrnahm, nachzuforschen, woher des Papstes Macht stamme, prüfte und forschte ich durch volle sieben Jahre auf das Emsigste, und fand, daß des Papstes Macht, die ihr frevenllich verworfen, nicht nur r e ch t l i ch, l ö b l i ch u n d n o t h w e n d i g, s o n d e r n g ö t t l i ch e n R e ch t e s s e i." — Auf den Einwurf, ob er sich in diesem Urtheile weiser fühle, als so viele Geistliche und Weltliche des Reichs, die ihm darin widersprächen, antwortete T h o m a s: „Gegen Einen Bischof, den ihr für eure Meinung habt, habe ich hundert, heilige und rechtgläubige Bischöfe für die Meinige; und gegen Ein Königreich, die Stimme der ganzen Christenheit mit mehr als tausend Jahren. — Stände ich allein gegen das Parlament, so dürfte ich es freilich nicht wagen. I ch h a b e a b e r f ü r m i ch d i e g a n z e k a t h o l i s ch e K i r ch e, d a s g r o ß e P a r l a m e n t d e r g a n z e n C h r i s t e n h e i t." — So der heldenmüthige, glaubenstreue Reichskanzler. — Möge England diese Antwort eines seiner größten und edelsten Staatsmänner beherzigen, und zurückkehren in die Arme der katholischen Kirche.

Wie Kaiser M a x i m i l i a n I., bei dem Beginne des Lutherthums, von der apostolischen Glaubensprärogative des Papstes dachte, erhellt aus dessem Schreiben an den Papst selbst, in welchem er Denselben also anredet: "A nemine suspectae assertiones et periculosa dogmata melius, rectius, ac verius dijudicari queunt, quam a Beatitudine vestra, *quae sola ut potest, ita debet.*" — „Von Niemand andern können verdächtige Behauptungen und gefährliche Sätze besser, richtiger und wahrer gerichtet werden, als von Eurer Heiligkeit, welche dieß allein nur kann, und eben darum es auch thun soll." — Maximilian durchschaute den Mönch, und sein Staat und Kirche verheerendes Treiben. "*Me mortuo monachus iste calamitates et miserias gravissimas in imperio excitabit*," sagt er seinem pincera Schenk de Elpach, wie Bredembach erzählt. f)

So wenig wie Maximilian, verkannte Karl V. bei seinen politischen Streithändeln die oberstrichterliche und in kirchlichen Dingen apostolische Machtfülle des Papstes, wie dies selbst in dem Augsburgischen Interim, anerkannt zu lesen ist. — Als Heinrich IV. sich wieder zur Kirche bekehrte, schickte er sogleich einen Gesandten nach Rom, um den Papst im Namen des Königs seinen Gehorsam zu bezeugen, wie dies vor ihm die Könige Frankreichs immer gethan — und auch darnach thaten. — So Ludwig XIII. dessen Sohn. — Selbst Ludwig XIV., dessen hochfahrender Stolz gerne Niemanden über sich auf Erden hätte erblicken mögen, und der es wirklich gewagt hatte, dies absolute, höchste Entscheidungsrecht des Papstes durch die Versammlung seiner servilen Bischöfe vom Jahre 1682 in Frage und Zweifel zu stellen, war genöthigt seine Retractation an den Papst einzusenden, und bestätigte seinen Widerruf in seinem Testamente.

Was aber die deutschen Kaiser seit Karl V. betrifft, so sind die Namen der Maximiliane und Ferdi-

---

f) Collat. sacr. c. 41. Spond. ad a. 1517.

u a a b e bekannt, für ihre volle Anerkennung der apostolischen Machtfülle des Papstes außer Zweifel, daß es völlig überflüssig wäre einzelne Bekenntnisse hier weitläufig anzuführen. Gleiches gilt von den Königen von Portugal, Spanien und Neapel. — Wenn die gewaltsamen Erschütterungen der Geister und Staatenwelt durch die Machinationen einer blendenden Philosophie und durch äußere Gewalt auch diese Anerkennung in letzterer Zeit außer Geleise, und in zeitweises Schwanken gebracht, so läßt sich daraus so wenig etwas gegen die Gesammtheit der Anerkennung von Seite der christlichen Völker durch ihre gekrönten Häupter folgern, als in Betreff der vollen Anerkennung von Seite der S ch u l e, wie wir dies im vorigen Absatz unläugbar nachgewiesen.

Selbst N a p o l e o n, vom Schwindelgeist hochfahrender weltlicher Größe noch bei weitem ärger wie L u d w i g XIV. tyrannisirt, konnte nicht umhin, öfter deutlich genug seine Ueberzeugung über die oberste peremptorische Stellung des Papstes zur Kirche anzuerkennen; daher Er im Corps legislatif selbst unumwunden sagt: „Ich erkenne die Nothwendigkeit des geistlichen Einflusses des ersten Hirten der Kirchen." — Im gleichen Sinne redete F o n t a l n e s, ein Hofschmeichler Napoleons, am 10. Dezember 1809 den Kaiser also öffentlich an : „Der Nachfolger des Petrus wird uns immer theuer und ehrwürdig sein, da er den Nachfolger Karl des Großen segnet im Namen Gottes des Friedens, dessen Wille die Reiche ändert, d e s s e n C u l t u s a b e r s i ch n i e ä n d e r t. — Cäsar selbst respektirte Rechte, d i e

Er nicht als die Seinigen erkannte." Es läßt sich wohl denken, daß der Redner, wenn er schmeicheln wollte, im Sinne seines Herrn reden mußte.

Wir fügen schließlich noch das Zeugniß öffentlicher Anerkennung von Seite der Völker bei, aus einem gewiß sehr unparteiischen Lande, aus dem freien und biederen Schweizerland. Es ist dies die feierliche Erklärung des Kanton Luzern. Sie lautet wie folgt: „Offenbar liegt es im Sinne dieses Artikels (nämlich des 2. § unserer Verfassung) und auch im entschiedenen Willen des Volkes, daß die römisch-katholische Religion, wie wir sie von unsern Vätern ererbt haben in jeder Beziehung ungeschmälert und gesichert bleibe, und auf unsere Nachkommen fortgepflanzt werde. Nach den Grundsätzen dieser von den Vätern ererbten römisch-katholischen Religion **anerkennt das soveräne Volk des Canton Luzern noch immer, und muß stets anerkennen im römischen Papste das sichtbare Oberhaupt aller Rechtgläubigen, den Stellvertreter Jesu Christi, dessen Lehre und Entscheidung in Sachen des Glaubens sich jeder rechtgläubige Katholik zu unterwerfen hat."**

Wenn die antichristliche Strömung der neueren und neuesten Zeit Fürsten anders denken, reden und handeln macht, und wenn selbst Völker dieser Strömung folgen sollten, so beweist das nur, daß sie von der Richtung des Glaubens ihrer Vorfahren abweichen, nicht aber, daß das Glaubensrecht Petri in seinem Nachfolger von den gläubigen Völkern der Erde, durch achtzehnhundert Jahre, nicht als solches anerkannt worden wäre, und somit auf dem Felsengrund geschichtlicher Thatsache bastehe, wie kein zweites auf Erden. Oder man nenne uns nun irgend ein anderes Recht der Welt — ja irgend einen andern Glaubenssatz, der eine solche Masse von Zeugnissen von Schrift- oder Erblehre, in so vielseitiger und umfassender Beziehung aller Art, göttlicher und menschlicher, kirchlicher und weltlicher Autorität, selbst aus dem Munde der Feinde des Glaubens und der Kirche gesprochen, aufzuweisen hätte, als dieses Recht der apostolischen Vollmacht des Papstes in seinen Glaubens-Entscheidungen.

Das Gewicht dieser Zeugnisse ist um so größer für die prüfende Vernunft, da sie ja, wie wir nachgewiesen, die Wahrheit unserer Thesis gewissermaßen als Postulat ihrer eigenen Logik ansieht, und weil sie bei genauer Prüfung ebenso klar erkennt, daß alle Einwürfe gegen dieselbe einseitig und kraftlos sind, wie wir dies nun umständlicher nachzuweisen haben, und jedem aufrichtig die Wahrheit suchenden Opponenten und Kritiker beweisen werden.

# Widerlegung der Einwürfe.

Keine Wahrheit ist so evident, daß sie nicht durch Mißverstand, Entstellung oder freiwillige Verblendung, Angriffen, Anständen und Einwürfen ausgesetzt wäre. Die scheinbarsten Einwürfe, die man gewöhnlich gegen unsere Behauptung vorzubringen pflegt, und auf die man sich nicht selten auch sehr viel zu Gute thut, sind folgende:

Man sagt:

### I. Einwurf.

„Wozu allgemeine Concilien und ihr Urtheil, wenn
„des Papstes definitiver Ausspruch allein schon in
„Dingen des Glaubens absolut entscheidend ist? —
„und doch wurden zur Unterdrückung von Ketzereien
„allgemeine Concilien in der Kirche für nothwendig
„erachtet."

**Antwort:** Die Haltung allgemeiner Concilien hat ihre entschiedene **Wichtigkeit**, und zeitweise ihre relative **Nothwendigkeit**, unbeschadet der Unfehlbar-

keit des apostolischen Stuhles, und sie steht mit dieser eben
so wenig im Widerspruche, als das erste Concil von Jerusalem mit der apostolischen Unfehlbarkeit der Apostel.

Wir sagen: Trotz der absoluten Vollmacht des Papstes
bleiben Concilien relativ nothwendig, und haben ihre entschiedene hohe kirchliche Wichtigkeit.

Relativ nothwendig und von hoher kirchlicher Wichtigkeit bleiben jederzeit Concilien, erstlich, um den Uebermuth
der Ketzer durch das Gesammtgewicht des kirchlichen Ansehens niederzudrücken. Wer immer die Geschichte der
Kirche studirte, der weiß es, zu welchen Umtrieben Ab-
trünnige gewöhnlich ihre Zuflucht nahmen, um Andere
durch einen Nimbus von Rechtgläubigkeit zu blenden?
Diese Hartnäckigkeit und Hinterlist war es, welche nach
dem Zeugniß der Geschichte die Abhaltung von Concilien
angezeigt und zeitweise nothwendig machte, um Andersgläubigen die Maske der Rechtgläubigkeit abzuziehen.
Die Versammlung von so vielen Bischöfen diente auch
dazu, um allgemein durchgreifende Maßregeln festzusetzen,
um dem Umsichgreifen des Irrthums am Zweckmäßigsten
entgegen zu wirken, den Irrthum, wo er eingewur-
zelt, auszureißen, die Hirten selbst in ihrer Rechtgläubigkeit zu controlliren. — Wie Mancher ward
in solchen Versammlungen als irrgläubig erkannt, der
wohl sonst — zum Verderben der ihm anvertrauten
Heerde, unerkannt geblieben wäre!

Dergleichen allgemeine Versammlungen haben, zweitens
zum Wohl der allgemeinen Kirchendisciplin, die auch nicht
minder als die Reinheit des Glaubens die Sorge des
Oberhauptes der Kirche in Anspruch nimmt, einen sehr

vortheilhaften und wichtigen Einfluß, so daß allgemeine Concilien auch in disciplinärer Hinsicht ihre r e l a t i v e N o t h w e n d i g k e i t und entschiedene W i c h t i g k e i t haben, unbeschadet der Machtfülle des Papstes.

Wir berufen uns hiebei auf das Verhältniß des ersten Concils von Jerusalem, in seiner Beziehung zur apostolischen Unfehlbarkeit der Apostel überhaupt, und insonderheit des hl. Paulus.

Alle Apostel nämlich waren, wie kein Theolog es bezweifelt, als unmittelbare Organe des heiligen Geistes in Verkündigung des heiligen Glaubens unfehlbar; und doch versammelten sie sich in ein Concil, und dieses Concil hatte seine relative Nothwendigkeit und entschiedene Wichtigkeit, sowohl in Betreff der G l a u b e n s - E n t s c h e i d u n g, die es erließ, als in Betreff der a l l g e m e i n e n  K i r c h e n d i s c i p l i n, ganz unbeschadet der apostolischen Unfehlbarkeit der Apostel auch außer dem Concil — und namentlich des hl. P a u l u s.

Zu Antiochia nämlich erhob sich der Streit in Betreff der Nothwendigkeit, die Heiden zu beschneiden. C e r y n t h mit andern judaisirenden Christen behauptete diese; P a u l u s hingegen widersetzte sich, und lehrte das Gegentheil. — Sein apostolisches Ansehen sollte wohl genügen? Und wie sehr Paulus sich dessen bewußt war, beweiset seine Zuschrift an die Galater, wo es heißt: „Und sollte ein Engel vom Himmel kommen, der anders lehrt, als ihr es von mir vernommen — er sei verflucht." P a u l u s dessen ungeachtet, als er die Härte der Obstination gewahrte, wollte noch das letzte Mittel versuchen, dieselbe zu brechen, und das für eine allgemeine Angelegenheit der Kirche kräftigste Mittel ergreifen; — es ward beschlossen, mit **Barnabas** und Andern nach Jerusalem zu den übrigen Aposteln zu reisen; und das apostolische Concilium erfolgte.

In demselben ergriff nun **Petrus** das Wort, und entschied. — Es war ein Zeichen, Wem in der Kirche Gottes ordentlicher Weise das oberste Recht der Glaubens-Entscheidung zustehen sollte; nämlich denen, die ihrer Würde nach, **Petrus** sind.

**Petrus** und **Paulus** lehrten einstimmig — beide unfehlbar; und dennoch gab die Beistimmung der ganzen Versammlung noch mehr Gewicht in den Augen der Irrenden. Und wer wollte zweifeln, daß diese gemeinschaftliche Berathung auch noch zu anderer heilsamer Unterredung hinsichtlich des allgemeinen Kirchenwohles Veranlassung gab? In demselben Concil ward auf Bemerkung und Vorschlag des Bischofs und Apostels von Jerusalem, **Jacobus**, auch ein für jene Zeit wichtiger Disciplinar-Canon von demselben erlassen.

Mithin trotz der Unfehlbarkeit Pauli und des Apostelfürsten Petrus selbst, hatte das Concil von Jerusalem seine entschiedene Wichtigkeit und relative Nothwendigkeit für die Reinheit des Glaubens und das Wohl der Kirchenverwaltung.

Die ganze Geschichte der allgemeinen Concilien, die wir oben der Reihe nach dem Leser vor Augen geführt, beweiset, daß ebendieselben Gründe und Vortheile die Haltung derselben begleiteten und erforderten, unbeschadet der apostolischen Vollmacht des apostolischen Stuhles in Glaubensentscheidungen und in Verwaltung der obersten

Kirchenregierung, wie Leo der Große bereits bemerkt: „Die Wahrheit erhellet klarer, und wird kräftiger bewahrt, wenn das, was der Glaube durch den Papst früher gelehrt, und was Gott durch unsere Amtsverwaltung früher definirt, auch durch den Einklang der Brüder bestätiget wird." "Veritas ipsa clarius renitescit, et fortius retinetur, si illa, quae jam prius fides per Pontificem docuit, et quae DEUS nostro ministerio definierat, etiam fratrum firmaretur consensu." a) Wie weit aber Leo entfernt war, diesen Consensus fratrum als nothwendig zur Kraft der Entscheidung selbst, als Glaubensnorm, zu erachten — erhellet genügend aus den Worten: „Was der Glaube durch den Papst gelehrt," "quae fides per Pontificem docuit," und „Was Gott durch unsere Amtsverwaltung entschieden," "quae Deus nostro ministerio definierat." Er verbietet überdies in seinem Schreiben an den Kaiser, daß im Concil erst verhandelt werde, was als göttlich geoffenbaret zu glauben sei, nachdem seine Entscheidung dies bereits ausgesprochen habe; sondern man möge nur sorgen, daß diese Entscheidung selbst so wirksam und allgemein als möglich mit Hülfe des Concils in der ganzen heiligen Kirche auf Erden erschalle. b)

Wer könnte zweifeln, daß auch das nächste allgemeine Concilium, abgesehen von jeder Glaubensentscheidung, von hohem Nutzen für die Kirche sich erweisen werde.

---
a) Leo ep. ad Theodor.
b) Siehe Ep. 82. c. et 2. ep. 90. c. 1, 2, ep. 93 et 94.

## II. Einwurf.

„Wenn der Papst auch für sich allein unfehlbar wäre,
„so wären die Bischöfe im Concil nicht Richter in
„Glaubenssachen gewesen, sondern nur bloße He-
„rolde der päpstlichen Entscheidungen; doch diese
„Annahme streitet gegen die Autorität der Unter-
„schriften dieser Bischöfe selbst, welche beweisen, daß
„sie als Richter in den Glaubens-Streitsachen un-
„terschrieben haben; "definiens subscripsi."

Antwort: Keineswegs wird durch den peremptorischen Einfluß der Päpste auf die Entscheidungen der Concilien das richterliche Ansehen der Bischöfe selbst aufgehoben; sondern sie waren wirklich Richter in den Entscheidungen, die sie erlassen haben, nur nicht in oberster, wohl aber und wirklich Richter, in der von Christus angeordneten, kirchlichen Ordnung und Unterordnung.—Die in den Concilien versammelten Bischöfe nämlich, entschieden wirklich, daß Etwas eine geoffenbarte und in der Kirche allgemein als solche anerkannte und gepredigte Lehre sei. Darin richteten sie, und dafür wurden Concilien gefeiert;— nicht aber richteten sie die päpstlichen Entscheidungen selbst, sondern diese Entscheidungen lagen ihren Urtheilen bei der, auch durch Ihre Definition auszusprechenden Erblehre der katholischen Kirche, als Leitung und Norm zu Grunde, so oft die Päpste bereits vor dem Concilium den feierlichen Ausspruch gethan.

Haben wir doch die, in den Concilien versammelten Bischöfe, feierlichst betheuern gehört, daß sie in ihren richterlichen Urtheilssprüchen auf solche Weise auf die Entscheidungen der Päpste als Norm des Urtheils blickten, o) wodurch sie dieselben eben so wenig richteten, als untergeordnete Richter im Staate durch ihren Ausspruch das Gesetz und den Ausspruch des befugten Gesetz-Auslegers selbst richten, wenn sie einen Urtheilsspruch nach der Norm desselben fällen; und doch ist dieser ihr Ausspruch ein wahres Urtheil.

Wollen wir einige noch nähere Nachweisungen aus der Analogie, so haben wir sie in der Ausübung der Jurisdiction der Bischöfe. Wer zweifelt daran, daß Bischöfe wirklich eine geistliche und auch richterliche Gerichtsbarkeit in ihren Diöcesen haben? — und doch üben sie diese Jurisdiction nur in so fern rechtskräftig, als ihnen der apostolische Stuhl die Heerden anweiset, und nur so lang, als sie mit demselben in Verbindung bleiben; sie haben also eine untergeordnete, aber doch wahre kirchliche Jurisdiction.

Ja, wie wenig ein oberster Richter und oberstrichterlicher Ausspruch auch in göttlichen Dingen, ein untergeordnetes richterliches Ansehen aufhebe, erhellet ganz besonders aus der Verheißung Christi, daß die Apostel mit ihm die Welt richten würden — als wahre Richter. Und doch, wer zweifelt daran, daß sie nur nach dem Ausspruche und nach der Norm jenes Urtheils, das aus Seinem Munde ergehet, den Gott zum Richter Aller gesetzt, das Urtheil m i t r i ch t e n d fällen werden.

Mithin hebt die oberstrichterliche Competenz des apostolischen Stuhles die mitrichtende der Bischöfe keinesweges auf, sondern beide stützen sich zum Wohl der Kirche

---

o) Siehe den ganzen III. Abschnitt oben S. 140-192, besonders das IV. allgemeine Concilium.

nach der von Christus eingesetzten Unterordnung der
kirchlichen Gewalten, so, daß doch Petrus in seinen Nachfolgern der Fels ist, und bleibt, auf welchem letztlich jedes richterliche Urtheil im Reiche der Kirche sich unerschütterlich fußt und festiget. Man sagt:

### III. Einwurf.

„Die Päpste haben doch selbst nicht selten erklärt, sie könn-
„ten von den Entscheidungen der allgemeinen Con-
„cilien nicht abweichen. Dies hätten sie wohl nicht
„gethan, wenn sie gemeint hätten, daß ihnen auch
„allein die oberste und apostolische Vollmacht des
„kirchlichen Richteramtes zuständen."

Antwort: Solche Erklärungen der Päpste beziehen
sich nie auf ein Concil, welches erst gefeiert, und noch von
keinem Papst bestätiget ward, sondern immer nur auf bereits von ihren Vorgängern confirmirte Concilien. Es folgt also aus selben gar nichts gegen die
oberste Vollmacht der also erklärenden Päpste, da sie ja
durch diese Vollmacht nicht über das göttliche Recht, und
über die Wahrheit selbst erhaben sind.

Beziehen sich nämlich dergleichen Erklärungen auf
Glaubenssätze von bereits confirmirten allgemeinen
Concilien, wie sollte es einem nachfolgenden Papst gestattet sein, von denselben abzugehen?!! Die apostolische Vollmacht des Papstes in Glaubens-Entscheidungen ist ja doch keine Macht der Willkühr, und keine Macht
gegen den Glauben selbst und über das göttliche Recht,
welches auf alle Nachfolger Petri sich ungetheilt vererbt.

Beziehen sich aber dergleichen Erklärungen selbst auf Disciplinarsatzungen allgemeiner Concilien, so durften und mußten die Päpste dennoch bekennen, es sei ihnen nicht erlaubt, von denselben abzuweichen. Wir sagen, nicht erlaubt; denn was in weisester Berathung und Verordnung zum Wohl der Kirche von solchen bereits confirmirten Concilien verordnet ward, kann erlaubter Weise nicht nach Willkühr verändert, oder wohl gar verworfen werden, wenn den also handelnden Machthaber nicht der bekannte Rügespruch Bernards treffen soll: "Facitis, quia potestis; sed utrum etiam debeatis, quaestio est." „Ihr thut es, weil ihr es könnet; ob ihr es aber auch solltet, ist eine andere Frage."— Was Paulus von der ihm durch Christus gegebenen Gewalt erklärte, nämlich: „Sie sei ihm nicht zum Niederreißen, sondern zum Aufbauen gegeben;" das gilt auch von der apostolischen Macht des Papstes: sie ist ihm gegeben "non in destructionem," sondern "in aedificationem." In dieser Hinsicht haben die Päpste an unzählbaren Orten eben so feierlich betheuert, wie es Hadrian II., in Betreff der Dekrete seines Vorgängers, Papst Nikolaus, so feierlich betonte, sie könnten von den Verordnungen ihrer Vorfahren, der römischen Päpste, kein Haar breit abweichen; ohne daß es da doch Jemandem einfiele zu meinen, die Macht eines Nikolaus sei größer gewesen, als die eines Hadrian, oder die eines Pius VI. größer, als die eines Pius VII. oder Gregor XVI., oder als die eines Pius IX.

Daß dies die Ansicht der Päpste war und sein mußte, die man uns mit ihren Erklärungen dagegen anführt,

erhellt überdies unbezweifelbar aus den Aussprüchen
selbst, welche sie über ihre Machtfülle in jener ununterbrochenen Reihe von Zeugnissen gegeben, die wir oben
aus dem Munde derselben Päpste angeführt, und die mit
solcher Entschiedenheit dieses volle Bewußtsein ihrer obersten, unbedingten, apostolischen Macht aussprechen. Wir
setzen denselben hier den Ausspruch eines Papstes bei,
dessen Gelehrsamkeit, Klugheit und Mäßigung von all-
bekannt gefeiertem Andenken ist, nämlich Benedikt
XIV., der in seiner Synod. Dioes. ausdrücklich also
lehrt: „Die von Christo gegebene Gewalt und Vollmacht des Papstes jedes blos kirchliche Gesetz durch eigene
Autorität nachzulassen, oder völlig aufzuheben, wird
von keinem Katholiken in Zweifel gezogen." "Pontificem habere a Christo Domino sibi concessam potestatem *omnem* legem ecclesiasticam *propria* auctoritate
relaxandi vel penitus abrogandi, hancque potestatem
Pontificis, a *nemine Catholicorum in dubium vocari.*"
d) Und in diesem Sinne konnte Innocenz III. von
sich und allen Trägern seiner Würde sagen: "Nos, qui
secundum plenitudinem potestatis de jure possumus
supra jus dispensare."

Hat denn nicht selbst der so weise als gemäßigte Gregor der Große für England aus eigener Machtfülle
den allgemeinen Canon, in Betreff der Verwandtschafts-
grade bis in den siebenten Grad, als Ehehinderniß aufgehoben, und so durch die That gezeigt, wie unbeirrt seine
Verehrung für die von ihm den vier Evangelien gleich-
gehaltenen allgemeinen Concilien, mit dem Bewußtsein

---
d) Cfr. lib. 9. c. 2. num. 3.

feiner ungeschmälerten, apostolischen Machtfülle sehr wohl
beisammen bestünden? Aber, sagt man:

### IV. Einwurf.

„Hat denn nicht das Concil von Constanz und Basel
„die Superiorität eines Concils über den Papst
„feierlich ausgesprochen und festgestellt? — wie ver-
„trüge sich dieß mit der obersten, apostolischen Voll-
„macht des Papstes?"

Antwort: Das Concilium von Constanz spricht
nur von einem Namen-Papste, von dem damaligen
Prätendenten der päpstlichen Würde, welche alle
als Päpste sich benahmen, ohne beweisen zu können,
daß sie es wirklich seien; weshalb dann auch hauptsächlich das Concil von Constanz zusammenberufen
ward, um das Schisma zu heben. Daß dieß die Gesinnung der Kirchenversammlung von Constanz und der
Sinn ihres Ausspruches sei, nämlich: „Daß jeder, und
wäre er auch päpstlicher Würde, dem Concil zu gehorchen
habe," bezeugt ausdrücklich und auf das Bestimmteste ein
zweites Dekret desselben, das in der vierzigsten Sitzung bekannt gemacht wurde, und also lautet: „Ein rechtmäßig und canonisch erwählter Papst
kann von einem Concilium nicht gebunden werden." — "Papa rite ac canonice electus
a concilio ligari non potest." — Und so muß auch
das Dekret des Concils verstanden werden, wenn wir
nicht die Väter desselben als völlig im Glauben irrig,
erklären wollen. Sie erklärten ja im entgegengesetzten
Falle, das ganze Subject der Infallibilität bestehe in

den Bischöfen allein. Denn sie sprechen von schuldiger Unterwerfung von Seite des Papstes. Dieß behauptet doch kein Katholik! viel weniger ein Theolog!! und das waren doch diese Väter. — Indeß dieses Dekret, auch im echten Sinne verstanden, wurde von Martin V. dennoch nicht bestätiget, hat also kein kirchliches Ansehen eines Concilien-Ausspruches. Denn bei Gutheißung der Dekrete dieses Conciliums betheuert er feierlich, daß er die Beschlüsse desselben nur in so fern billige, in wie fern sie conciliarisch verfaßt worden sind. Kann man aber, fragen wir, ein Dekret conciliarisch erlassen, nennen: welches keineswegs von allen Vätern des ganzen Concils, sondern nur von einem Theil der Partei Johann XXIII. unter Protestation eben Desselben dagegen, und gegen die Reclamationen der beiden andern Prätendenten, nämlich Gregor XII. und Benedict XIII. erlassen, und zwar durchaus nicht in der Form canonischer Concilien-Beschlüsse, sondern in einer ganz uncanonischen und stürmischen Sitzung erlassen ward, bei welcher zur Stimmensammlung nicht nur allein der Clerus ohne Unterschied, sondern auch Laien und Leute aus der untersten Volksklasse zugelassen wurden? — Man berathe über diesen Gegenstand die Protestation der Redner des Königs von Frankreich, welche am 3. März des Jahres 1417, in der 28. Sitzung vorgetragen ward; wie auch den Brief Johannes XXIII. an Ladislaus, König von Polen; und den, an den Herzog von Bourges, der in der Sorbonne öffentlich vorgelesen wurde. Diese Documente haben um so mehr

Beweiskraft, weil dieselben vor den noch lebenden Vätern des Concils veröffentlicht wurden. Weitläufig handeln hievon *Mansi* in Animadversion. in Decret. sess. 4. et 5. Concilii Constantiencis tom. 9. saec. 15. et 16. pag. 355. historiae Nat. Alex. edit. Venet. 1778 et *Emanuel Schelstrude*, dissert. de sess. 4. et 5. Concilii Constantiensis. Spondanus ad ann. 1418 und die Abhandlung des gelehrten P e t r u s von Ailly, der im Concil selbst gegenwärtig war.

Daß aber Papst M a r t i n V. dieses Dekret durchaus nicht in dem Sinne, wie die Gegner es wollen, gutgeheißen habe, geht deutlicher noch aus seiner Constitution hervor, die er an den König von Polen erließ, und in welcher er die Appellationen vom Papste an ein Concil, als k e ß e r i s ch verdammt, welche Bulle im Concil zu Constanz selbst, von M a r t i n erlaßen ward.

Noch unzweideutiger verbürgt die Gesinnung der Väter des Concilliums jenes Urtheil, welches von sehr vielen Cardinälen, Bischöfen, Prälaten und Theologen, denen die Synode selbst dieses Geschäft übertrug, gegen die drei ersten Thesen des W i c l i f f gefällt, und von dem Concil in der achten Sitzung bestätigt wurde; wo dieses Concillium, wie wir oben bereits angeführt, sich wörtlich also ausdrückt: „Es ist unmöglich, daß der apostolische Stuhl, und eine solche Kirche, wie die Römische, etwas für einen Katholischen und richtigen Glaubenssatz erkläre und halte, was nicht wirklich ein solcher wäre; denn in einem solchen Falle wäre der apostolische Stuhl und die römische Kirche keßerisch und irrig. — Wie wäre Sie aber dann, M u t t e r und H a u p t aller andern Kirchen, der man

als Lehrerin zu folgen hat, so oft sich ein Glaubenszweifel erhebt, so daß, wer Ihr widerspricht, als Ketzer gilt? Wie würde Sie dann vermögen Alle zu richten, während es Niemandem gestattet ist, Sie zu richten? Wie würde dann der Christ, der Ihr zu gehorchen sich weigert, dadurch der Sünde des Unglaubens sich schuldig machen?"
— "Quomodo igitur ipsa mater et caput omnium Ecclesiarum, in omnibus tamquam magistra sequenda, ad quam in dubiis et arduis est recurrendum, — quando circa fidem in aliquo dubitatur? — Quomodo ipsa non habebit maculam neque rugam? — Quomodo ei post DEUM maxime obediendum, ideo quia ipsa est mater et caput omnium Ecclesiarum, contra quam si quis derogando loquitur, *haereticus* reputatur? — Quomodo ipsa valebit omnes judicare, de ea autem nullus judicare permittitur? — Quomodo Christianus, qui ei obedire contemnit, peccatum *infidelitatis* incurret." — So das Concil von Constanz. — Wir fragen: Wie könnten sich wohl die Gegner der apostolischen Vollmacht des Papstes mit Fug auf dieses Concil berufen, und den oben erwähnten Ausspruch desselben anders, als in dem Sinne und in der Beschränkung, als wie wir angezeigt, verstehen wollen, da die Väter des Concils selbst sich mit solcher Bestimmtheit gegen eine andere Interpretation ausgesprochen?

Was aber die Säße des Concils von Basel betrifft, welche dem Concil mehr Gewalt einräumten als dem Papste, so wurden selbe von Eugen IV. im öcumenischen Concil von Florenz, mit Beistimmung des Concils, feierlich mit diesen Worten verdammt: „Welche

„Sätze wir, nach dem verkehrten Sinne des Concils von
„Basel, den die Thaten bezeugen, als der hl. Schrift, den
„hl. Vätern und der Meinung des Concils von Constanz
„selbst widersprechende, gottlose, anstößige und eine offen-
„bare Spaltung der Kirche herbeiführende, mit Bei-
„stimmung des hl. Concils verdammen und verwerfen."

Das Concil von Basel hat also durchaus kein kirchliches Ansehen. — Der hl. Antonin nennt dieses
After-Concil „eine Synagoge des Satans." e) "Con-
ciliabulum viribus cassum et synagogam satanae." —
Der hl. Johann Capistran nennt es „eine pro-
fane und excommunicirte Synode, — eine Höhle der
Basilisken." f) — "Synodam profanam et excommu-
nicatam et Basiliscorum speluncam." — Eine solche
Autorität vermag dem apostolischen Rechte der Nachfolger Petri keinen Abbruch zu thuen.

Man sagt:

### V. Einwurf.

„Gegen die Zeugnisse der heil. Väter, steht das Zeugniß
„und Beispiel des heiligen Cyprian, welcher sich
„standhaft der Entscheidung des Papstes Stephan
„widersetzte, was er doch gewiß nicht gethan haben
„würde, im Falle er von dessen apostolischer Voll-
„macht und Unfehlbarkeit in Glaubens-Entscheidun-
„gen überzeugt gewesen wäre."

Antwort: Wer weiß es nicht, wie oft dieses Faktum herhalten muß, um den Feinden der kirchlichen Auto-

---

e) p. 3. tit. 22.
f) De Papae et Conc. auct. p. 2.

rität der Päpste als Argument zu dienen, um nicht nur die Glaubensprärogative der Nachfolger Petri, sondern auch ihre andern wesentlichen Primatial-Rechte widerrechtlich anzufeinden, und diesen ihren Angriffen durch selbes, einen Schein vom kirchlichen Ansehen grauester Vorzeit zu geben.

„Armer Cyprian, wir müßten dich bedauern, wenn nicht selbst ein heil. Paulus so oft herhalten müßte, um den Irrthümern Luthers ein Wort zu sprechen, und wenn nicht auch ein Augustin des Jansenismus angeklagt worden wäre. Wir sagen: „Aus dem, was Cyprian gethan, folgt durchaus gar nichts gegen die Competenz des Glaubensrechtes der Päpste überhaupt, noch gegen die Begründung dieses Rechtes aus dem Ansehen der heil. Väter insbesondere; noch gegen Cyprian selbst, den wir oben in der Reihe der Zeugen, und zwar mit den entscheidendsten Zeugnissen für dieses Primatial-Recht zu vernehmen Gelegenheit gehabt."

Unsere Beweisführung für das Gesagte ist folgende:

Erstens: Unsere Gegner, welche das Ansehen dieses heil. Bischofs mißbrauchen, fassen seine Widersetzlichkeit in Betreff der Ketzertaufe, ebenso einseitig auf, als wie das Glaubensrecht der Nachfolger Petri selbst, das wir vertheidigen, und unterscheiden weder was den Gegenstand der Streitfrage betrifft, noch was das Benehmen Cyprians und des Papstes Stephan in derselben angeht, noch was aus Allem letzlich zu folgern sei. Wir folgen, wenn wir dies behaupten, ganz vorzüglich dem Ansehen und der Ansicht des großen hl. Augustin, der, wie bekannt, den Zeiten des hl. Cyprian so nahe gestanden, und sagen:

Auch angenommen, daß, in Betreff des Streithandels sich Alles so verhalten habe, wie die Feinde der päpstlichen Kirchengewalt das Factum selbst darzustellen pflegen, (was doch nach dem Zeugnisse Augustins, wie wir unten sehen werden, — schon zu seiner Zeit sehr bezweifelt ward,) so ist die eigentliche Ansicht Cyprians über die päpstliche Glaubens-Vollmacht, keineswegs bloß aus jenen Aeußerungen und Thaten zu beurtheilen, die Cyprian in der Hitze des Streites von sich gab, sondern diese seine Ansicht ist vielmehr aus jenen Aeußerungen, die er ohne Leidenschaft, außer dem Streite, an so vielen Orten, bei so vielen Gelegenheiten, in entschiedenster Anerkennung des Rechtes, das wir behaupten, von sich gab, zu beurtheilen; — wenigstens sind die Ausdrücke und das Benehmen Cyprians in der Streithitze nicht ohne deren Berücksichtigung zu beurtheilen und zu verstehen. Die Grundsätze einer gesunden Hermeneutik verlangen dies.

Ist es nicht derselbe Cyprian, auf den man sich beruft, welcher vom Papste, in seinem 55. Briefe an Cornelius sagt, „daß er Richter an Statt Christus sei, — und daß, wenn, wie es die göttliche Anordnung fordert, Alle im Reiche der heil. Kirche Seinem Urtheil sich pflichtgemäß unterwürfen, — wie da Niemand, die Kirche zerreißen würde; und daß nirgend anders woher, als aus der Verweigerung und Widersetzlichkeit, Ketzereien und Schismata entstanden seien?" Ist es nicht eben dieser Cyprianus, welcher in seinen Briefen die römische Kirche so oft „die Mutter und Wur-

**zeKirche"** nennt, — "Ecclesiam radicem et matricem?" — Ist es nicht eben dieser **Cyprian**, welcher in seinem Buche "de unitate Ecclesiae" höhnend ausruft: „Wie mag wohl irgend Jemand meinen, daß er in der Kirche sei, welcher die Cathedra **Petri**, auf welcher die Kirche Christi gebaut ist, verläßt?"—Ist es nicht derselbe **Cyprian**, welcher, als die Schismatiker **Fortunat** und **Felicissimus** nach Rom schifften, um den Papst auf ihre Seite zu bringen, getrost ausruft: „Zur Cathedra Petri wagen sie es, zu schiffen, — Rom wollen sie bethören! und bedenken nicht, daß es Römer seien, deren Glauben der Apostel gerühmt, und zu denen kein Irrthum jemals gelangen kann." — Nun denn, wenn uns wirklich daran liegt, **Cyprians** Ansicht und Glauben, in Betreff der päpstlichen Glaubensprärogative zu wissen, wer erlaubt uns alle diese entschiedenen Aeußerungen nicht zu beachten? — Wer erlaubt uns, **Cyprian** mit sich selbst in offenbaren Widerspruch gerathen zu lassen? — was gegen den Hauptcanon jeder billigen Hermeneutik ist, auf die wohl **Cyprians** Aussprüche auch einen Anspruch haben! — Und wenn schon ein Widerspruch Statt haben soll, was berechtigt uns die Aeußerungen, welche in gereizter Hitze fielen, denen vorzuziehen, welche in ruhigen Stunden gegeben wurden, und nicht vielmehr jene durch diese zu berichtigen?

Wir können in dieser Hinsicht nicht umhin, auf eine Aehnlichkeit aufmerksam zu machen, die uns hier zwischen **Cyprian** und **Tertullian** entgegen tritt, und die nothwendig geltend wird, so bald man auf dem Ansehen der Aeußerungen **Cyprians** gegen die Glaubensvoll-

macht des Papstes bestehen wollte. Nämlich, gleichwie
Niemand gegen die Nothwendigkeit und die Beweiskraft
apostolischer Tradition und gegen die Nothwendigkeit der
Kirchengemeinschaft mit den apostolischen Kirchen, Tertullian als Autorität anführen wird, aus dem Grunde, weil er später Montanist ward, welche Secte doch weder des Zeugnisses der Tradition, noch der allgemeinen
Kirchengemeinschaft sich erfreute, im Gegentheil ganz offenbar derselben entgegen war, was Tertullian selber
durch Leidenschaft fortgerissen nicht zu erkennen und ganz
zu vergessen schien, was er von der Tradition und kirchlichen Succession einst schrieb. Gleichwie, sagen wir, deßhalb Niemand Tertullian als Zeugen gegen diese
Nothwendigkeit der Tradition und Kirchengemeinschaft
anführt, sondern sich seiner darüber so kräftig gegebenen
einstigen Aeußerungen für dieselbe und gegen Tertullian selbst, und das mit vollstem Rechte, bedient: So
wird gleicherweise Niemand mit Fug sich Cyprians
Ansehens bedienen können in Aeußerungen, die nicht seinem Glauben, sondern seiner Glaubensverirrung angehören, um das Ansehen des apostolischen Stuhles in
Glaubens-Entscheidungen zu entkräften; sondern wenn
er je das, und in dem Sinne gesagt hat, was und wie
unsere Gegner ihn es sagen und glauben lassen, so würden und müßten wir uns der oben angeführten, und noch
anderwärts gegebenen Aeußerungen Cyprians bedienen, um durch selbe in voller Beweiskraft den Glaubensprimat der Päpste zu stützen; und wenn Cyprian
dagegen sich versehlt, ihn mit dessen eigenen Bekenntnissen richten, wie wir es mit Tertullian thun. —

Denn was er für den Glaubensprimat gesagt, sagt er in Einstimmung mit den übrigen Vätern, als Träger der Tradition, — was er dagegen gesagt zu haben bezüchtiget wird, hat er gegen diesen Einklang, mithin irrig gesagt. Die Väter im einzelnen waren ja, wie Niemand bezweifelt, dem Irrthum unterworfen.

Darum antworten wir:

Zweitens mit Augustin: „Sei es, daß Cyprian sich geirrt; was wird sein specieller Irrthum gegen das Gesammtgewicht der übrigen Zeugnisse aus dem Munde der Väter, und gegen die Wahrheit vermögen?" — Selbst wenn es nicht ein Cyprian, sondern ganze Provinzialkirchen gewesen wären, folgte nichts daraus gegen den Glauben der allgemeinen Kirche und gegen die Wahrheit und Göttlichkeit ihrer Rechte. —

Wir sagen daher mit denselben Worten von Cyprian und seinen Schriften, was Augustin von denselben in seinem zweiten Buche "contra Crescomium" gesagt, wo er also schreibt: „Ich halte die Briefe Cyprians nicht für canonische, sondern beurtheile sie nach den canonischen Schriften, und was ich in ihnen dem Ansehen der göttlichen Schriften gemäß finde, nehme ich mit Lob desselben an, was ich demselben nicht gemäß finde, verwerfe ich, — bleibend mit selbem im Frieden;" — denn wie wir gleich hören werden, Cyprian blieb trotz seiner Heftigkeit mit der Kirche und deren Oberhaupte im kirchlichen Frieden. "Litteras Cypriani non ut canonicas habeo, sed eas ex canonicis considero, et quod in eis scripturarum divinarum auctoritati congruit,

cum laude ejus accipio, quod autem non congruit, cum
pace ejus respuo."

Wir sagen Drittens: „Cyprians Hartnäckigkeit in Betreff der Streitfrage der Ketzertaufe, auch zugegeben, was ihn unsere Gegner gesagt und gethan haben lassen, ist nicht einmal eine solche, daß aus solcher etwas gegen Ihn und unsere Behauptung sich ergäbe. — Stritt denn Cyprian eine päpstliche Definition an, eine formelle Glaubensentscheidung? Keineswegs. — Stephan, der Papst, hatte kein definitives Urtheil erlassen, sondern er drang ohne dogmatisches, definitives Urtheil bloß auf die Aufrechthaltung der Praxis der römischen Kirche; so daß die ganze Streitfrage mehr den Anschein einer Disciplinarsache, als einer eigentlichen Glaubensdifferenz beibehielt, bis endlich das definitive Urtheil, lang nach Cyprian, erfolgte.

Daß dem wirklich so sei, erhellt aus den eigenen Aeußerungen Cyprians in seinem 73. Briefe "ad Jubajanum," in welchem er die obwaltende Streitfrage, als eine Disciplinarsache ansieht, in Betreff welcher eine gewisse Freiheit unbeschadet der Glaubens-Einheit Statt finden könne. — Dasselbe spricht der noch heftigere Firmilian, in seinem Schreiben an Cyprian aus. g)

Cyprian mußte sich um so mehr versucht fühlen, dieser seiner Ansicht Raum zu geben, da er den Ge-

---

g) Sieh gleichfalls das Concil von Arles, can. 8. Ep. Amphiloch. ad Basil. Athanas. ora 3. adv. Arium. Epiph. expos. fidei catholicae Nro. 18. Cyrill. Hier. praef. in catecheses.

brauch seiner Kirche auch in so vielen Kirchen des
Orients, in jenen von Capadocien und Cilicien, bis
dahin angewandt, und durch mehrere Provinzial-Concilien bestätiget wußte, als da waren: das Concilium
von Africa unter Agrippinus, und jenes von Iconia
und Synnadä; gegen welche Aussprüche Stephan
wohl deutlich genug seine Ansicht, jedoch ohne definitives Urtheil ausspracht, so, daß Cyprian noch immer
ohne Bruch im Glauben selbst, und ohne formelle Verletzung seiner schuldigen Anerkennung der Glaubensprärogative des apostolischen Stuhles, bei seiner Praxis
bis zur vollen und letzten Entscheidung der Frage ver-
harren konnte, — was wir jedoch aus gleich zu ersehen-
den Gründen sehr bezweifeln.

Gewiß ist nämlich, daß Stephan mit Cyprian
im Kirchenfrieden blieb, was Stephan doch nie gethan haben würde, wenn er ein definitives Urtheil hätte
ergehen lassen. Für die historische Gewißheit dieser unserer Behauptung des ungestörten Kirchenfriedens, liegen
uns die Zeugnisse aus Cyprian selbst, und Augustin
vor Augen. — Dieser schreibt in seinem Buche "de
Baptismo:" h) „Obwohl etwas heftiger, eiferten sie
(Cyprian und Stephan,) doch brüderlich; —
denn es siegte der Friede Christi in ihren Herzen, so daß
zwischen ihnen das Uebel des Schisma nicht erfolgte." —
"Itaque, quamvis commotius, fraterne tamen indig-
narentur; — vicit enim pax Christi in cordibus eorum,
ut nullum inter eos schismatis malum oriretur." —
Cyprian aber selbst in seinem Briefe "ad Juba-

---
h) C. 25. l. 5.

janum" bezeugt: „Es wird von uns in Geduld und
Liebe des Herzens bewahrt: die Ehre des Collegiums,
das Band des Glaubens, die Einheit des Priesterthums."
"Servatur a nobis patienter et leniter: charitas animi,
honor collegii, — vinculum fidei, concordia Sacerdotii."
Stephan drohte wohl mit der Excommunication; —
und wäre sie als Folge eines definitiven Urtheils erfolgt,
so hätte sich Cyprian um so gewisser unterworfen, je
ängstlicher er Alles aufbot, wie aus dessen Briefen erhellet, daß dieser Bannstrahl nicht erfolge. Stephan,
diesen letzten Schritt verschiebend, handelte auch ganz im
Geiste der Kirche, deren Haupt er war; die so lange
schont, als sie ohne Verletzung von Pflicht kann, in der
Hoffnung, größeres Uebel zu vermeiden, und der ohne-
dies bald zu erfolgenden Rückkehr zur Wahrheit, mit Geduld entgegen sehend. Stephan wollte, da er die
Hitze des Streites gewahrte, die Glaubenstreue so hoch
verdienter Männer, wie ein Cyprian und Firmilian mit ihrem Anhange waren, besonders da diese den
Gegenstand als bloße Disciplinarsache ansahen, keiner
zu plötzlichen Erschütterung aussetzen, sondern mit weisester Mäßigung des Befehles vor sich gehen. Die
Drohung sollte der That und Strafe vorausgehen; vielleicht, daß sie genügte, und dann um so besser. Und ob
dieß bei Cyprian nicht wirklich der Fall gewesen,
kann durchaus nicht geradehin geläugnet werden, was
aber doch unsere Gegner, wider alle geschichtliche Begründung, geradezu thun zu dürfen meinen.

Für seine endliche Nichtunterwerfung liegt ja gar kein
historisches Document vor, wohl aber gegen dieselbe, wie

dieß mit **Cabasutius, Baronius, Thomassinus, Ludovicus, Ball**, so viele andere Canonisten, gestützt auf die Zeugnisse der ältesten, bewähr-
testen Männer jener Zeit, nachweisen. Ausdrücklich versichert uns dessen, und zwar mit Berufung auf die Zeugnisse seiner Vorwelt, der hl. **Hieronymus**, in
seinem "Dialog. adv. Lucifer." **Augustin**, in
seinem zweiten Buche "de Bapt.," schreibt gleichfalls,
daß ihm dieß wahrscheinlich sei, wenn gleich es nicht
schriftlich dargethan werden könne. „Dieß thue jedoch,"
sagt **Augustin**, „nichts zur Sache; denn es ist
ja nicht Alles, was damals geschah, aufgeschrieben worden, noch wissen wir
Alles, was aufgeschrieben ward."

Man beurtheile doch nicht die Zeiten der **Hand-
schriften** nach denen der Presse!

Wenn daher **Augustin** an einer andern Stelle
sagt, **Cyprian** hätte sich dem Ausspruch eines Conciliums unterworfen, so ist dieß nur gegen die Donatisten
deßhalb gesagt, um es diesen ketzerisch Halsstarrigen be-
greiflich zu machen, daß zwischen ihrem Streit, gegen
welchen bereits Concilien-Aussprüche unter Confirmation
des Papstes ergangen, und den Umständen der Streitan-
gelegenheit **Cyprians** durchaus keine Gleichheit
Statt finde, da zu dessen Zeit solche Aussprüche noch nicht
erfolgt waren. — **Augustin** wollte aber, gegen die
Donatisten nicht sagen: **Cyprian** habe sich dem
Willen **Stephans**, auch ohne definitiven Ausspruch
unterworfen, weil dieß aus historischen Quellen nicht
evident dargethan werden konnte, also gegen donatistische

Halsstärrigkeit ganz nutzlos, ja unklug gesagt worden wäre.

Wir halten schließlich unsern Gegnern, die sich gar so viel auf diesen verworrenen Streithandel Cyprians zu Gute thun, noch ein Bedenken vor.

Alles zugegeben, was sie Cyprian zumuthen, so hätte Cyprian doch nur unsern Satz von dem Glaubensprimat der Nachfolger Petri mittelbar geläugnet; *implicite*, wie man in der Schulsprache sagt. — Nun aber, was folgt daraus? — Hat dieser nämliche Cyprian nicht bei eben der Gelegenheit, wo er dieß *implicite* that, *explicite* einen andern Satz vertheidiget, und der Kirche zugemuthet, welchen die Kirche bereits *explicite* als ketzerisch verworfen hat?! — Folgt nun gegen diesen Satz, welchen Cyprian ausdrücklich gegen die Erklärung des Papstes mit allem Aufwand von Beredtsamkeit zu vertheidigen suchte, nichts gegen dessen Falschheit, wie sollte aus demselben Cyprian und seiner Halsstarrigkeit gegen den Glaubensprimat der Nachfolger Petri selbst etwas folgen? Hat sich Cyprian in jenem Satze geirrt, den er *explicite* vertheidigte, und für den wirklich ein Schein von Rechtgläubigkeit stritt, wie sollte derselbe Cyprian in dem, was man ihn dabei *implicite* läugnen läßt, und wofür gar kein Schein von Tradition und Rechtgläubigkeit vorlag, sich nicht ebenfalls haben irren können?!! — Mit welcher Consequenz und Logik, fragen wir, berufen sich unsere Gegner auf Cyprian, das päpstliche Lehransehen zu entkräften, das sich eben in dieser Angelegenheit, so auffallend, als unfehlbar in der Lehre bethätiget hatte?! — Wir sehen gewiß weit richtiger in Allem diesem nur einen glänzenden Beweis für die Glaubensprärogative des Papstes, als etwas, das dieselbe verdächtigen oder in Zweifel stellen könnte.

Ferner: Wenngleich wir nicht gesonnen sind, der Meinung so mancher Canonisten und Theologen beizupflichten, welche, gestützt auf Aeußerungen des hl. Augustinus, den ganzen Streit, was Cyprian betrifft, als eine Erfindung und Lüge der Donatisten erklären, welche die dahin gehörigen Briefe dem Cyprian nur untergeschoben hätten; so dürfen doch unsere Gegner auch diesen Umstand nicht vergessen. — Denn, wenngleich die Beweisgründe, welche den Widerstand Cyprians als bloße Finte der Donatisten darzuthun trachten, keineswegs so flüchtig sind, daß nicht das Gegentheil immer wahrscheinlicher bliebe, weßhalb wir auch uns an selbes halten: so sind doch diese ihre Gegengründe von der Art, daß, — wohlgemerkt, — ein hl. Augustin selbst sich nicht recht pro oder contra auszusprechen wagt, sondern die Sache dahingestellt sein läßt; mithin fehlt jedenfalls die historische Evidenz, die wir billig bei Einwürfen verlangen gegen ein so voll historisch-begründetes Recht, wie die Unfehlbarkeit des Papstes in Glaubensentscheidungen.

Jedenfalls sind die betreffenden Briefe Cyprians in dieser Angelegenheit nicht außer Zweifel von donatistischer Interpolation. i) Wir fragen: Mit welchem Fug bedienen sich unsere Gegner derselben als unbezweifelbar, während sie die Aeußerungen aus andern, wirklich ganz

---

i) War so absurd erscheint überhaupt diese Zumuthung wohl nicht; wenn man bedenkt, was den Werken eines Origenes und Hieronymus widerfuhr, und

außer Zweifel von Verfälschung gesetzten Briefen und Werken desselben Vaters nicht beachten?

Endlich, gestützt auf das Gegengewicht aller übrigen Zeugnisse der hl. Väter und der hl. Schrift selbst, fragt es sich ja nicht nur, wenn Cyprian so gethan, wie die Gegner es wollen, ob er es so gethan, — sondern wenn er es so gethan, — mit welchem Rechte er so gethan? — und da können wir nicht anders, als troß dem, was wir zur Rettung der Rechtgläubigkeit Cyprians blütiger Weise gesagt, dennoch unumwunden, dessen Benehmen gegen Stephan, wie es auch Augustin gethan, tadeln, und mit Augustin dasselbe, wenn er so gethan, eine Sünde nennen, welche er durch das Blut und die Sichel der Marter getilgt; wie derselbe hl. Augustin so schön und treffend in seinem Buche von der Taufe gegen die Donatisten sich äußert: „Cyprian," sagt Augustin, k) „ist zur Marterpalme gelangt, auf daß durch den Glanz des Marterblutes die Nebel des Geistes, die in seinem Geiste aus menschlicher Gebrechlichkeit aufstiegen, verscheucht würden." — Nun aber, was sollte diese Sünde in dem Streite, von dem Augustin spricht, für eine gewesen sein, als sein Widerstand gegen den Papst?

---

welche Verfälschungen zu jenen Zeiten des bloßen Abschreibens und der sehr verhinderten Mittheilung, sich einschleichen konnten. — Fürwahr, wenn ein Photius es wagen konnte, ganze Concilien zu erdichten, und als wirklich gehalten von der Hauptstadt in die Provinzen zu versenden, — die doch niemals gehalten wurden; — und wenn die Griechen überhaupt es wagen konnten, an die Acta der wirklich gehaltenen allgemeinen Concilien Hand zu legen, was wird es uns Wunder nehmen, wenn die Donatisten Aehnliches bei Briefen eines einzelnen Mannes zu versuchen wagten, dessen Ansehen in ihrem Lande groß und für sie sehr wichtig war? —

k) l. 1. c. 8. de Bapt. contra Donatistas.

Denn, daß er eine Ansicht, die er auf apostolische Tradition gegründet hielt, vertheidigte, war doch nicht Sünde! — mithin war es die Widersetzlichkeit, mit der er dies gegen des Papstes Ansicht that. Es gibt kein Drittes.

Wir entgegnen daher schließlich, was bereits Augustin denjenigen, welche das Ansehen Cyprians zum Vorwand ihrer Halsstarrigkeit gegen den apostolischen Stuhl mißbrauchten, in seinem 48. Briefe entgegnete: „Entweder hat Cyprian durchaus nicht so gemeint, wie ihr ihn meinen lasset, oder er hat es alsdann verbessert durch die Regel der Wahrheit, — oder er hat diesen Fehler gedeckt durch die Fülle der Liebe; denn es steht geschrieben, die Liebe deckt die Menge der Sünden." Jene Liebe nämlich, in welcher Cyprian für Jesu und seine Kirche den Martertod gelitten. — "Cyprianus aut non sensit *omnino* quod eum sensisse recitatis, aut hoc postea correxit in regula veritatis, aut hunc *naevum* cooperuit ubere charitatis, quoniam scriptum est: charitas operit multitudinem peccatorum." —

Wie nichtig ist also der Einwurf, welchen unsere Gegner so gerne aus Cyprian gegen die Glaubensprärogative und das Ansehen des apostolischen Stuhles ziehen, und wie wichtig für uns, wenn wir sehen, wie elend und schwach die auch scheinbar stärksten Gegengründe sind, die man zur Bekämpfung der Glaubensprärogative der Nachfolger Petri als Oberhaupt und Lehrer der Kirche vorbringt.

## VI. Einwurf.

„Allein," sagt man weiters, „nicht nur ein Cyprian, „sondern die ganze französische Kirche erkennt die „apostolische Glaubens-Vollmacht nicht an, wie dies „aus dem vierten Artikel der gallicanischen Freihei-„ten ersichtlich ist, welche der Clerus von Frankreich „im Jahre 1682 ergehen ließ."

Antwort: Weit entfernt, daß dieser vierte Artikel das Recht des apostolischen Stuhles selbst und das Ansehen der Tradition Frankreichs dafür, in irgend einer Hinsicht entkräftet, so ist es im Gegentheil eben die Kirche Frankreichs, deren Zeugniß das Recht, das wir vertheidigen, in voller Beweiskraft festsetzt, und den Einwurf zurückschlägt. — Wir wollen bei dieser Lösung auch noch einige andere Ausflüchte verschließen, mit welchen unsere Gegner die Anerkennung der Rechte des apostolischen Stuhles zu umgehen pflegen.

Was den angezogenen vierten Artikel selbst betrifft, so ist es freilich ganz wahr, daß er unserer Behauptung entgegen ist; denn er gesteht dem Papste nur ein provisorisches oberstes Entscheidungsrecht zu, kein peremptorisches, sondern verlangt zu diesem auch die erfolgte Beistimmung der übrigen Kirche.

Allein, wir fragen erstens: Sind die Bischöfe von 1682 schon die ganze gallicanische Kirche? Und wären sie es, — werden die Bischöfe einer Provinz gegen das Ansehen der übrigen kirchlichen Vor- und Mitwelt ein göttliches Recht und einen Glaubenssatz schwankend machen? — Wäre dies der Fall, wie viele Glaubenssätze müßten nun in Zweifel gerathen sein, weil England, weil Schweden,

weil Preußen, weil Rußland, und so viele Provinzen im
Orient und Occident in Glaubens-Irrthum und Schisma gerathen sind? — Diese Bemerkung richtet sich mit
aller Kraft einer consequenten Logik gegen die Beweiskraft dieser vier Artikel.

Doch, gehen wir zur Prüfung dieser Artikel selbst über.
Sie heißen, Erstens: „Freiheiten der gallicanischen Kirche." Ist dies nicht ein offenbares
Eingeständniß jener Franzosen selbst, die sie geschmiedet,
daß sie durch selbe von dem Gesammtglauben der
übrigen gläubigen Welt abgewichen: Woher sonst der
Ausdruck: „Freiheiten?!"— Zweitens, welch
ein Brandmal des Irrthums in diesem Ausdrucke selbst
liegt! Es sind diese Artikel Lehrsätze, in Betreff geoffenbarter Wahrheiten und göttlich gegebener Rechte. Gibt
es aber wohl in Bezug auf diese — Freiheiten?! —
Sind da nicht Alle schuldig zu glauben, was uns der
Glaube zu bekennen vorstellt? — Wir sagen Drittens,
diese Artikel sind wohl Aussprüche der Versammlung von
1682 gewesen; allein Aussprüche gegen die bisherige
Tradition und Glaubens-Anerkennung der französischen
Kirche und ihrer Traditions-Zeugnisse waren es, — höfische Aussprüche, welche diese Bischöfe später selbst feierlich zurücknahmen; was will man also aus ihnen gegen
das Ansehen der gallicanischen Kirche, und mittelbar gegen das Recht der Nachfolger Petri folgern? —

Hören wir den Beweis dafür:

Erstlich. Es sind Aussprüche gegen die ganze, bis
auf jene Zeit feierlich ausgesprochene Tradition der
französischen Kirche. Oder wie? sind die Zeugnisse von

— 349 —

Jrenäus, dem Bischof von Lyon und apostolischen Schüler angefangen, die wir in so ausgedehnter Reihenfolge durch alle Jahrhunderte angeführet, sind dies keine Zeugnisse der gallicanischen Kirche und ihres Glaubens? die Zeugnisse eines Hilarius von Poitiers, eines Bricelus von Tours, eines Cassian von Marseille, eines Eucherius von Lyon, eines Avitus von Vienne, und aller Bischöfe Galliens mit ihm, im fünften Jahrhunderte? — Sind die Zeugnisse eines Cäsarius von Arles, der Väter der Synode von Orleans im sechsten Jahrhundert; — sind die Zeugnisse eines Rhegino von Prüm, eines Lupus von Ferriers; — sind die Zeugnisse der Synoden von Soissons, Douzzi, Ponligny, Troyes und Fimes im neunten Jahrhundert, sind dies keine Zeugnisse der gallicanischen Kirche? — Wissen unsere Gegner nicht, daß es eben die Gallicaner waren, welche die Päpste, wenn sie dieser ihrer Macht im Gottesreich auf Erden zu vergessen schienen, zur kräftigeren Amtsverwaltung aufriefen? — Sind die Zeugnisse eines Odo von Clüni, eines Abbo von Fleury, eines Fulbert von Chartres; die Zeugnisse der Bischöfe von Limoges, eines Ivo von Chartres, mit einem Worte, sind alle die Zeugnisse, die wir bis auf Bernard von Frankreich angeführt, sind es nicht Zeugnisse der Väter dieser gallicanischen Kirche? — Welch herrliche Zeugnisse geben die Bischöfe dieser Kirche unter Gregor IX. zum Beweis der Anerkennung der Glaubensprärogative der Nachfolger Petri in den Synoden von Beziéres, Valence, und Albi, — und so fort bis auf die Zeiten des großen Schisma, welches den Anfang jener Epoche bildet, von

welcher Zeit, wie wir oben nachgewiesen, Einzelne wohl
hie und da Aeußerungen fallen ließen, die den Rechten
der Würdeträger Petri Abbruch thun; — indeß nimmermehr
haben diese einzelnen Abweichungen von der Urtradition,
den Glauben im Allgemeinen getrübt, auch nicht,
was die Kirche von Frankreich betrifft.

Gerson selbst, dessen Ansehen uns die Freikirchler
Frankreichs früher gerne entgegen zu halten pflegten, blieb
sich keineswegs in seinen Aeußerungen so gleich, daß man
ihn uns mit Bestimmtheit entgegensetzen könnte, und es
bleibt zweifelhaft, ob seine Aeußerungen nicht wie die,
aus dem Concil von Constanz überhaupt genommen viel
mehr von den Prätendenten der päpstlichen Tiara seiner
Zeit, als von den legitimen Nachfolgern und Würdeträgern
Petri zu nehmen seien. Denn in der Rede, welche
er am Feste Christi Himmelfahrt vor Alexander V.
vortrug, da er den Grund angeben will, warum die griechische
und nicht ebenso die lateinische Kirche in Irrthümer
verfallen sei; folgert er die Unwandelbarkeit des römischen
Glaubens aus dem: „Weil in der reinen und
unversehrten Kirche des Abendlandes der Sitz Petri aufgeschlagen
ist, für dessen Unwandelbarkeit im Glauben
insbesondere derjenige gesteht, dessen Würde in Allem Erhörung
fand."

Ausdrücklich aber lehrten nach ihm eine Unzahl franzößischer
Gelehrten, wie man aus Raynald, Milante,
Duvall und Claudius Florius ersehen kann, die apostolische Macht und Unfehlbarkeit
des Papstes in Glaubensentscheidungen. Noch wichtiger
sind dafür die oben angeführten Zeugnisse der Sor-

bonne. Ja, auch nach dem Concil von Constanz und Basel, und bis nahe an das Jahr 1682 ward in ganzen Synoden der Bischöfe Frankreichs diese Anerkennung immer noch feierlich und mit so bestimmten Worten als immer möglich, ausgesprochen. Hören wir das Bekenntniß dieser Bischöfe in der Synode vom Jahre 1626, und zwar in dem Sendschreiben an den ganzen Clerus von Frankreich. — „Sie sollen," heißt es in demselben, „unsern hl. Vater, den Papst, das sichtbare Oberhaupt der allgemeinen Kirche, als den Nachfolger des hl. Petrus verehren, auf welchem Christus die Kirche gegründet; dem er die Schlüssel des Himmels übergeben, sammt der **Unfehlbarkeit im Glauben**, welchen wir nicht ohne Wunder in seinen Nachfolgern bis auf den heutigen Tag unversehrt erhalten sehen." — "Super quem Christus fundavit Ecclesiam, illi claves coeli tradens, cum *infallibilitate fidei*, quam non sine miraculo immotam in ejus successoribus perseverasse, usque in hodiernum diem cernimus."

Im Jahre 1653 sandte die nämliche Geistlichkeit oben erwähntes Glückwunsch-Schreiben an **Innocenz X.**, in welchem sie die nämlichen Gesinnungen äußerte.

Ein eben so glänzendes Zeugniß liest man in dem, von der im Jahre 1663 versammelten französischen Geistlichkeit, an die Erzbischöfe und Bischöfe des Reichs erlassenen Rundschreiben (diei 2. act.); es lautet also: „Die Unterwürfigkeit, welche wir gegen den hl. Vater an den Tag legen, ist gleichsam das Erbgut der Bischöfe Frankreichs. Diese ist der feste Grund, auf dem unsere Ehre beruht; diese ertheilt unserem Glauben Unüberwindlichkeit, und unserem Ansehen Unfehlbarkeit." — "Quod et nostram fidem invincibilem reddit et nostram auctoritatem *infallibilem*."

Wenn es sich also traf, daß diese Bischöfe Frankreichs bald darauf, nämlich nach nicht vollen zwanzig Jahren, anders erklärten, so steht ihre Erklärung offenbar mit sich selbst und mit dem Ansehen der Tradition ihrer Kirche im Widerspruche. Sie war, sagten wir zweitens, eine h ö f i s c h e Erklärung, welche sie später selbst feierlich mit sammt ihrem Könige zurückgenommen.

L u d w i g XIV. nämlich, dominirte in seinem hochfahrenden Herrschergeiste diese Versammlung, und selber hatten diese Bischöfe vor des Königs Macht zu tief sich neigend, und also schmachvoll gebeugt, für einige Zeit ihre Pflicht und das Recht der Nachfolger Petri aus den Augen verloren. Sobald sie sich wieder erhoben, bekannten sie auch den Irrthum und ihre Schuld, und widerriefen feierlich. Man möchte da wohl sagen, nicht sowohl "aliquid humani," sondern "gallicani quid passi sunt;" denn es ist bekannt, welche oft überspannte Veneration die Franzosen für ihren König ehemals zu hegen pflegten.

Insonderheit ist es von Wichtigkeit, dem Ansehen B o s s u e t s hier zu begegnen, bevor wir den Abschnitt schließen, weil uns das Ansehen dieses Mannes aus dieser Versammlung besonders entgegen gestellt zu werden pflegt; und weil wir dabei, wie oben bemerkt, Gelegenheit haben, einige andere beliebte Ausflüchte unserer Gegner zu bezeichnen und zu verschließen.

Was also B o s s u e t betrifft, dessen Autorität ge-

gewiß keine geringe ist, so behaupten wir, Bossuet habe eben so gut wie die übrigen Bischöfe jener Versammlung, eine Sünde höfischer Nachgiebigkeit begangen, wider sein besseres Wissen und Gewissen, wie dies aus den klarsten Bekenntnissen erhellt, die er an andern Stellen, in seinen Werken, von diesem seinem Glauben an den absoluten Glaubensprimat der Nachfolger Petri abgelegt. Bossuet war sich auch dessen wohl bewußt; um aber beiden Theilen zu genügen: der Kirche und den Prätensionen des Hofes, so suchte er durch Unterscheidungen die Ausdrücke der Versammlung mit dem Glauben der Kirche und seiner eigenen Glaubensüberzeugung in Einklang zu bringen.

Allein er täuschte damit nur sich und Andere. Und das, was hier Bossuet aus sündhafter Nachgiebigkeit gegen Ludwig XIV. that, dessen schmeichelhaftes Wort: „Wenn ich Bossuet höre, meine ich ein Concilium zu hören;" — leider die Wirkung nicht verfehlte, bleibt ein Flecken in dem Leben dieses großen Mannes, — und seine Biographie berichtet, daß er davon die Folgen für die Ruhe seines Gemüthes bis an seinen Tod schmerzlich büßte.

Wir sagten, Bossuet lehre in jenen Artikeln der Declaration von 1682 wider sein besseres Wissen und Gewissen, und dieß erhelle aus so vielen Stellen, wo Bossuet, weil frei von jenen höfischen Einflüssen, sich auch ganz in unserer Glaubensüberzeugung über den Glaubensprimat Petri aussprach.

Beweis dessen sind die oben gleich im ersten Abschnitte des Werkes angeführten classischen Stellen, die man hier wieder lesen möge. — Mit gleicher Bestimmtheit spricht er sich aus, in seinen Betrachtungen über die Evangelien, über das XXII. und XXIII. Hauptstück des hl. Lucas; beßgleichen in seinem „Katechismus von den Kirchenfesten, auf das Fest Petri und Pauli. — Ferner in seinem I. und II. Pastoralschreiben an den Clerus seiner Diözese; ebenso in der „Widerlegung des Katechismus der hugenottischen Partei;" und endlich in seiner "Expositio doctrinae catholicae."

Ja, so durchdrungen war Bossuet von dieser Wahrheit, daß er ihr auch selbst in der Inaugurations-Rede jener Versammlung, und in der Defensio ihrer Declaration, die ihm von Hof aus aufgetragen worden sein soll, die herrlichsten Zeugnisse gibt. — Die berühmte Rede „von der Einheit," war es ja, die er in jenem Convent hielt, und in der er sich, wie wir oben angeführt, so überaus bestimmt und kräftig äußert: „Daß der römische Glaube immer der Glaube der Kirche sei; daß die römische Kirche immer Jungfrau geblieben; daß Paulus, vom dritten Himmel zurückgekehrt, doch zu Petrus geeilt, allen Geschlechtern ein Beispiel zu hinterlassen; — daß Petrus in seinen Nachfolgern die Grundfeste des Glaubens sei, und daß die allgemeinen Concilien, Afrika, Frankreich und die ganze Kirche vom Aufgang bis zum Untergang immer so geglaubt! — Bossuet sprach in jener Rede deßhalb seine Glaubensüberzeugung und den Glauben der Kirche, diesen seinen Mitbischöfen so gellend in die Ohren, weil er sah, bis wie weit sie ihre Willfährigkeit gegen Ludwig reißen könnte. — Er wollte sein Möglichstes dagegen thun, doch nicht unmittelbar, und nicht präcise und consequent genug, weil er, wie gesagt, es mit beiden Theilen nicht verderben wollte. — Ja selbst in der Defensio ist diese Tendenz noch deutlich genug bemerkbar; denn auch in derselben heißt es von dem Glauben der gallicanischen Kirche: "Romanum Pontificem firmissimum et valentissimum Conciliorum auctorem, — fidei et traditionis toto orbe terrarum assertorem, a Christo institutum veneramur." — Es wird in derselben mit Abscheu die Zumuthung zurückgewiesen, die sich doch in nothwendiger Consequenz aufdringt, als sele auf solche Weise das Haupt der Kirche nicht gehörig gekräftiget; "neque vero velimus, quod catholici omnes summique pontifices perhorrescunt, Ecclesiae, tanti corporis, imbocille esse caput." — „Wenn diese Cathedra in Irrthum fallen könnte, es wäre um die Kirche selbst geschehen;" "quae cathedra si concidere posset, fieretque jam cathedra non veritatis, sed erroris, Ecclesia ipsa catholica esset dissoluta." — Und die Glaubensformel Hadrian II. anführend, sagt er in dieser Defensio: „Alle Kirchen bekannten also durch die Unterschreibung der Formel, daß der Glaube des apostolischen Stuhles und der römischen Kirche in unversehrter und vollkommener Festigkeit beharre, und daß für diese Unwandelbarkeit die gewisse Verheißung des Herrn Gewähr leiste. Welcher Christ kann also wohl eine so allgemein verbreitete, durch alle Jahrhunderte fortgepflanzte, und durch ein öcumenisches Concilium geheiligte Lehre zurückweisen?" 1) — Was thut also

---
1) Lib. 10. et 16. c. 7.

Boſſuet, um ſich aus dem Widerſpruche, in welchen er ſich mit ſich ſelbſt und mit dem Glauben der Kirche geſetzt, herauszuziehen?! Er nahm zu Diſtinctionen und Erklärungen ſeine Zuflucht, die aber eitel und unſtatthaft ſind, und nur in neue Widerſprüche verwickeln.

Seine erſte Ausflucht iſt: Er will, alle Päpſte ſollten nicht im Einzelnen, ſondern zuſammengenommen, als die Eine Perſon Petri gedacht werden, die nicht irren könne, und bei welcher der Glaube nicht abnehmen werde; ... mit andern Worten, die einzelnen Päpſte könnten in Glaubensirrthum fallen; jedoch dieſer Irrthum könne nicht auf dem Stuhl Petri wurzeln. "Accipiendi sunt Romani Pontifices tamquam una persona Petri, in qua nunquam fides deficiat, atque ut in aliquibus vacillet aut concidat, non tamen deficit in totum."

Alſo, alle römiſchen Päpſte ſind als Eine Perſon zu betrachten; — ganz richtig! — In dem Sinne, als wir es ſelbſt in dieſem Traktat behaupteten. Eben darum aber, darf ja in Keinem ein Irrthum Statt haben, ſonſt befleckt derſelbe, eben weil Alle nur Eine Perſon Petri vorſtellen, eben dieſe Eine Perſon. — Welcher conſequente Kopf durchſchaut das nicht auf den erſten Blick? Und ein Boſſuet überſieht dieſes!

Dieſe Diſtinction iſt aber auch in einem eben ſo fühlbaren Widerſpruche mit den übrigen Eingeſtändniſſen Boſſuets in Betreff der Prärogative des apoſtolſchen Stuhles. Geſteht er dann nicht mit den hl. Vätern und dem ganzen kirchlichen Alterthum, daß Petrus in jedem ſeiner Nachfolger lebt und ſpricht; daß er in Jedem der

Fels sei, auf welchem die Kirche gebaut ist; — preiset er
nicht die ganze Formel Hadrian II., durch welche
Jeder schwört, den Verordnungen und Entscheidungen
des Papstes, wer es immer sei, der den Stuhl Petri ein-
nimm, als Regel des Glaubens zu folgen? Mithin auch
in dem Einzelnen, — wenn der Papst als Haupt
der Kirche irrt, so hat sich Petrus geirrt gegen die Verheißung Christi: „Petrus, ich habe für dich gebetet, daß dein
Glaube nicht wanke." Wenn Bossuet dieß selbst
fühlend, sich damit zu helfen meint, daß er selbst bei Petrus
einen zeitweiligen Irrthum annehmen zu dürfen glaubt,
da ja dieser im Vorhof Pilati auch Christum verläugnet habe, und dann wieder bekehrt worden sei; so stellt dies
die Grundlosigkeit und den Irrthum seiner Distinction in
ihrer ganzen Blöße hin. Halte dann Petrus im Vorhofe
Pilati eine Glaubens-Definition oder ein
kirchliches Urtheil erlassen, als er sich voll Furcht unter
jene Kriegsleute setzte: wie er gethan, als er sich nach
bereits gestifteter Kirche im Concil von Jerusalem unter
seinen Mit-Aposteln erhob, und die Frage entschied? —
Weiß Bossuet nicht, daß die Petro ertheilten Privilegien
für die Kirche gegeben waren, also auch erst nach der
Stiftung der Kirche in Wirksamkeit traten? die Verheißung lautet für die Zukunft: "aedificabo, dabo, et tu
aliquando." — Will man aber einen Vergleich a simili
ziehen, gut; aber dann wird er nicht anders lauten
können, als so: Gleichwie Petrus im Vorhof verläugnen
konnte, wo er nicht als Haupt der Kirche fungirte, so
kann auch jeder Papst sündigen — und selbst Irrthum
im Glauben reden, wo er nicht als Haupt der Kirche

fungiret und lehret. Oder, wird wohl Bossuet oder sonst ein Katholik sich so weit vergessen, und behaupten wollen, Petrus habe sich auch als Apostel und Statthalter Christi zeitweise irren können, wenn er die allgemeine Kirche belehrte? — Was will man also mit dergleichen willkührlichen Sophistikationen, die streng verfolgt bis zur Lästerung und zum offenbaren Irrthum führen?

Und wie wäre es wohl möglich, diese Annahme mit der unzerstörbaren Festigkeit der Kirche selbst zu vereinigen, da Christus Ihr durch Petrus so feierlich verhieß, auf daß die Pforten der Hölle sie nie überwältigen. Wie oft weiset Bossuet selbst auf diese Verheißung hin! Nun aber, angenommen, daß die Kirche auch nur durch den Irrthum einer einzigen falschen Glaubensentscheidung von Seite ihres Oberhauptes, einmal im Fundament gesunken wäre, so hätten die Pforten der Hölle sie damals überwunden; und doch sollte nach Christi Verheißung dieß nie der Fall sein, bis an das Ende der Welt. Die Kraft dieser Verheißung Christi in irgend einem Falle entkräften wollen, wäre dieselbe Lästerung, als sie überhaupt läugnen. Davor bebt nun freilich Bossuet selbst zurück, der ja wohl unmöglich die Klippe nicht gewahren konnte, an die er anfuhr.

Er meint daher wohl noch einen Schritt weiter machen zu dürfen und zugeben zu können, daß wenn der Papst, die Kirche belehrt, oder, wie der Ausdruck der Schule lautet, wenn der Papst *ex Cathedra* spricht, es Petri Stimme, und seine Entscheidung unfehlbar sei. m) Um

---

m) V. Corvll. def. z. 6. L. 2. p. 300.

aber dadurch den absoluten Glaubensprimat nicht mit-
eingestehen zu müssen, versucht er eine zweite Ausflucht.
Allein da zieht er wohl die Schlinge noch fester, in der er
sich selbst gefangen. Bossuet sagt nämlich: „Der
Papst könne wohl "ex Cathedra docens" als unfehlbar
angesehen werden; allein unter die Criterien oder Kenn-
zeichen, ob er ex Cathedra geredet habe oder nicht, setzt
er oben an den " *Consensus* Ecclesiae dispersae," die
Beistimmung der zerstreuten allgemeinen Kirche.

Allein, gegen dieses Criterium, sagen wir, streitet erstens Alles das, was wir gegen diesen Consensus als allgemeine Glaubensnorm oben bewiesen. Es streitet dieses
Criterium aus allem daselbst Gesagten auch gegen die ein-
hellige Lehre der hl. Väter, welche die Lehre der zerstreuten Kirche aus dem Munde der Nachfolger Petri, und
nicht vice versa geschöpft wissen wollten.

Ferner zieht diese Annahme, sagten wir, Bossuet
mit seinen eigenen Worten noch fester in die Schlinge.
Kein Zweifel; denn wir bedienen uns seiner eigenen
Worte als Waffe wider ihn, und zur Darstellung der
durchgreifenden Richtigkeit unserer Behauptung und
ihrer Beweisführung, wie dies jederzeit bei der Wahrheit
der Fall ist, die, wo man sie immer angreifen und aus
dem Verband reißen will, sich als festgeschlossen und un-
besiegbar beweiset.

Bossuet nämlich, argumentirt auf folgende Weise;
er sagt: „Der Papst und ein allgemeines Concilium stehen in ihrer Unfehlbarkeit im gleichen Verhältniß; aber
eben deßhalb bedürfe sein Ausspruch noch der Bestätigung der zerstreuten Kirche." „Denn gleichwie," sagt

Bossuet, „bei einem allgemeinen Concilium, wenn es auch, wie kein Katholik bezweifelt, in Glaubensentscheidungen unfehlbar ist, dasselbe doch des Zeugnisses der zerstreuten Kirche bedarf, weil es ohne diese allgemeine Annahme doch zweifelhaft sein kann, ob es wohl ein allgemeines Concilium gewesen ist, was erst aus dem Zeugnisse der zerstreuten Kirche vollends offenbar wird, so sei es," sagt er, „daß der Papst *ex Cathedra* lehrend unfehlbar sei; — da man jedoch zweifeln kann, ob er wohl *ex Cathedra* gesprochen habe, muß dies letztlich aus der Beistimmung der zerstreuten Kirche entnommen werden." — Wir fragen mit Recht: kann es wohl einen Vergleich geben, der siegreicher die Wahrheit der Thesis, die wir hier vertheidigen aussprüche, als dieser Vergleich, der nur die Nothwendigkeit des f a c t i s c h e n Beweises in Anspruch nimmt? Vorausgesetzt nämlich, daß es unbezweifelbar erwiesen sei, der Papst habe *ex Cathedra* gesprochen, läßt ihm Bossuet die Unfehlbarkeit zu, so gut wie dem allgemeinen Concil.

Nun gut, wir nehmen also die Parität, die Bossuet uns in die Hände legt, ohne Anstand auf, und schlagen ihn vollkommen mit seinen eigenen Worten, indem wir also folgern: Gleichwie im Fall der f a c t i s c h e n Gewißheit, daß ein Concil ein allgemeines war, die Unfehlbarkeit allen Definitionen desselben zukömmt in Kraft der der Kirche göttlich verheißenen Unfehlbarkeit; welche Evidenz einer Definition aus der Bestimmtheit des Ausspruches selbst zu entnehmen ist, und nirgend andersher: eben so muß man also nach der von Bossuet zugegebenen Parallele consequent sagen: Im Falle der factischen Gewißheit, daß der Papst definitiv und an die ganze Kirche geredet — *ex Cathedra*, seien seine definitiven Aussprüche unfehlbar; welche Kraft einer Definition aus der Bestimmtheit der Entscheidung selbst zu entnehmen ist, und nirgend anderswoher.

Man erwäge nun, was denn dazu erforderlich ist, damit man dessen gewiß sei: Der Papst habe *ex Cathedra* gesprochen. Dazu ist nach Ansicht aller Theologen nur dies erforderlich: „Daß der Papst sich **definitiv ausspricht, und sein Wort an die ganze Kirche richtet.**" Nun denn, ob dieser Ausspruch definitiv und an die ganze Kirche gerichtet sei, dies hängt ja von der **Art und Bestimmtheit** des päpstlichen Ausspruches und von der Form der Promulgation ab, aus welcher jedem Sprach- und Sachverständigen auch ohne erst die ganze Kirche zu fragen, von selbst klar ersichtlich wird, ob der Papst definitiv und an die ganze Kirche gesprochen habe oder nicht. Z. B. Welcher, ich sage nicht Theolog, sondern welcher blos nur gewöhnliche Katholik wird wohl zweifeln, ob Pius IX. bei dem Ausspruch über das Dogma der unbefleckten Empfängniß entscheidend, und an die ganze hl. Kirche geredet habe, oder nicht? — Aehnliches gilt von allen Entscheidungen und Belehrungen dieses Papstes und aller seiner Vorgänger, wenn sie die ganze Kirche definitiv belehrend in ihren Bullen oder Allocutionen angeredet.

Ja, so lange es ungewiß ist, ob der Papst entscheidend und an die Kirche gesprochen, — ganz recht, — so lange stehen seine Aussprüche in gleicher Schwebe mit den Aussprüchen eines Concils, von dem es noch zweifelhaft ist, ob es ein allgemeines war, oder nicht. Daß aber dazu bei päpstlichen Aussprüchen, wie bei allgemeinen Concilien, erst die Beistimmung der ganzen zerstreuten Kirche abzuwarten sei, stößt gegen alle Bedingnisse zum Beweis einer **historischen** Thatsache, für welche nichts anders erforderlich wird, als relativ evidente, glaubwürdige, historische, mündliche oder schriftliche Zeugnisse; und dazu braucht man bei der Frage: „ob der Papst definitiv an die ganze Kirche gesprochen," gewiß nicht die Beistimmung der ganzen Kirche abzuwarten.

Bei der Frage, um die Thatsache allgemeiner Concilien, mag dies gelten, so fern es sich bloß um die factische Uebereinstimmung der zerstreuten Kirche mit dem Concil fragt; nicht aber, was seine bindende Macht betrifft, die, wie oben bewiesen, von der Confirmation des Papstes abhängt, und von sonst nichts in der Welt.

Und mit solchen Illusionen konnte sich ein **Bossuet** blenden! Er ist uns ein merkwürdiges und wichtiges Beispiel, was menschliche Willensschwäche über die Klarheit des Verstandes vermag. Und welch ein Gegensatz, wenn wir ihm gegenüber, den fleckenlosen, heldenmüthigen Kämpfer, und eben deßhalb sich immer gleichbleibenden Denker, den hochgebildeten und liebenswürdigen Bischof von Cambray, **Franciscus Fenelon Salignac de la Motte**, betrachten, der sich in seinem Pastoralschreiben vom Jahre 1714 also über den Glaubensprimat von Rom ausspricht. Er erwähnt jener Formel des Papstes **Hormisdas**, und sagt: „Es handelt sich hier um jene Verheißung, die Christus Petro gethan, und welche sich täglich durch die Thatsachen ihre

Wirkungen bewährt, — "quae quotidie rerum probatur effectibus." — „Und was sind dies für Wirkungen?" fährt Fenelon fort. Diese, daß im apostolischen Stuhle die katholische Religion immer unversehrt bewahrt wird; — diese, daß diese Kirche, wie wir aus Bossuet, Bischof von Meaur, selbst vernehmen sollen, immer Jungfrau ist, — Petrus immer von seinem Lehrstuhl spricht, und der römische Glaube immer der Glaube der Kirche ist. — Wer immer der Lehre dieser Kirche, allzeit Jungfrau, vereiniget ist, der setzt seinen Glauben nie einer Gefahr aus. Dieses Glaubensbekenntniß ward in dem achten Concilium bestätiget. Jeder Bischof gelobt durch selbes, daß er sich nie von dem Glauben und der Lehre dieser Kirche trennen, sondern stets in Allen, den Entscheidungen des Bischofes dieses Stuhles folgen werde. Um diesen Preis wurden sie unter die Katholiken gezählt, "hoc pretio inter Catholicos recensiti!!" Man begreift es, wie Fenelon von diesem Glauben durchdrungen im Jubel, den dieses Bewußtsein in seinem Herzen ergoß, also auszurufen sich gedrängt fühlte: "O église romaine — o cité sainte! o chère et commune patrie de tous les chrétiens! Il ni a en Jesus Christ ni Grec, ni Scythe, ni Barbare, ni Juif; tous sont un seul peuple dans votre sein, tous sont concitoyens de Rome, *et tout le Catholique est romain!"*

Während um ihn sich so Viele unter die Hofstandarten der vier Artikel sammelten, — Bossuet an der Spitze, — nannte Fenelon sie ungescheut: „Freiheiten gegen den Papst, Knechtschaft gegen den König!" Und welch einen glänzenden Beweis heroischer Starkmüthigkeit er gab, als ihn selbst die Reihe traf, von diesem obersten Glaubenstribunal gerichtet zu werden, ist weltbekannt. Bossuet war es, der das Buch Fenelons, "Maximes des saints," welches einige Irrthümer enthielt, zu Rom denuncirte; und was Fenelon gethan, als das Urtheil erfolgte, ist hochgefeiert in den Annalen der Kirche. Er selbst, der Erzbischof und einstmalige Erzieher königlicher Prinzen, bestieg die Kanzel, verkündigt das Urtheil des römischen Stuhles, und verdammt öffentlich sein eigenes Buch, und verbot seinen Gläubigen, es zu lesen, indem er beifügt: „daß es ihm lieb und wichtig sei, ihnen ein Beispiel seines vollen Gehorsams gegen den apostolischen Stuhl zu geben, bis an den letzten Hauch seines Lebens;" — "dont nous voulons vous donner l'exemple jusqu'au dernier soupir de notre vie!" — Mit Recht ruft da ein scharfsinniger Gelehrter aus: "Heureux les hommes, si les hérésiarques s'étaient soumis avec autant de modération, que le grand évêque de Cambrai, qui n'avait nulle envie d'être hérétique;" — und Rothensee fügt dieser Stelle mit Recht bei: „Welche Erinnerungen knüpfen sich hier an, für unser gutes Deutschland!" —

Wir kehren demnach zurück mit Fenelon, zum Schluß unserer Antwort, auf den Einwurf, den man uns von Seite der französischen Kirche macht, und fragen: War Fenelon nicht auch ein Sohn dieser Kirche, und gleichzeitig mit den Bischöfen von 1682? — Haben wir vergessen, welche Erklärung diese Bischöfe in der Angelegenheit des Jansenius und späterhin von sich gegeben, wenn sie feierlich erklären, daß ein jeder Katholik

nicht nur zu schweigen habe, sondern daß er denselben
auch "mentis internae obsequium," die Unterwerfung
seines Geistes, schulde. Endlich, widerriefen denn nicht
die Bischöfe selbst, die diese vier Artikel geschmiedet, und
that dieß nicht auch der König selbst?

Die Worte der Bischöfe in diesem ihrem Wider-
rufungsschreiben, welches sie an Papst Innocenz XI.
eingeschickt, lauten folgendermaßen: „Zu deinen Füßen
hingeworfen, bekennen wir und erklären, daß es uns sehr,
und mehr als es sich sagen läßt, vom Herzen schmerzt,
was wir in jener Versammlung gethan," — "nos vehe-
menter quidem et supra omne id quod dici potest, ex
animo dolere de rebus gestis in conciliis praedictis,"
— „und darum, was immer in derselben, gegen die
Vollmacht der päpstlichen Gewalt ausgesprochen scheinen
könnte, wollen wir als nicht ausgesprochen
haben, und erklären es, als nicht gesagt;" — "pro non decreto habemus, et habendum
declaramus." — De Pradt, in seinem Buche "quatre
concordats," a) fügt noch die Worte Bossuets besonders bei, die er nach der päpstlichen Verdammung dieser Artikel gesagt haben soll: "Rôme," sagt de Pradt,
"a anathématisé les quatre articles du clergé; Bossuet
les a abjurés lorsqu'il a pu dire;" — "abeat ergo
quocumque voluerit ista declaratio."

Dieses Urtheil sprachen auch gleich nach ihrem Erscheinen, nicht nur die Universitäten von Spanien, Bel-
gien und Italien, sondern diese Artikel setzten als Beweis
ihrer Neuheit, Falschheit und Gefährlichkeit auch die

a) Paris 1820. IV. 136.

fernsten Länder in Bewegung. Für die Gallicanisten ist dieser Umstand ein ganz peremptorisches Gericht der Falschheit ihrer Grundsätze, und zwar aus den Behauptungen dieser Artikel selbst. — Denn, wenn nach gallicanischer Ansicht selbst ein päpstliches Urtheil, dem von der zerstreuten Kirche widersprochen würde, sich als falsch bewiese, so gilt das wohl um so mehr von den Erklärungen einer National-Synode, der in aller Welt widersprochen ward! Der Primas von Ungarn namentlich versammelte eine National-Synode im Jahre 1686, und verdammte sie mit seinem Clerus, als "propositiones absurdas, detestabiles et ad schisma tendentes." Es läßt sich auch nicht läugnen, wie Voltaire es auch scharfsinnig bemerkt, der Geist einer Nationalkirche, welcher in der oft extravaganten Nationalliebe der Franzosen, seine Keime unvermerkt trieb, er schien damals förmlich ausschlagen zu wollen. — Indeß die überwiegende Katholicität, wie gesagt, überwand, und brachte, nachdem Alexander VIII., Innocenz XI. und XII. diese Artikel sammt ihrer Defensio verdammten, alle diese, leider einst zu nachgiebigen Bischöfe, zum entschiedenen Widerrufe und zur Buße.

Daß aber demungeachtet diese Artikel von Einigen, besonders von der intriganten Jansenistischen Partei auch späterhin immer wieder und wieder aufgewärmt worden, ist wohl nicht zu verwundern, wenn man erwägt, in welcher Hartnäckigkeit das Parlament dieselben aus politischer Tendenz in Schutz nahm gegen den Willen des Königs selbst und der Bischöfe; und wenn man bedenkt, was in der Folge der Zeit nicht

Alles in Frankreich benützt, und in Bewegung gesetzt wurde, um nicht nur das Ansehen des Papstes, sondern die Kirche selbst vom Grunde aus zu zerstören. — Doch auf die Lehre der wirklich katholischen Geistlichkeit von Frankreich, hatte man nach dem Sendschreiben der Bischöfe von 1692 an Innocenz, kein Recht mehr sich zu berufen; um so weniger, was die Folge der Zeit betrifft, und am Allerwenigsten, was die Gegenwart selbst.

Was das katholische Frankreich und namentlich der Clerus desselben glaubt, dessen Stimme als Organ des Landes in dieser Hinsicht gilt, erhellet aus ihren neuern und neuesten Erklärungen an das Oberhaupt der Kirche und an den König und Kaiser. So sendeten im Jahre 1819 achtzig Bischöfe Frankreichs ein Libellum an Pius VII. Sie nennen in demselben den Papst „das Organ, oder den Mund der Kirche," und bekennen: „Derjenige, der Christi Stelle vertrete, könne nicht anders, als den Glauben Christi beschützen, als erster Anführer, Lehrer und Doctor der Gläubigen." "Christi fidem non posse non tueri, qui Christi vices in terris supplet, primus dux, magister et doctor fidelium." o)

In der Erklärung aber vom 10. April des Jahres 1826, welche der Clerus dem Könige überreichte, sagten sie: p) — „Wir verdammen aber mit der ganzen katholischen Kirche jene, welche unter dem Vorwande der Freiheiten der gallicanischen Kirche, dem von unserm

---

o) Vide Illustr. Ziegler Prolegom. de Eccl. p. 291.
p) Den vierten Artikel von den drei ersten trennend.

Herrn Jesus Christus eingesetzten Primat Petri und
der römischen Päpste seiner Nachfolger, dem von allen
Christen demselben schuldigen Gehorsam, und der allen
Nationen so ehrwürdigen Majestät des apostolischen
Stuhles, wo der Glaube gelehrt und die Einheit der
Kirche erhalten wird, einen Abbruch zu thun sich nicht
scheuen." — "Ubi fides docetur et Ecclesiae unitas
conservatur, detrahere non verentur." q)

In neuester Zeit sind aber in den Stürmen unserer
Jahre auch die letzten Ueberreste dieser Artikel mit dem
Aussterben der Männer der sogenannten "pétite église"
völlig gesunken, und nur Neuerer oder Fanatiker oder
formelle Glaubensfeinde wagen es mehr, sich auf diese
Artikel zu berufen, nicht aber der katholische Clerus von
Frankreich. Derselbe erhob besonders seine Stimme, die
Glaubensprärogative Petri anerkennend, bei Gelegenheit
der Veröffentlichung des Syllabus und bei der Feier der
vielen Synoden in letzter Zeit, wie wir oben nachgewiesen.

Man sagt:

### VII. Einwurf.

„Man müsse unterscheiden zwischen dem Stuhle Petri,
„und dem, der selben einnimmt. Der Stuhl Petri
„sei unfehlbar, aber nicht der einzelne Papst, der ihn
„gerade einnimmt."

Wir fragen diese Herren: Was versteht ihr denn unter dem Stuhl Petri? Ist dieser etwas anders, als der
Inbegriff der kirchlichen Macht Petri, welche ungetheilt
auf seine Nachfolger übergeht, und übergehen muß? —
Sind denn die Rechte seines Sitzes, wegen d i e s e m selbst,

---

q) Cfr. Maistro, über die Freiheiten der gallicanischen Kirche.

oder wegen Dem gegeben, der auf demselben sitzt? — d. h., welcher als Nachfolger Petri in seine Würde und mithin in seine Rechte eintritt. So distinguirten die hl. Väter wahrlich nicht, welche mit Hieronymus ausriefen: "Ego Beatitudini tuae, id est, cathedrae Petri communione consortior." „Ich freue mich der Gemeinschaft deiner Heiligkeit, d. h., der Cathedra Petri." In eben dem Sinne schreibt Augustin von der Secte der Pelagianer, bald daß Innocenz, bald daß der apostolische Stuhl sie verdammt habe. In diesem Sinne schreibt Prosper: „Der heil. Stuhl des seligen Petrus hat mit dem Mund des Papstes Zosimus durch die ganze Welt also gesprochen." "Sacrosancta B. Petri sedes per universum orbem, Papae Zosimi ore, sic loquitur."

Das kirchliche Alterthum und die Tradition weiß nichts von diesem Unterschiede. Ihnen sind der Papst und der apostolische Stuhl in seinem kirchlichen Ansehen Eins und dasselbe, völlig Synonyma; so wie Christus zu Petrus nach dem chaldäischen Urtexte gesprochen: "Tu es petra." „Du bist der Fels;" und so alle kirchliche Nachwelt in Anerkennung der Würde Petri in seinen Nachfolgern; sie rufen einstimmig mit den Worten des sechsten Concils: „Petrus lebt auf seinem Sitz — und durch Agatho hat Petrus gesprochen." Es ist auch an und für sich betrachtet eine so disparate und desperate Distinction, daß Melchior Canus mit Recht von ihr sagte: "hanc distictionem ratio aspernatur, repellit." r)

---

r) Loc. theol. Lp, c. 2.

Bossuet selbst hat sie verworfen, und zwar noch mit einer zweiten Ausflucht, wenn er also sagt: "Neque propterea dicimus, ipsam sedem aliquid exercere posse potestatis, quam per ipsum praesidentem; neque distinguimus a *Rom. Pontificum fide,* — *Romanae Ecclesiae fidem,* quam scilicet non aliter, quam a Petro primo, atque Petri successoribus, Romani didicerunt." Man sagt nämlich:

### VIII. Einwurf.

„Die römische Synodalkirche, d. h. der Klerus in Rom,
„vereinigt, könne im Glauben nicht irren, nicht aber
„der Papst für sich allein genommen."

Antwort. Auch von dieser Distinction weiß die Verheißung der hl. Schrift nichts, die an Petrus und seine Nachfolger gerichtet war. Eben so wenig weiß die Tradition hievon, sondern sie ist damit ganz im Widerspruch.

So wenig nämlich, wie wir oben nachgewiesen, die Tradition zur Kräftigung der Entscheidungen der römischen Bischöfe als Nachfolger Petri, die Zustimmung der übrigen Kirchen der Welt fordert; sondern im Gegentheil alle Beweiskraft des Glaubens derselben, letzlich aus der Gemeinschaft mit dem apostolischen Stuhle herleitet: eben so wenig fordert sie die Beistimmung der römischen Clerisei; sondern allen Vorrang dieser in kirchlicher Hinsicht, leitet sie von dem in ihr gesetzten Stuhle Petri her, ohne welchen Stuhl die Kirche von Rom nicht wichtiger wäre, als irgend eine andere. Davon geben alle angeführten Stellen aus den Vätern und Concilien Zeugniß. Der Grund ihrer Glaubensunterwürfigkeit beruht einzig in der Succession und in der durch selbe in den Nachfolgern Petri lebenden Würde desselben, und nicht in der, der Clerisei von Rom. — So, der öfter erwähnte heil. Hieronymus. — Warum ist er bereit, sich dem Ausspruche des Damasus zu fügen? „weil ich mit dem Nachfolger Petri rede," sagt er, — "quia cum successore Petri loquor, qui cathedram Petri tenes; et ideo quicumque tecum non colligit, spargit," — wäre es auch die römische Clerisei, — "qui tecum non est," „wer nicht mit dir ist, der ist des Antichrist!" In ähnlicher Weise, wenn Petrus Chrysologus den Eutyches ermahnt, sich unbedingt dem Ausspruche des Papstes zu unterwerfen, ist sein Grund nicht die Autorität der Clerisei von Rom, sondern, weil Petrus auf seinem Sitze lebt und Antwort gibt — "quia Petrus in propria sede vivens, praestat quaerentibus fidei veritatem." Nicht weil die Clerisei von Rom ihnen beistimmt, jubeln die Väter des sechsten Concils, sondern "Summus," rufen sie, "Summus nobiscum certat Apostolorum princeps, eo quod ejus successorum habuimus fautorem. Charta et atramentum videbatur, et per Agathonem Petrus loquebatur." — So die Väter des vierten und achten Concils. — Der Grund ihrer Glaubensunterwürfigkeit an die Entscheidungen und Normen des apostolischen Stuhles ist immer nur diese: "quia non potest praetermitti Domini nostri Jesu Christi sententia: "Tu es Petrus et super hanc petram aedificabo Ecclesiam meam."

Und was ist denn der Grund der Gegner, warum gerade der Papst mit dem Clerus von Rom vereinigt, erst volles Ansehen habe? — Dieser: weil, sagen sie, bei der Versammlung so vieler Theologen und Kirchenhirten, die den Papst stets zu Rom umgeben, billig für ihn die Präsumption der Wahrheit stehe, daß seine Lehre auch die Lehre der ganzen Kirche sei. Allein dieser Grund ist an und für sich ein höchst ungenügender, da die Unfehlbarkeit kein Resultat menschlicher Klugheit ist, sondern immer als besondere göttlich gegebene Prärogative zu betrachten ist. Ferner fiele dieser Grund ja bei den Bekenntnissen der allgemeinen Concilien ganz weg, wo die Präsumption der Wissenschaft im Glauben wohl ungleich mehr in ihrer Mitte zu suchen gewesen wäre, — in der Mitte von so viel hundert Bischöfen und Theologen, als in dem Clerus, welcher den Papst umgibt.

Ferner, wie will man uns eine Meinung aufdringen, von welcher der Clerus von Rom selbst Nichts wissen will? — Nie hat der römische Clerus die Vorrechte des römischen Stuhles von sich abgeleitet, sondern er hat im Gegentheil seinen Vorzug in der Kirche, auf die Primatialwürde des römischen Bischofs gestützt. Näher dem Quell des Lichtes fanden sie sich von diesem natürlich selbst herrlicher umstrahlet. Ueberdieß, wer ist wohl eifriger, als der Clerus von Rom selbst, für die in der Würde Petri unbedingt sich gründende apostolische Vollmacht des Papstes in kirchlicher Sphäre? — Im gleichen Sinne und Bewußtsein äußerten sich von jeher auch alle die Päpste, wo sie in ihrer kirchlichen Machtsphäre, und namentlich von diesem ihrem Rechte Erwähnung thun, oder selbiges vertheidigen. Sie behaupten mit Leo: Alles, was sie im Reiche Gottes zur Schützung des Glaubens thun und gethan, sei der Petro vom Herrn persönlich gemachten Verheißung, und der von ihm stammenden Primatial-Würde zuzuschreiben, "illius esse gubernaculis deputandum, cui dictum est: "Ego rogavi pro te, Petre, ut non deficiat fides tua," et quia soliditas illa fidei, quae in Apostolorum Principe est laudata, perpetua est, et in suos se transfundit haeredes; et ideo in mea humilitate ille honoretur, cujus dignitas etiam in indigno haerede non deficit."

Wenn also, ob dieser nähern Gemeinschaft mit dem Erben der Machtfülle Petri, die römische Kirche ihren Vorrang vor anderen behauptet, so wurzelt in diesem die Würde der römischen Kirche nicht und umgekehrt; so, daß Petrus Damianus mit Recht an Alexander II. schreiben konnte: " *Vos apostolica, vos Romana estis Ecclesia.*"

Endlich, wenn nur der Umstand, daß zu Rom stets viele Bischöfe rc. seien, der Grund der schuldigen Unterwürfigkeit für die Entscheidungen des apostolischen Stuhles wären, so bliebe diese dennoch nie innerlich bindend, wäre also doch eigentlich nie eine Glaubens-Entscheidung; denn diese Präsumption bliebe immer nur inner den Schranken einer größeren oder mindern Wahrscheinlichlichkeit, nie aber einer Gewißheit, wie sie eine Glaubens-Entscheidung verlangt, der man ein "*internum mentis obsequium*" schuldig ist. — Somit ist auch diese Ausflucht null und nichtig, und es übrigt nur noch, daß wir auf den letzten Anstand Antwort geben, den man aus wirklich erfolgten Irrthümern einnimmt, in welche, Päpste in Glaubens-Entscheidungen gefallen sein sollen.

Man sagt nämlich:

### IX. Einwurf.

„Die Päpste haben wirklich im Glauben geirrt; — mithin sind Sie fehlbar in Glaubens - Entscheidungen."

Antwort: Der Schluß ist logisch richtig; aber das Suppositum des Antecedens ist falsch; mithin auch die ganze Folgerung des Schlußes. Was nämlich diese prätendirten Irrthümer betrifft, so sind es nach dem Geständnisse Bossuets selbst, hauptsächlich zwei oder drei, die schwierig scheinen; die andern werden von den Gegnern selbst meist aufgegeben. Auf zwei jedoch beruft man sich fortwährend, und diese hier zu widerlegen ist nothwendig. Es wird dabei von selbst ersichtlich werden, was wohl von der Wichtigkeit derjenigen zu halten sei, die selbst den Gegnern weniger gewiß und wichtig scheinen.

Diese zwei Irrthümer sind die des **Liberius** und **Honorius**. Man beschuldigt den **Ersteren** des **Arianismus**, den **Zweiten** des **Monothelismus**. **Mit welchem Rechte? — Das soll nun gleich nachgewiesen werden.**

Bevor wir aber in diese Erörterung selbst eingehen, kömmt vorher noch in Erinnerung zu rufen, was schon hie und da eingeschärft ward, nämlich: daß man den Fragepunkt, den "status quaestionis" nicht verrücke; nicht, wie man zu sagen pflegt, "extra rhombum" argumentire; — denn Alles was so gesagt wird, trifft ja den Gegenstand der Frage nicht.

Es fragt sich nämlich bei einem Irrthume, welcher die apostolische Vollmacht des Papstes in Glaubens-Entscheidungen entkräften soll, nicht um dieß: Ob ein Papst irgend wann etwas gesagt habe, was gegen den Glauben ist. —

Ja nicht einmal: Ob irgend ein Papst, irrig geschrieben oder geprediget; sondern ob irgend ein Papst, in einer, an die ganze Kirche gerichteten, den Glauben berufenden Entscheidung geirrt habe; denn nur in solchen Entscheidungen vertheidigen wir die absolute Competenz desselben; nur für solche war sie ihm als Haupt der Kirche gegeben; eben, weil sie nur für solche unfehlbar nothwendig war. Ein anderer Irrthum, hätte er selbst Statt gehabt, würde den Glaubensprimat Petri eben so wenig beeinträchtigen, als der Fall Petri im Vorhofe Pilati.

Mithin haben unsere Gegner bei den zwei Glaubensirrthümern, welche sie vor allen dem **Liberius** und **Honorius** vorwerfen, folgende drei Punkte zu erweisen: **Erstens, die historische Gewißheit,** daß der Papst wirklich gefehlt; **Zweitens,** daß dieser Fehler eine **Entscheidung**, eine formelle Glaubens-Regel gewesen; und **Drittens, daß selbe in der Absicht erlassen worden sei, die Kirche als Haupt derselben zu belehren, was zu glauben sei, oder nicht.** — Alles dieses sind aber unsere Gegner von keinem Papst, der je gelebt, zu erweisen im Stande, und namentlich nicht von **Liberius** und **Honorius**; sondern vielmehr beweisen wir ihnen unwiderlegbar klar das Gegentheil.

Erwägen wir also erstens den Glaubensirrthum,

deſſen man **Liberius** beſchuldigt: Er ſoll in die Irrthümer der Arianer verfallen ſein.

Wir ſagen dagegen: Die Thatſache ſelbſt kann nicht hiſtoriſch bewieſen werden; — und dieſe ſelbſt zugegeben; war es kein Irrthum in einer Glaubens-Entſcheidung, — vielweniger in einer freien Entſcheidung, um als Oberhaupt der Kirche zu lehren; mithin beweiſet der Fall durchaus Nichts gegen uns. —

Wir ſagen Erſtens: Die Thatſache, — der Fall des Liberius ſelbſt, iſt ungewiß, und läßt ſich nicht hiſtoriſch nachweiſen; im Gegentheil ſtreiten weit mehr hiſtoriſche Zeugniſſe für Liberius, als gegen ihn. — Denn alle Urkunden, aus denen man den Fall des Liberius beweiſen will, ſind im höchſten Grade verdächtig, wahrſcheinlich unterſchoben, oder gewiß wenigſtens für verfälſcht zu halten. Dies gilt erſtlich von den "*Fragmentis*," oder Bruchſtücken, die man dem hl. Hilarius zuſchreibt. Sie ſind von einem unbekannten Verfaſſer und des Hilarius ganz und gar unwürdig. Man beruft ſich, zweitens, auf die Briefe des Athanaſius; allein, daß der Text des Athanaſius in den bezüglichen Briefen, und in der Schutzſchrift gegen die Arianer von den Arianern verfälſcht worden ſei, beweiſen die Schriftſteller, die wir ſpäter anführen werden.

Daſſelbe gilt von zwei Stellen des heil. Hieronymus, "ex lib. de Scriptoribus ecclesiasticis," und aus dem "Chronicon" deſſelben, welche Schriften unter allen übrigen Werken des heil. Lehrers, anerkannter Weiſe am meiſten verfälſcht ſind; über welche Verfälſchung ſeiner Werke der Heilige ſich ſelbſt öfter beklagt.

— 377 —

Um so verdächtiger sind aber gerade diese angeführten Stellen; denn sie stimmen auch nicht mit anderen Aussprüchen des heil. Hieronymus überein, sind mit sich selbst im Widerspruche, und enthalten offenbare Irrthümer, die klar anzeigen, daß hier eine Unterschiebung Statt gefunden habe. Die vier Briefe endlich des Liberius selbst, waren gleichfalls von den Luciferianern, Arianern oder andern Schismatikern erdichtet worden, wie dieß Alles der gelehrte Bolandist Stiltingus mit den triftigsten Gründen einer erleuchteten Kritik nachgewiesen. s) Desgleichen Cardinal Josephus Orsi, "Hist. Eccl. saeculo quarto;" und Franciscus Antonius Zacharia, in der Dissertatation: Von dem vorgeblichen Falle des Liberius. t)

Jene Erzählung endlich, welche den Liberius, nachdem er nach Rom zurückgekehrt war, von dem größten Theile des Clerus und des Volkes aus der Stadt weisen läßt, und andere dergleichen Mährchen sind aus den unechten Acten des hl. Eusebius, des Priesters, genommen. u) Diese Acten kommen Bossuet selbst verdächtig vor, als solche, die, wie er sich ausdrückt, "entweder keine, oder eine sehr geringe Autorität haben," weßwegen in der neuen Auflage der "Defensio anno 1745," das ganze Hauptstück aus der Stelle, wo es war, in den Anhang versetzt ward. Daß im Gegentheil die Rückkehr des Liberius von allen Römern mit der größten Freude und Beifall gefeiert worden sei, berichten

---

s) Tom. IV. act. Sanct. ad diem 23. Sep. cap. 9. et 10.
t) Tom. II. Thesauri theologici.
u) Man sehe Tillemont, Not. 58. in Arian.

uns Marcellinus und Faustinus in der Bittschrift an den Kaiser, indem sie unter andern da sagen: „Welchem (Liberius,) das römische Volk mit Freuden entgegen ging, so zwar, daß sein Einzug gleichsam der Triumphzug eines Siegers zu sein schien;" — "ut ejus ingressus, veluti victoris triumphus videretur;" — wie auch der hl. Hieronymus von dieser Rückkehr schreibt: „Er zog in Rom gleichwie ein Sieger ein." "Romam quasi victor intravit." — Wir fragen, erhebt sich nicht aus einem so festlichen und triumphirenden Einzuge des Liberius in die Hauptstadt der katholischen Welt, womit ihn der Clerus und das römische Volk aufgenommen, und dafür den After-Papst Felix vertrieben hatte, mit Grund der Zweifel, ob nicht das, was man von dem Fall des Liberius erzählt, nur erdichtete Verläumdung sei? Wenn der aus Berea an die römische Geistlichkeit geschriebene Brief des Liberius echt wäre, worin er Nachricht gab von seiner Pflichtvergessenheit, hätte dieser Brief den römischen katholischen Clerus nicht auf das Höchste empören müssen? — Gewiß; die Römer, die dem Nicäischen Glaubensbekenntnisse und dem Vertheidiger desselben, dem hl. Athanasius, so sehr zugethan waren, und den Arianismus über Alles verabscheuten; die Römer, welche gegen Felix, den die Arianer statt des Liberius eindrängten, so aufgebracht waren, weil er sich nicht scheute, mit den Ketzern Gemeinschaft zu haben: wie könnte dieser Clerus und das römische Volk von Rom den Liberius mit solcher Festlichkeit aufgenommen haben, wenn Liberius von seiner Standhaftigkeit gewichen, das Glaubensbekenntniß von Sirmium, dem von Nicäa vorgezogen, und von der Vertheidigung des Athanasius und dessen Gemeinschaft, zur Gemeinschaft der Ketzer, und besonders des Valens und Ursajius, Epiktet und Auxentius, deren bloßer Name dem Abendlande schon so verhaßt war, übergegangen wäre?!

Gewiß, es ist ganz unglaublich, daß die Römer einen Mann, der sich so schändlich besiegen ließ, nach einem Falle, der die Ehre der römischen Kirche so tief verletzte, nun auf einmal wie einen Sieger und glorreichen Kämpfer des Glaubens aufgenommen hätten! — Und doch war dem so; und diese Thatsache ist gewiß ein sehr wichtiger Beweisgrund, daß man diesen Brief, gleichwie andere, die dahin gehören, und welche sich unter den Fragmenten des hl. Hilarius befinden, nicht für echt, sondern für unterschoben halten müsse; wie jener ganz gewiß unterschoben ist, welcher ebenfalls unter dem Namen des Liberius an die Bischöfe des Morgenlandes gerichtet, bei Hilarius im vierten Fragment zu lesen ist. Wenn nun Hilarius diesen, von allen Kritikern als unterschoben anerkannten Brief, in seinen Fragmenten unbehutsam genug aufgenommen: konnten nicht auch andere, dem Liberius zugeschriebene Briefe, mit der nämlichen Unbehutsamkeit in selbe eingetragen worden sein, die nur von Arianern oder Halb-Arianern erdichtet, und in der Absicht herausgegeben waren, um vorgeben zu können, daß Liberius auf ihrer Seite stehe? Mochten ihre Behauptungen bei Einigen immerhin einigen Glauben gefunden haben, so war dies doch keineswegs bei Allen, oder bei der Mehrzahl der Zeitgenossen

Liberii der Fall, und gerade bei denen nicht, die diesen zunächst folgten, und denen es doch sehr daran liegen mußte, darüber Gewißheit zu haben, und welche dießfalls auch gewiß alle Sorge angewendet; demungeachtet aber von diesem Falle nichts milden. Es schweigen davon die ältesten Kirchengeschichtschreiber; ein **Severus**, ein **Sulpicius**, ein **Socrates**, ein **Sozomenus**, ein **Theodoretus**; es schweigen **Menea**, **Theophanes**, **Nicephorus**, **Callistus**, selbst **Photius** schweigt! — Der hätte doch nicht geschwiegen, wenn er das Gegentheil hätte geschichtlich bezeugen können!! Und alle diese schweigen nicht nur, sondern sie sagen gerade das Gegentheil.

So **Theodoret**, der in seiner Geschichte der Arianer, sich der Werke des **Athanasius** selbst bediente. Er gibt als Ursache der Zurückberufung des **Liberius**, nicht den vorgeblichen Fall Liberii, sondern die Verwendung der römischen Damen bei dem Kaiser, und die Acclamationen des Volkes im Circus an. **Theodoret** nennt diesen Papst nie ohne großes Lob; bald den berühmten **Liberius**, bald einen ruhmwürdigen Streiter der Wahrheit — "celeberrimum Liberium — *gloriosum veritatis athletam*." — Und damit man ja nicht glaube, daß er durch eine minder würdige Handlung auf seinen Stuhl zurückgekehrt sei, gibt **Theodoret** ihm eben wegen seiner Rückkehr den Beinamen: „der Bewunderungswürdige;" was **Liberius** nimmer gewesen wäre, wenn Er aus Gefälligkeit für den Kaiser, Verräther an dem Heiligthum der Wahrheit und des Glaubens geworden wäre! Nach diesem Zuruf des christlichen Volkes, schreibt **Theodoret**, welches den **Liberius** von dem Kaiser im Circus verlangte, kehrte jener bewunderungswürdige **Liberius** zurück. — "Post has Christianae plebis acclamationes, Liberium ab imperatore postulantis in circo, reversus est *admirabilis ille Liberius!*"

**Sulpicius Severus**, welcher die Bruchstücke des **Hilarius** in seiner Geschichte der Arianer übrigens sehr benützte, thut auch nicht mit einem Worte von dem Falle des **Liberius** Meldung, und schreibt seine Wiedereinsetzung gleichfalls den Unruhen und dem Aufruhr der Römer zu, von denen in den Bruchstücken des **Hilarius** kein Wort steht. Die Briefe, welche man nun in diesen Fragmenten lies't, tragen übrigens selbst das Gepräge der Unterschobenheit an sich; verschiedener Widersprüche wegen, auf die man in denselben stößt, als z. B. wenn man in eben diesen Briefen lies't, daß Constantius in die Wiedereinsetzung **Liberii** nicht gerne eingewilliget habe, und sich endlich dazu nur, bewogen durch die Bitten des **Valens, Ursacius, Germinius, Vincentius, Capuani, Fortunatius** aus Aquiläa, und andere Orientalen, verstehen wollte. Auch **Socrates**, der die Wiedereinsetzung des **Liberius** einem Volksaufstande zuschreibt, erwähnt nicht nur nicht den vorgeblichen Fall dieses Papstes, sondern zeugt gleichfalls für das Gegentheil, da er schreibt: „der Kaiser hätte, durch einen Aufruhr der Römer bewogen, obwohl ungern, — "*licet invitus,*" — zur Wiedereinsetzung seine Einwilligung gegeben." — Hätte ihn dann der treulose Kaiser nicht gerne wieder eingesetzt, wenn er den standhaften Muth Liberii gebrochen, und ihn dahin gebracht hätte, seine Freiheit durch einen so schändlichen Fall in den gleichen Glaubensirrthum zu erkaufen? — Rufinus selbst, dieser gewiß nicht gefallsüchtige Parteigänger der Päpste, schreibt im zweiten Buche seiner Kirchengeschichte, welches um das Jahr 402 geschrieben ward, also: „Liberius, Bischof der Stadt Rom, kehrte bei Lebzeiten des Constantius zurück. — Ob es aber seiner Willensänderung, oder aber der Gunst des römischen Volkes zuzuschreiben sei, daß ihm späterhin Ruhe gegönnt war, das weiß ich nicht." — Also ein Rufin!" — v)

Die Arianer freilich, besonders im Orient, überließen sich bei der ersten Nachricht der Rückkehr des Liberius gleich ihren Wünschen und Vermuthungen, und schrien dieselben als sicher aus, was bei der damaligen, sehr beschränkten Communication auch lange benützt werden konnte, die Gläubigen zu beängstigen, und wo möglich zu täuschen. Gelang ihnen dies bei Einigen, so gewiß nicht bei jenen, welche durch ihr Ansehen eine wahrhaft beweisende Stimme hatten, und gewiß auch nicht bei der besser unterrichteten Mehrzahl. Nebst den genannten Kirchen-Schriftstellern, erwähnen auch viele andere hl. Väter des Liberius mit den größten Lobeserhebungen; ja in verschiedenen Marterbüchern des Morgen- und Abendlandes wird Liberius unter den Heiligen aufgezählt, eben wegen der unbesiegbaren Standhaftigkeit, die er in Vertheidigung des Glaubens, durch erlittenes

---

v) Cap. 27.

Exil und auch späterhin in harten Prüfungen, so glorreich bewährt hatte.

War es denn nicht eben dieser Liberius, der einem Concil und zwar einem der zahlreichsten des ersten Jahrtausend christlicher Zeitrechnung, dem zu Rimini, in welchem diese große Zahl von Bischöfen getäuscht oder verführt zu einer sündhaften Unterzeichnung aus Furcht vor dem Kaiser sich neigten, — beinahe allein gegenüber stand, und aus apostolischer Machtfülle das ganze Concil und seine Acta cassirte! — Nein, großer Held, der du mit solcher Macht und solchem Muth das Richtschwert Petri zu führen gewußt, dir steht die Schwäche wahrhaftig nicht gleich, die man dir zumuthet. Hingegen denen, die es zuerst gethan, — wir meinen die orientalischen Arianer, die arianischen Griechen — diesen ja steht die Treulosigkeit der Verläumdung und die Unterschiebung falscher Zeugnisse dafür ganz gleich, und mehr noch steht ihnen gleich; denn diese Griechen haben späterhin oft noch mehr verläumdet, erdichtet und gethan, wie wir es an einigen Orten in unserer Abhandlung bereits gerügt und nachgewiesen. Um so leichter konnten sie bei Liberius, wie gesagt, irgend einen Schein von Möglichkeit benützen, und die erfolgte Rückkehr des Liberius aus dem Exil so lange als Deckmantel gebrauchen, als es ging; wenngleich die Verläumdung unglaublich genug war. Man bedenke nur mit welchem Ausdruck Liberius die Formel, welche dieses Concil unterschrieb, cassirte; — Er heißt sie "blasphemam," „eine gotteslästerliche!" Einem solchen Manne steht der Fall in eine gleiche Schlinge wahrlich nicht gleich, — und er verdient die

Verehrung, welche die Mit- und Nachwelt ihm als einem Heiligen gezollt. So nennt ihn **Ambrosius**, "sanctae memoriae virum" — „einen Mann heiliger Gedächtniß." — **Basilius** „den Hochseligen" "Beatissimum. epist. 74." **Epiphanius** „den Seligen" "Beatum. haer. 75." Gleichfalls **Siricius** in "epist. ad Himerium c. i."

Von ihm wird auch glorwürdige Meldung gethan im Brevier am 5. August. Endlich wird sein Name im Verzeichnisse der Päpste im Marterbuche "B. Bedae Martyrologium;" in dem Marterbuche des **Wandalbert**; in den Heiligenbüchern oder "Synaxariis et Menaeis;" der Griechen am 27. August als der, eines heiligen Papstes gefeiert.

Beweiset dieß Alles nicht, daß sein Fall ganz unwahrscheinlich, und wirklich nur Verläumdung sei? Und, wie will also Jemand aus solch einer, in jedem Falle nicht beweisbaren Thatsache, Beweise nehmen gegen ein also erwiesenes Recht, wie jenes ist, das wir hier vertheidigen?

Doch angenommen Alles, was man Liberius vorwirft, bewiese dieß Alles noch nichts gegen uns; denn wir fragen zweitens: War das, dessen ihr Liberius beschuldiget, eine formelle, an die Kirche gerichtete, gültig erlassene Glaubensentscheidung? — Ant. Mit nichten.

Zwei Vergehen nämlich werden Liberius zur Last gelegt: Das Eine ist, daß er sich von der Kirchengemeinschaft des **Athanasius** — diesem großen Kämpfer der katholischen Sache im Orient — getrennt; das Zweite, daß er jene Formel von Syrmium unterschrieben habe, welche **Hilarius** "*perfidiam arcanam*" nennt.

Wir antworten: Beides, selbst angenommen, beweiset Nichts gegen uns.

Nicht das Erste; — denn die Kirchengemeinschaft mit einem Menschen aufgeben, der zwar rechtgläubig ist, von dem man aber falsch berichtet meint, er sei es nicht, ist keine Glaubensentscheidung, und geschähe sie selbst wider besseres Wissen und Gewissen, so ist es wohl eine Sünde; aber keine an die ganze Kirche gerichtete formelle Glaubens-Entscheidung; beweiset also nichts gegen die apostolische Machtvollkommenheit des Papstes als Oberhaupt der Kirche, sondern bloß die Sündfähigkeit des Papstes — und diese hat er als Mensch.

Was aber das Zweite: die Unterschreibung der Formel von Sirmium anbelangt, so kommen alle Gelehrten, ja auch die Gegner darin überein, daß es nur jene erste Formel von Sirmium gewesen sei, gegen Photion herausgegeben, welche der hl. Hilarius in seinem Werke „Von den Synoden" selbst als echt katholisch in Schutz nimmt. In seinen Fragmenten nennt er sie deßwegen Treulosigkeit, "perfidiam," weil nach seinem Dafürhalten, was immer nicht in dem Einen Glaubensbekenntniß von Nicäa enthalten war, Treulosigkeit "perfidia" genannt werden sollte, wie er sich in seinem Buche gegen Constantius Nr. 24 ausdrückt. Es war diesem Eiferer der katholischen Wahrheit aus Ursache der ihm bekannten Arglist der Arianer, auch nicht ohne Grund Alles verdächtig, was anders klang und lautete als das Symbolum von Nicäa. In der That aber war Alles, was diese erste Formel enthielt, wahr und katholisch; — es war nur in böswilliger Absicht von den Arianern in derſelben das "consubstantialis Patri" ausgelaſſen. Dem Liberius kann alſo im höchſten Fall nur dieſes zum Verbrechen gemacht werden, daß er jene Glaubensformel unterſchrieben habe, in welcher die Worte "consubstantialis Patri" „der nämlichen Weſenheit mit dem Vater" ausgelaſſen waren; was dann von den Ketzern erklärt werden konnte, als nähme er den Irrthum in Schutz. Nun aber, dasjenige bloß verſchweigen, was katholiſch iſt, und was ein Katholik öffentlich bekennen ſoll, iſt wohl eine Sünde gegen die ſchuldige Offenheit des Bekenntniſſes; — und das Unterſchreiben, welches man wegen beſagter Auslaſſung als eine Beſtätigung des Irrthums anſah, wäre wohl eine Sünde des Aergerniſſes geweſen; — nie aber kann es eine Definition und formelle Beſtätigung und Lehre des Irrthums, im eigentlichen Sinne genannt werden. — Wenn daher Liberius, angenommen, daß er dieſe Formel unterſchrieben, welche dasjenige gefliſſentlich verſchwieg, was doch damals Pflicht war, öffentlich zu bekennen, von einer Sünde des Aergerniſſes nicht entſchuldigt werden konnte: kann er doch nimmermehr einer formellen, irrigen, an die Kirche erlaſſenen Glaubensentſcheidung bezüchtiget werden; — und es beweiſet alſo auch die Suppoſition des Falles nichts gegen die Irrthumsloſigkeit des Papſtes "*ex cathedra docentis.*"

Ja, wir dürfen noch mehr zugeben, und würden unſerer Behauptung noch nichts vergeben. — Selbſt zugegeben, (was doch ſelbſt die Gegner nicht prätendiren,) ſelbſt zugegeben, Liberius habe eine von den zwei andern arianiſchen Syrmiſchen Glaubensformeln unterschrieben, — bewiese auch dieser Fall nichts gegen den unfehlbaren Glaubensprimat der Nachfolger Petri. Denn wie bei Entscheidungen eines Concils, und zwar nach den unumstößlichen Principien des Naturrechtes selbst, ist auch zur gültigen und bindenden Glaubens-Entscheidung der Päpste erforderlich, daß der Papst in ungeschmälerter Freiheit seiner Amtsgewalt die Entscheidung ergehen lasse; so daß von demselben, wie von dem Ausspruche des Hierosolimitanischen Concils, gesagt werden kann: "Visum est Nobis et Spiritui sancto," — „es hat uns und dem hl. Geiste gefallen;" mit andern Worten: die Entscheidung muß ohne Anwendung von äußerem Zwange erlassen sein, so daß kein moralischer Zweifel obwalte, ob das Entschiedene wirklich Ausspruch des Entscheidenden, und nicht vielmehr Ausdruck der Erpressenden sei, wie dieß bei Liberius der Fall gewesen wäre. — Nach den Anschuldigungen der Gegner selbst, wäre ja die Unterschreibung als Bedingniß der Befreiung aus dem Exil erfolgt, und dem ungeachtet erst nach Jahren erfolgt. — Gesetzt also auch, die Unterschreibung wäre erfolgt, so wäre dieselbe rein nur als Mittel der zu erhaltenden Befreiung aus dem Exil und als Wirkung eines Mißbrauches kaiserlicher Gewalt, nie aber als legitime Ausübung der legitimen Gewalt des Pontificats zu betrachten; und nur diesem stehet die in Frage stehende Prärogative der Entscheidung zu. — Da diese Behauptung in der Natur der Sache liegt, und auf Grundsätzen des natürlichen Rechtes sich fußet, welches da auch ein Fels der Wahrheit ist, den die Pforten der Hölle nie stürzen werden, so

konnte auch dieser prätendirte Fall des Liberius selbst bei
jenen, denen man diesen vorlog, durchaus nicht den Charakter einer päpstlichen Entscheidung an sich tragen; sondern
sie erklärten dieselbe für das, was sie wirklich gewesen
wäre, nämlich: als eine Entscheidung der Arianer, die
sie erpreßt, nicht aber des Liberius, von dem sie
erpreßt war; mithin als illegitim, nicht als Ausfluß
des Glaubensprimates, also auch für die Kirche nicht
bindend. Dieß ist auch die Bemerkung des hl. Athanasius, in seinem 48. Briefe an die Einsiedler.

Gleichwie Niemand sagen wird, Petrus, da er aus Furcht
den Herrn verläugnete, habe gelehrt, man müsse Christum
verläugnen: eben so wenig hatte Liberius, wenn er
je die Consubstantialität des Sohnes läugnete, gelehrt,
daß sie zu läugnen sei; sondern, er hätte dann die Consubstantialität des Sohnes nur aus Ueberdruß der Ver-
bannung, und aus Furcht des Todes gezwungen, nicht
ausgesprochen.

Man mag also annehmen, was man auch nur immer
gegen Liberius prätendirt; sein Fall beweiset wohl
die Schwäche der Gegner in der Geschichte, Theologie,
Logik und im natürlichen Rechte: entkräftet aber nicht
im Mindesten die Begründung des von uns vertheidigten
Pontificalrechtes; sondern wie es bei den oben angeführten Einwürfen schon der Fall war, und bei Einwürfen
gegen die Wahrheit immer der Fall sein muß, der Einwurf
bezeugt in seiner Lösung noch offenbarer, als früher, die
Wahrheit und unerschütterliche Begründung dieses Rechtes der Nachfolger Petri. Liberius ist es gerade,
auf den wir uns ganz ausgezeichnet bei der Nachweisung

dieser Glaubensprärogative des Oberhauptes der Kirche berufen; denn in der ganzen Reihe der Päpste sehen wir kaum Einen, der so ausgezeichnet und auffallend als Fels der Kirche in dem Bewußtsein und in der Ausübung dieser Vollmacht des apostolischen Glaubensprimates dasteht, als **Liberius** gegenüber den Beschlüssen des Conciliums der siebenhundert Bischöfe, die von Syrmia eingerechnet, nach deren Unterzeichnung, wie **Hieronymus** so kräftig sagt, die ganze katholische Welt sich mit Verwunderung in eine arianische verwandelt sah! — nur das **Haupt** ausgenommen!! — Ihnen allen gegenüber steht dieser Eine **Liberius**, das Schwert Petri in seiner Rechten, mit dem er die Acta des Concils richtet. Es war und blieb gerichtet!! —

Wir gehen zur Beleuchtung des prätendirten Falles des Papstes **Honorius** über. — Er soll **Monothelismus** gelehrt haben.

Zu den Zeiten seines Pontificates nämlich wurden jene Stürme aufgeregt, welche den ganzen katholischen Orient entzweiten, nämlich die Streite von der zweifachen Wirkung und dem doppelten Willen in Christo. — Nachdem diese Stürme bereits wogten, und dem Glauben die höchste Gefahr drohte, so war es Pflicht des Papstes, um die Einheit des Glaubens zu bewahren, und um seine Brüder im Glauben zu stärken, (besonders, da der ganze Hergang der Sache von drei Patriarchen dem apostolischen Stuhle selbst berichtet worden war,) eine Entscheidung in Vollmacht des apostolischen Glaubensprimates Petri auszusprechen. Dieß nun hat **Honorius** nicht gethan; aber nicht, weil er gegen das katholische Dogma gesinnt war: sondern weil er aus Fahrlässigkeit vorzog, die Entscheidung zu verschieben. Allein seine Hoffnung betrog ihn. Der Irrthum griff eben wegen dieser Unterlassung immer weiter um sich, und schlug tiefere Wurzeln. — Da aber diese **Unterlassung** keine **Entscheidung des Glaubens** war, so irrte er ja nicht in einer Entscheidung.

Doch wir wollen den Fall selbst genau erwägen, dessen Honorius beschuldiget wird, und wollen selbst die Briefe einsehen, in welchen er den Monothelismus gelehrt haben soll. Jene zwei Briefe nämlich, welche er über die Eine oder zwei Wirkungen und Willen in Christus an Sergius den Patriarchen, geschrieben. Aus eben diesen Briefen aber zeigen und beweisen wir, daß er weder den Irrthum der Monotheliten gelehrt, noch vielweniger denselben als Glaubenssatz entschieden habe.

Daß Erstens Honorius in Betreff des Dogma's selbst recht gedacht habe, erhellet klar aus den Worten dieses Papstes in diesem Schreiben an Sergius, in welchem er die Wirkungen und Willen beider Naturen, — **der göttlichen und menschlichen, deutlich unterscheidet**. — Sergius nämlich, mit der Secte der Monotheliten, behauptete, und lehrte: „In Christo wäre nur Ein Wille gewesen, nämlich der **göttliche**, in welchem der **menschliche** so aufgegangen und verschmolzen gewesen wäre, als wie ein Tropfen Wein im Meere zu Wasser wird." — Desselben Irrthums nun beschuldiget man Honorius. — Doch, hören wir aus den eigenen

Worten des Honorius, mit welchem Unrechte. — Er schreibt nämlich in seinem zweiten Briefe an Sergius also: „Was das Dogma der Kirche in Bezug „die zwei Naturen anbelangt, so müssen wir in dem „**Einen Christus zwei Naturen bekennen**, welche „in natürlicher Einheit verbunden in wechselseitiger „Gemeinschaft handeln und wirken, und zwar die gött„liche, welche thut, was Gottes ist, und die menschliche, „welche thut, was des Menschen ist; und wir lehren, „daß dieses weder getheilt, noch vermischt geschehe, oder „mit Verwechselung der Natur, so, **daß weder die** „**Natur Gottes in die Natur des Men-** „**schen, noch die Natur des Menschen in** „**die Natur Gottes verwandelt wurde.**"
"Quantum ad *dogma* ecclesiasticum pertinet, *utrasque* "*naturas* in uno Christo unitate naturali copulatas "cum alterius communione operantes atque operatri- "ces confiteri debemus, et divinam quidem, quae Dei "sunt, operantem, et humanam, quae carnis sunt, "exequentem; *non divise, nec confuse, aut inconver-* "*tibiliter Dei naturam in hominem, et nec humanam* "*in Deum conversam, docentes.*" — Und gleich darauf bestätiget Er das Vorhergehende mit diesen klaren Worten, nämlich: „daß die zwei Naturen, — die göttliche und menschliche Natur, — in der Person des Eingebornen Gottes des Vaters unvermischt, unzertheilt, ohne Verwandlung, **jede eigenthümlich wir-** **ken.**" — "Duas naturas, i. e., Divinitatis et carnis assumptae in una Persona Unigeniti Dei Patris, inconfuse, indivise et inconvertibiliter *propria operari.*"

Konnte wohl der Papst klarer und deutlicher das katholische Dogma an und für sich bekennen, dessen Verfälschung er doch angeklagt wird? — und wir fordern seine Ankläger mit Recht auf, sie sollen versuchen, uns das katholische Dogma gegen den Monothelismus klarer auszusprechen. Wenn er also im ersten Briefe an Sergius nur von Einem Willen Meldung thut, so meinte Honorius damit nicht bloß den Einen Willen der Gottheit, wie Sergius, sondern er wollte sagen: „Christus habe nicht, wie wir Adamskinder, einen sich durch den Zunder der Leidenschaft in seinen Begierden widersprechenden und so gleichsam getheilten Willen an sich genommen; da dieser Zustand nicht natürliche Eigenschaft des Willens an sich, sondern nur Folge des Falles unserer Natur ist. — Er läugnete den zweifachen sich widersprechenden menschlichen Willen, welchen einige in Christo, wie Sergius in seinem Brief an den Papst meldet, und gewiß irrig behaupteten. Wem ist es unbekannt, wie diese Lästerung ja auch in neuester Zeit im Güntherianismus noch Anhänge fand?

So erklärten schon die Zeitgenossen und unmittelbaren Zeitnachfolger die Gesinnungen des Honorius, wie Johann IV. in seiner Schutzrede an Kaiser Constantius, und der hl. Maximus, der Martyrer, in seinem bekannten Dialog mit Pyrrhus. — Ja, was noch weit wichtiger für uns ist, diesen Sinn des Honorius bestätiget sogar der Secretär des Papstes, welcher den ersten Brief an Sergius geschrieben hatte und ein Zeitgenosse des hl. Maximus war. — Der hl. Blutzeuge schreibt in der citirten Stelle, aus dem Munde dieses Secretärs, der damals noch lebte, als Maximus diese Worte von ihm anführt, die **jeden Zweifel beseitigen.** „Da **Sergius** geschrieben hatte, daß es Einige gebe, welche sagten, in Christus wären zwei sich widersprechende Willen; so antwortete **Honorius:** „Einen Willen habe Christus gehabt, nicht zwei sich widersprechende, nämlich den des Fleisches und des Geistes, wie wir haben nach der Sünde; sondern nur Einen, welcher natürlich seine Menschheit bezeichnete."—Und an einer andern Stelle: **„Wir haben gesagt, daß es in dem Herrn nur Einen Willen gebe, nicht zugleich seiner Gottheit und Menschheit, sondern nur seiner Menschheit nach."** — "Quum enim Sergius scripsisset, esse, qui dicerent, in Christo *duas contrarias voluntates*, respondit (Honorius), unam voluntatem Christum habuisse, non duas *contrarias carnis et spiritus, sicut nos habemus post peccatum*, sed unam tantum, quae naturaliter ejus humanitatem insigniret.... Unam voluntatem diximus in Domino, non divinitatis et humanitatis, sed *humanitatis dumtaxat*."

Daß aber dieser Secretär, welcher den Brief in der Person des Honorius geschrieben hatte, ein ganz glaubwürdiger Zeuge sei, erhellt zu Genüge aus dem Geständnisse des nämlichen hl. Maximus; denn er sagt von ihm: „Er lebt noch und erleuchtet durch seine Tugenden und Lehrsätze der Frömmigkeit den ganzen Occident. — Doch noch einen kräftigeren und ganz unmittelbaren Beweis haben wir. — Der

Papst selbst erklärt mit vieler Beredtsamkeit in dem nämlichen Briefe, wo er von Einem Willen spricht, unter andern mit Folgendem, diesen Sinn seiner Worte: „Weil in der That," sagt er, „von der Gottheit unsere Natur angenommen wurde, nicht die Schuld; jene, wie sie vor der Sünde erschaffen war, nicht jene, durch die Uebertretung verderbte." "Quia profecto a divinitate assumpta est *nostra natura*, non culpa; illa profecto, quae ante peccatum creata est, non quae post praevaricationem vitiata." Und nachdem er einige Zeugnisse der hl. Schrift, welche sich auf die Verderbtheit des menschlichen Willens und den Streit, in welchem er mit der Vernunft steht, beziehen, angeführt hat, schließt er damit: „Es ist also von dem Erlöser nicht die verdorbene Natur, wie wir gesagt haben, angenommen worden, welche dem Gesetze des Geistes widerspricht ꝛc."—" Non est itaque assumpta, sicut praefati sumus, a Salvatore vitiata natura, quae repugnat mentis legi etc." — Nichts in der That konnte bestimmter und klarer zur Erklärung dieses Briefes des H o n o r i u s gesagt werden.

Der Fehler des Honorius dessen Rechtgläubigkeit Papst J o h a n n IV. und M a x i m u s, der Martirer, in ihren Apologien vertheidigten, war kein Irrthum im Glauben, sondern, wie gesagt, ein Fehler der Fahrlässigkeit und der Unterlassung; weil Er nämlich, wie es doch nothwendig war, aus unkluger Nachsicht, durch keine definitive Entscheidung die katholische Lehre ausgesprochen hat, und zwar bindend für die ganze Kirche; ferner weil Er sich der entstehenden Kezerei nicht kräftig genug entgegensetzte, wie Er sollte; weil Er endlich, sich in sträflicher Leichtgläubigkeit ganz gegen die gewöhnliche Wachsamkeit der obersten Hirtensorge der Statthalter Christi durch die Briefe des Sergius überlisten ließ; und sehr zur Unzeit blos ein allgemeines Stillschweigen gebot: auch seinerseits Ausdrücke nicht vermied, welche die ihm wohlbekannte Verschmitztheit der Griechen zu Gunsten der Ketzerei auslegen konnte, und wirklich ausgelegt hat, so wie es auch heute noch die Feinde des Primats zu thun belieben.

Daß Honorius von einer formellen Entscheidung nichts wissen wollte, erhellet aus den Briefen dieses Papstes selbst. In seinem zweiten Briefe an Sergius heißt es ja ausdrücklich: „Wir sollen in Christo eine oder zwei Wirkungen seines Willens nicht durch einen definitiven Ausspruch verkündigen;" "Nos non oportet unam vel duas operationes *definientes* praedicare;" — was er doch, wie gesagt, Kraft seines apostolischen Amtes bei solchen Umtrieben im Oriente hätte thun müssen, wenn er sich nicht äußerlich den Ketzern günstig bezeigen wollte.

Daher ist selbst Natalis Alexander, der doch gewiß keinem Gegner, der zu großen Zuneigung für den apostolischen Stuhl, verdächtig ist, mit zahllosen andern Gelehrten ganz unserer Meinung und beweiset mit der ihm eigenen Gründlichkeit, daß das sechste ökumenische Concilium, auf welches sich die Gegner in Betreff Honorius mit solch vermeintlichem Triumph ihrer Sache zu berufen pflegen, Honorius nicht als Ketzer verdammt habe, sondern nur als einen solchen, welcher der austeimenden Ketzerei sich nicht, wie es Pflicht war und Noth that, widersetzte, wohl aber durch seine Fahrlässig-

keit und Unvorsichtigkeit dieselbe begünstigte, und so Anlaß zu vielen Glaubensstürmen gab.

In demselben Sinne ist Leo II. zu verstehen in seinem Briefe an die Bischöfe Spaniens.

Das sechste Concilium selbst, zugegeben, daß dessen
Acte unverfälscht an uns gekommen, was doch von großen Kritikern geläugnet wird, unterscheidet Honorius,
ausdrücklich von Sergius und den Monothelliten, und
brandmarkt ihn nur als deren Gönner. Wäre es je die
Ansicht dieses Concilliums gewesen, Honorius habe
Monothelismus gelehrt, nie hätte Agatho durch seine
Gesandten vor demselben ein so unbedingtes Zeugniß
von dem unerschütterlichen Glauben aller seiner Vorfahren ohne Ausnahme gegeben, und nie hätte das Concillium durch Acclamation eine solche Aeußerung bestätigen
können, wie wir dies oben nachgewiesen, wenn Honorius einen Irrthum entschieden, und die hl. Synode
ihn als einen Ketzer verdammt hätte?! — Man bedenke
doch die Worte Agathos an den Kaiser und den ganzen Orient, wenn er also schreibt: "Liberanda est S.
Dei Ecclesia, imperii vestri mater, de talium Docto-
rum erroribus et evangelicam atque apostolicam orthodoxae fidei rectitudinem, quae fundata est *super firmam
petram hujus b. Petri apostolorum principis ecclesiae,
quae ejus praesidio ab omni errore illibata permanet,*
omnis praesulum numerus ac sacerdotum, cleri ac po-
pulorum, unanimiter ad placendum Deo veritatis, formulam apostolicae traditionis nobiscum confiteatur et
praedicet." — Wir haben die Acclamationen und Bekenntnisse der Väter dieses Concilliums früher bereits

angeführt. Wie ließe sich dies mit der Verdammung des Honorius als Ketzer in demselben Concil vereinbaren? Uebrigens, wie gesagt, gestatten die Ausdrücke des Concils selbst nicht diese Zumuthung; denn dasselbe nennt den Honorius ausdrücklich nur einen Gönner der Monotheliten, und scheidet ihn von den Häuptern dieses Irrthums; erwähnt Seiner nur wie gelegenheitlich ganz zuletzt, wo doch gewiß, wenn das Concil den Honorius für schuldig erkannt hätte, es den Namen desselben oben an hätte setzen müssen.

Aus diesem nun mag man entnehmen, was man von den übrigen Fällen zu halten habe, welche man andern Päpsten zumuthet, die nach dem Geständnisse Bossuet's selbst von viel geringerem oder von gar keinem Belange sind, von dem nichts zu sagen, daß die historische Evidenz der Thatsachen selbst zumeist ermangelt. Wahrlich, um gegen ein Recht mit Erfolg aufzutreten, das auf so mächtigen Pfeilern ruht, gehört eine ganz unläugbare Evidenz der Thatsache, die aber in Hinsicht auf diese angeblichen Irrthümer der beschuldigten Päpste sich durchaus nicht vorfindet. Sie sind auch alle bereits von so vielen namhaften Gelehrten widerlegt, als da sind: Ballerini, Mansi und Roncaglia, Cardinal Orosius, Jacobus Serry, Milante, Sarbagna rc., die man nachlesen kann.

Wir können nicht umhin, bevor wir schließen, noch einen Anstand zu heben, der wohl so bestimmt mit Worten nicht leicht irgendwo ganz formell ausgesprochen zu treffen ist; den wir aber doch, und das in so manchen Herzen zu lesen meinen, und welcher nicht wenig hinderlich

wäre, der Wahrheit den vollen Zutritt zu gestatten;
nämlich die Besorgniß:

„Ob man denn dadurch, daß man alle Gewalt in dem
„Einen Bischofe von Rom anerkenne, dem Ansehen
„der übrigen Hirten im Reiche der Kirche nicht zu
„nahe trete, oder dasselbe nicht zu sehr erniedrige."

Wir antworten: Nein! Im Gegentheil. Es kann ja
das hohe Ansehen der bischöflichen Amtsgewalt und die
göttliche Sendung in der Lehre nur heben, wenn wir dieselbe allein jenem unterordnen, den Christus zum Haupt
der Kirche gesetzt. Erniedriget wird ein Ansehen nur in
dem Maße, als die Zahl derjenigen wächst, die nur Ihres
Gleichen sind, und von denen man sie abhängig macht,
wie dies der Fall gerade bei febronianischen und gallicanischen Grundsätzen ist. Gewiß höher gestellt erscheint
mir ein Fenelon, der weder vor einem Bossuet,
noch vor allen den Bischöfen Galliens sein Haupt neiget,
sondern nur vor dem Einen Statthalter Jesu Christi,
bei dem die Klage des Streites der ihn betreffenden Lehre
angemeldet und entschieden ward, und allein vollgültig
entschieden werden konnte.

Ferner, die Würde des ganzen Episcopates ist nur
Eine, und wurzelt und entspringt, wie wir die Väter reden gehöret, in eben der Machtfülle des apostolischen
Stuhles. Je höher diese erstrahlt, desto glänzender
leuchtet den Völkern und ihren Gewalthabern auch die
bischöfliche Würde; je mehr jene erniedriget wird, desto
tiefer sinkt auch diese. — Welche Belege gab die neuere
und neueste Zeit dafür! — Die Richtigkeit dessen erhellet
auch klar, wenn man die Sache in Vergleich mit dem An-

sehen der Machthabenden in zeitlichen Staaten bringt. Je höher die Obergewalt des Regenten ist, desto höher ist auch das Ansehen der untergeordneten Amtsgewalten eines solchen Hauptes in der Verwaltung eines Reiches.

Keineswegs thut also dieser Glaubensprimat dem Lehransehen des übrigen Episcopates irgend einen Abbruch. Immer bleibt seine göttliche Sendung zur Lehre, innerhalb der ihm anvertrauten Heerden sehr hoch gestellt, und nur dem Einen Oberhaupte von Gott gesetzet, untergeordnet.

Es steht also die Wahrheit, die wir vertheidigen, das Recht Petri in seinen Nachfolgern fest. Wie Leo der Große gesagt, v) und wie es die Geschichte aller Zeiten der christlichen Aera dargethan, und wie es unsere Zeit so herrlich der Welt von Neuem beweiset: „Der heil. Petrus, ausharrend auf dem ihm übergebenen Felsen, verläßt die ihm übergebene Leitung der Kirche nicht; seine Macht lebt auf dessen Thron, sein Ansehen glänzt dort, und seine Würde weicht von seinem Erben nicht." So ist die wahre Kirche auf dem Felsen gebaut, gegen welche die Mächte der Finsterniß vergebens toben; so wurde die Bitte des göttlichen Heilandes erhört, daß bis jetzt der Glaube des Petrus nicht nachließ, noch je beirrt werden wird auf seinem Sitze. Unerschütterlich, wie die Würde selbst, ist auch diese Glaubenskraft Petri in seinen Nachfolgern. Alle Einwürfe dagegen fallen wie Sternschnuppen in finstere Leere von diesem Firmamente der Wahrheit, das uns zum Be-

---

v) Leo Magn. serm. 3.

welche dieses Rechtes aus den Annalen der Zeit in göttlicher und menschlicher Autorität licht und klar entgegenstrahlet, und das wir in unzählbaren Sternen erster Größe, in den Zeugnissen, deren wir erwähnt, und auf die wir hingewiesen, so wunderherrlich besäet, vor unserem Geistesauge leuchten sehen.

Nicht nur funkeln an diesem Glaubensfirmamente, wie an dem des sichtbaren Himmels, Tausende von einzelnen Sternen, in den einzelnen Bekenntnissen, sondern eine wahre Milchstraße von Zeugnissen ist über die Höhe desselben ausgegossen. — Die angeführten Stellen, sie stehen ja nicht allein da zerstreut am Himmel der Zeiten, sondern sie sind im Verbande mit den Glaubenszeugnissen g a n z e r Länder und Völker auch der f e r n s t e n Jahrhunderte. Man nenne uns eine andere Glaubenswahrheit, für welche die Erblehre der Kirche auf eine so vielseitige und dabei so vollständige und entscheidende Weise ihr Gewicht in die Wagschale der Wahrheit gelegt hätte, als eben für die Beglaubigung dieser unserer Thesis, und für das durch dieselbe ausgesprochene göttlich gegebene Recht der Nachfolge Petri. Die unfehlbare Glaubensprärogative derselben bedurfte deshalb auch bisher eben so wenig einer eigenen Definition als die Unfehlbarkeit der Kirche selbst. Das Gewissen der Christenheit bekannte dieselbe zu offen und zu feierlich.

Gleich dem Schöpfungswort in der sichtbaren Welt, so hallt auch durch die geistige Schöpfung der Kirche das Wort des Stifters fort in seiner wirksamen Bedeutung und Kraft, bis auf heute:

**Petrus — Pius:** „Du bist der Felsen, auf dem ich meine Kirche gebaut!—Die Pforten der Hölle werden sie nicht überwältigen!" Nein, sie steht heute so fest, wie je, durch die unerschütterliche Glaubensfestigkeit ihres Hauptes.

**Petrus — Pius:** „Weide meine Schafe, weide meine Lämmer!"—Er weidet sie heute noch der Nachfolger Petri, und alle die zur Heerde Christi gehören, sie hören seine Stimme und folgen ihm.

**Petrus — Pius:** „Ich habe gebetet, daß Dein Glaube nicht wanke. Du einst stärke Deine Brüder." — Er stärkt und schirmt sie heute noch als Stellvertreter Christi und von Gott eingesetzter Lehrer des Menschengeschlechtes, und unerschütterlich gestärkt im Glauben fühlt sich jedes wahre Kind der Kirche.

**Petrus — Pius:** „Dir gebe ich die Schlüssel des Himmels!" — Er hält sie heute noch in seinen Händen, der Nachfolger Petri. Mögen alle Menschenkinder Ihn als Stellvertreter Christi, der menschgewordenen Wahrheit, anerkennen, folgend in demselben Glauben, in derselben Hoffnung und Liebe, dem Einen, unfehlbaren Führer auf dem Wege des Heiles, auf daß da in Wahrheit werde:

**Ein Hirt und Eine Heerde."**

**Amen.**

# Verzeichniß

der von dem Hochw. P. Weninger bis zu dieser Zeit im Druck erschienenen Bücher und Andachtsschriften.

---

## I. Theologische Werke.

1. **Bibliothek katholischer Kanzelberedsamkeit**, in 20 Bänden. Graz bei Greiner.
2. SUMMA DOCTRINÆ CHRISTIANÆ. Innsbruck, bei Rauch.
   *Gregor XVI. beehrte den Hochw. Verfasser zum Dank für dieses Buch mit einem päpstlichen Breve.*
3. **Handbuch der katholischen Religion zum Selbstunterricht.** Cincinnati, bei Gebr. Benziger. Regensburg, bei Manz.
4. EPITOME PASTORALIS ad usum Cleri in Statibus Foederalis Americae. Buffalo, bei Bielmann.
5. **Die Apostolische Vollmacht des Papstes in Glaubensentscheidungen.** Augsburg, bei Kollmann.
6. **Katholicismus, Protestantismus und Unglaube.** Cincinnati, bei Gebr. Benziger. Mainz, bei Kirchheim.
   *Pius IX. hat dem Verfasser für die Herausgabe dieses Buches durch ein höchst huldvolles päpstliches Schreiben gedankt.*
7. **Die Unfehlbarkeit des Papstes, als Lehrer der Kirche und dessen Beziehung zu einem allgemeinen Concilium.** Cincinnati und Einsiedeln, bei Gebr. Benziger.
8. **Kleinster Katechismus**, für Anfänger.
9. **Kleiner Katechismus**, für gewöhnliche Schüler.
10. **Großer Katechismus**, für talentirte Schüler. Cincinnati, bei Gebr. Benziger.

## Verzeichniß.

### II. Ascetische Werke und Schriften.

1. Das Leben der Heiligen, in 2 Bänden. Graz, bei Kienreich. Cincinnati, bei Gebr. Benziger.
2. Martyrologium, deutsch. Graz, bei Kienreich.
3. Leben des hl. Franciscus von Hieronymo. Augsburg, bei Kollmann.
4. Betrachtungsbuch. 4 Bände. Innsbruck, bei Rauch.
5. Ostern im Himmel. Cincinnati, bei Gebr. Benziger. Mainz, bei Kirchheim.
6. Bilder in Sinnsprüchen und Gleichnissen. Cincinnati, bei Gebr. Benziger, in 7 Bändchen. Regensburg, bei Manz, 3 Bändchen.
7. Die drei Stunden Jesu am Kreuz. Innsbruck, bei Rauch.
8. Der Monat Maria. Cincinnati, bei Gebr. Benziger.
9. Herz Jesu Missionsbuch oder sog. Liebesbund. Graz, bei Greiner und Sirola. Cincinnati, bei Gebr. Benziger. Prag, bei Heß, in böhmischer Sprache.
10. EXERCITIA S. PATRIS IGNATII. Cincinnati, bei Hemann.
11. Die christliche Jungfrau, nach dem Vorbilde der hl. Angela. Graz, bei Sirola.
12. Die vollkommene Klosterfrau, oder Auslegung der Regel des hl. Augustin. Innsbruck, bei Rauch.
13. Die Verehrung des hl. Ignazius. Innsbruck, bei Rauch.
14. Rette deine Seele! oder die zehn Freitage zu Ehren des hl. Laverius

### Verzeichniß.

15. Weg zur christlichen Vollkommenheit, nach dem Vorbilde des hl. Stanislaus Kostka. Innsbruck, bei Rauch.
16. Alles zur größeren Ehre Gottes. Eine Fest-Novene, bei Gelegenheit der Jubelfeier der Stiftung der Gesellschaft Jesu. Innsbruck, bei Rauch.
17. Die 14 Nothhelfer. Innsbruck, bei Rauch.
18. Seid heilig! Andachtsbüchlein zu Ehren des hl. Franziskus von Hieronymo. Graz, bei Sirola.
19. Andachtsbüchlein zu Ehren des sel. Peter Claver. Cincinnati, bei Kreuzburg und Rurre.
20. Andachtsbüchlein zu Ehren des seligen Johannes de Britto und Andreas Bobola. St. Louis, bei Saler.
21. Andachtsbüchlein zu Ehren der seligen Martyrer Ignazius Azevedo mit dessen 39 Gefährten. Cincinnati, bei Kreuzburg und Rurre.
22. Andachtsbüchlein zu Ehren des sel. Canisius. Cincinnati, bei Gebr. Benziger.
23. Andachtsbüchlein zu Ehren der elf japanesischen Martyrer-Schaaren aus der Gesellschaft Jesu. Cincinnati bei Gebr. Benziger.
24. Andachtsbüchlein zu Ehren des hl. Firminius, Apostel von Deutschland. Innsbruck, bei Rauch.
25. Andachtsbüchlein zu Ehren der hl. Filumena. Cincinnati, bei Gebr. Benziger.
26. Todes-Angst Christi Bruderschaftsbuch. Cincinnati, bei Gebr. Benziger.
27. An die Protestanten von Galveston, über die gemischten Ehen. Galveston, Texas.
28. Zwei Festpredigten, bei Gelegenheit der Grundsteinlegung und Einweihung der Michaelskirche. Buffalo, bei Bickmann.

**Verzeichniß.**

29. Cyclus von jährlichen Missionsberichten an die Tyroler Blätter — an den Münchener Ludwig Missions-Verein und an den Leopoldinen-Verein in Wien, seit dem Jahr 1848 bis 1869.

30. Gedichte mit Musikbegleitung — Te Deum und Fest-Gesänge. Innsbruck, bei Rauch und Kravogel. Cincinnati, bei Peters und Rauch.

### III. Werke in englischer Sprache.

1. CATHOLICITY, PROTESTANTISM AND INFIDELITY. Cincinnati, by J. P. Walsh.
   <small>Dieses Buch erschien auch in der französischen, polnischen und italienischen Sprache.</small>

2. A MANUAL OF THE CATHOLIC DOCTRINE. New York, by Sadlier. Cincinnati, by J. P. Walsh.

3. THE SACRED HEART Missionbook. Cincinnati, by J. P. Walsh.

4. EASTER IN HEAVEN. New York, by Sadlier.

5. ON THE APOSTOLICAL AND INFALLIBLE AUTHORITY OF THE POPE, when teaching the faithful, and on his relation to a General Council. Cincinnati, by J. P. Walsh.

6. ABRIDGMENT of the Catholic Doctrine; or Short Catechism for Beginners.

7. THE SMALL CATECHISM — for ordinary scholars.

8. THE LARGER CATECHISM — for talented and advanced scholars. Cincinnati, by J. P. Walsh.
   <small>Die meisten dieser Bücher erschienen in wiederholten Auflagen in 73 Städten und Ländchen. So zählt das Buch: Katholicismus in Europa und Amerika zusammen 27 Auflagen, und das Herz Jesu-Buch hat in verschiedenen Sprachen bereits gegen 80 Auflagen erlebt.
   Alle diese Bücher und Andachtsschriften können durch Gebr. Benziger in Cincinnati, New-York und Einsiedeln bezogen werden.</small>

www.ingramcontent.com/pod-product-compliance
Lightning Source LLC
Chambersburg PA
CBHW051743300426
44115CB00007B/676